par M. de Lavy
president de Bordeaux.

ABRÉGÉ

DE LA

RÉPUBLIQUE

DE BODIN.

TOME PREMIER.

A LONDRES:

Chez JEAN NOURSE.

MDCCLV.

PRÉFACE.

LA République de Bodin a eu, dans son temps, un succès semblable à celui dont l'Esprit des loix a joui de nos jours. Personne n'ignore avec quel applaudissement cet ouvrage moderne a été reçu, sur-tout en Angleterre. Bodin étant allé dans ce même royaume, à la suite du duc d'Alençon, auquel il étoit alors attaché, eut la satisfaction d'entendre dicter sa République traduite en latin, à Londres & à Cambridge. Ces deux auteurs ont également obtenu l'approbation d'une nation qui sait le mieux apprécier le mérite personnel, qui se distingue le plus par l'amour des lettres, & par le cas qu'elle fait de la liberté de penser sur les objets qui intéressent tous les hommes. On peut dire que

a*

l'un & l'autre ont traité la même matiere confidérée sous deux points de vue différents. L'un, en donnant les regles du Gouvernement des différentes Républiques, a expofé les meilleures loix des légiflateurs ; l'autre a pénétré l'efprit qui les avoit animés. J'ai cru, en retraçant ces loix, que l'on reverroit avec plaifir le canevas fur lequel ce brillant génie avoit exercé fes talents.

Je ne donne point la République de Bodin en fimple éditeur, telle qu'elle eft dans la poudre des Bibliotheques. Son ftyle, bien éloigné de l'énergie de celui d'Amiot, déplairoit aujourd'hui. Plufieurs raifons m'ont détourné de la donner comme traducteur. Bodin, avec un génie fécond & un favoir immenfe, devoit néceffairement être diffus. Son érudition lui fourniffoit une trop grande quantité de matériaux pour fon fujet. Le defir de la faire paroître, le goût d'écrire de fon fiecle, peut-être la néceffité qui ne lui donnoit pas le temps de faire de choix, font les caufes de fa diffufion. J'ai cru ce défaut trop oppofé à la précifion que l'on recherche dans ce temps-ci, pour qu'il puiffe être fouffert.

Je n'ai pu me difpenfer de changer la diftribution des fix livres pour donner aux matieres plus de fuite & de liaifon que l'Auteur n'en avoit donné. J'ai été obligé le plus fouvent de renverfer tout l'ordre du difcours dans un même chapitre, pour traiter le fujet avec plus de méthode. Je les ai tous divifés ; leur longueur exceffive m'a engagé à cette divifion. J'en ai tranfporté des parties, même dans un livre différent ; le rapport des chofes traitées l'exigeoit. On peut juger de l'excellence des chofes qui fe trouvent dans la République de Bodin, par la réputation qu'elle a méritée, l'eftime qu'elle conferve aujourd'hui, malgré la diffusion & la confusion qui y regnent. J'ai pensé que le plus convenable étoit d'en faire un abrégé.

J'ai conservé tout ce que j'ai cru qui pouvoit l'être. J'ai retranché beaucoup : on trouvera peut-être que je n'ai pas assez retranché. J'ai ajouté les réflexions qui me sont venues dans l'esprit en écrivant : peut-être trouvera-t-on que j'ai trop ajouté. Je me suis quelquefois écarté du sentiment de mon auteur : je n'ai pu m'en dispenser dans de certaines occasions ; les changemens survenus dans les systêmes politiques, demandent d'autres regles & d'autres discours. Bodin encore donne des maximes & se contente de les autoriser par des exemples, j'ai cru devoir les appuyer par des raisons. Toutes ces choses ont dû mettre des différences sensibles entre cet abrégé & sa République. Est-elle enrichie ? Est-elle défigurée ? Le lecteur en décidera.

Je dois dire que je ne garantis ni les faits rapportés par Bodin, ni ses citations. Je n'en ai vérifié qu'une petite partie ; j'en ai corrigé quelques-unes. Si j'avois dû en faire davantage, j'aurois préféré de ne rien écrire. Je remplis le vuide des occupations de mon état : je cherche un amusement ; je me refuse à la fatigue.

Lorsque j'ai comparé la réputation de la République de Bodin à celle de l'Esprit des loix, je n'ai prétendu en tirer aucune conséquence pour l'égalité du mérite des deux ouvrages. On sait que les réputations subites dépendent d'une infinité de circonstances. Bodin, plus abondant par les faits & les maximes qu'il avoit puisées dans les anciens auteurs, qu'élevé par ses réflexions, a rassemblé en un seul corps, une matiere qui n'avoit été traitée avant lui que par morceaux détachés. Il a du briller dans un siecle qui voyoit les sciences fortir de l'oubli, & pour lequel ces queſtions étoient nouvelles. L'Eſprit des loix, riche de ſon propre fonds, auroit eu le même ſuccès dans quelque ſiecle qu'il eût pu paroître. Si les principes univerſels répandus dans cet ouvrage deviennent un jour communs, ſon auteur aura toujours la gloire de les avoir appris à un ſiecle éclairé. L'un a écrit, l'autre a penſé. J'ai lieu de croire que l'on trouvera ce jugement exempt de partialité, lorſqu'on verra, dans le cours de cet abrégé, que je n'ai pas craint de critiquer ce dernier quand l'occaſion s'en eſt préſentée.

TABLE
DES CHAPITRES.

LIVRE PREMIER.

De la République en général, des choses principales qui la composent, & de quelques-uns de leurs attributs.

LIVRE SECOND.

Des différentes especes de Républiques & de chacune en particulier.

LIVRE TROISIEME.

Des Conſeils, des Officiers & Magiſtrats.

Fin de la Table des Chapitres.

ERRATA.

Page 18. *ligne* 6. a ; *lifez*, eſt.
Page 21. *ligne* 22. à la ſouveraineté ; *lifez*,
à la même ſouveraineté.
Page 46. *ligne* 4. aſſujettira ; *ajoutez*, tou‑
jours.
Page 67. *ligne* 12. on les nomme ; *lifez*, on
nomme ces derniers.
Page 211. *ligne* 7. tribunal ; *lijez*, tribunat.
Page 234. *ligne* 15. fourniſſoient ; *lifez*, four‑
niſſent.
Page 368. *ligne* 14. les princes ; *lifez*, les jeu‑
nes.
Page 377. *ligne* 17. ſuſpens ; *lifez*, ſuſpendus.
Page 379. *ligne* 10. & préteurs ; *lifez*, & pro‑
préteurs.
Page 381. *ligne* 26. entiérement ; *lifez*, non
entiérement.
Page 388. *ligne* 26. elle fait ; *lifez*, elle fuit.
Page 453. *ligne* 10. où les hommes ; *lifez*, où
les honneurs.

ABRÉGÉ

ABRÉGÉ

DE LA

RÉPUBLIQUE

DE BODIN.

LIVRE PREMIER.

De la République en général ; des
chofes principales qui la compofent, & de quelques-uns de leurs
attributs.

CHAPITRE PREMIER.

De l'origine des Républiques.

A MESURE que la famille du premier homme fe multiplia, & qu'elle
produifit de nouvelles branches, il fut
néceffaire de conftruire de nouveaux
logements ; les hameaux devinrent des
villages. Mais lorfque les terres les

Tome I.   A *

plus voisines ne purent suffire à la nourriture, on fut obligé de s'écarter. Les vraisemblances nous portent à croire que l'on ne s'éloigna que très-peu : la liaison du sang, l'habitude de vivre ensemble, le sentiment de crainte que la compagnie dissipe ou diminue, réduisirent cet éloignement au plus près que la commodité le pût permettre. Les mêmes raisons nous font présumer que l'on ne cessa pas de se connoître & de se voir. Il ne manquoit à cette société de famille que des loix pour être une République ; elles ne leur étoient point nécessaires, tandis que l'innocence subsista. Mais aussi-tôt que les passions commencerent les querelles, peut-être pour le puisage d'une fontaine, il fallut se garantir de la loi du plus fort. Les liaisons devinrent plus étroites entre les plus voisins ; on eut besoin de réglements, soit pour se défendre contre les plus éloignés, soit pour contenir les plus pétulents de la société : dès ce moment, je vois des conventions, des loix, un intérêt commun ; en un mot je vois une République. Elle étoit informe sans doute, c'est l'état de toutes les naissances.

Ainſi ce fut, à la vérité, pour ſe préſerver de la violence que les familles commencerent à établir une Société civile : la violence en fut l'occaſion, mais ce ne fut pas elle qui les fonda. Cette légere diſtinction peut ſervir à concilier la diverſité des opinions ſur l'origine des Républiques. On n'a pas pu penſer que la force ait fondé les premiers Etats, qu'autant que l'on aura cru que le premier Etat fut une Monarchie. Ce ſentiment n'eſt pas probable, les hommes ſongerent à ſe garantir de la ſervitude avant de la ſubir. De-là, on peut rapporter l'époque de la naiſſance des Républiques à la premiere enfance du monde. La Geneſe, comme hiſtoire des temps les plus reculés, ne nous parle des hommes que pour nous apprendre qu'ils ont été, dès le principe, remplis de malice & d'iniquité.

Si on veut rechercher quelle devoit être l'eſpece de cette premiere République, on ne peut guere douter qu'elle ne fut de la nature de celles que nous avons appellées depuis Ariſtocratie. L'autorité de chaque famille réſidoit dans celui qui en étoit le pere. Il n'y a point d'apparence qu'ils s'en foient dépouillés pour la communiquer à leurs enfants. L'âge des uns étoit propre au confeil, l'âge des autres convenoit à l'exécution. C'eft un fentiment pris dans la nature même de la chofe. On ne peut fe refufer à croire que l'autorité demeura aux Anciens, aux Sages qui l'avoient déja, & qu'elle ne fut pas partagée également entre tous les membres. On ne doit pas croire qu'elle fut commife à un feul dans l'origine. Il n'eft pas naturel de penfer que les Chefs de famille accoutumés à commander, fe foient tout d'un coup déterminés à obéir. Ces premiers motifs de réunion n'exigeoient pas un Chef unique, comme auroit fait une entreprife, un combat.

L'homme, quoique né pour l'action, n'eft pas naturellement porté au travail & à la peine. Les plus entreprenants trouverent plus à leur goût d'enlever les moiffons que de les cultiver. La fatigue d'un jour leur épargnoit le travail d'une année. Nous trouvons par-tout les traces de cette nature perverfe. Nemrod ou Nembroth, le premier que l'Hiftoire nous dife avoir fondé une Monarchie, eft ap-

pellé par l'Ecriture, fuivant le Texte hébreu, *puiffant Déprédateur.* Plutarque dit que la fauffe opinion des
premiers hommes connus dans la Grece avoit attaché l'honneur & la gloire à la plus grande force du corps;
qu'elle s'employoit à maffacrer', rui-
ner, réduire dans l'efclavage; & que
ces hommes fuperbes regardoient les
termes de vertu & de juftice, comme des expreffions de foibleffe. Thuci-
dide raconte que peu avant l'âge auquel il vivoit, même de fon temps,
dans quelques contrées voifines de
la Grece, le brigandage étoit en honneur; que les voyageurs, les vaiffeaux qui fe rencontroient, fe deman-
doient : Etes-vous brigands? & que
perfonne ne prenoit à injure, mais
fimplement pour une curiofité de favoir qui l'on étoit.

L'aveuglement de la commune opinion alloit jufques à regarder du même œil le butin fait des bêtes fauves,
ou celui que l'on faifoit fur les hommes; Ariftote & Platon ont mis le brigandage dans le nombre de différentes efpeces de chaffe. Solon, le fage
Solon permit à chaque métier de fe
mettre en Corps. Il inféra dans ce ca-

talogue ceux qui faifoient profeffion
de piller. Il eut feulement l'attention
de défendre qu'elle fût exercée envers
les sujets de l'Etat. Les commencements de la république Romaine offrent de pareils exemples. Les Germains, au rapport de Céfar, difoient
que le brigandage étoit un exercice
pour la jeuneffe, qui l'empêchoit de fe
livrer à une pareffe efféminée.

Cet efprit de rapine affocia, dans
l'origine des temps, quelques-uns de
ces vagabonds. Il falloit un Chef à
une troupe qui devoit continuelle-
ment entreprendre, fe féparer & fe
réunir : le plus fort fe fit nommer ou fe
nomma lui-même. Devenus plus hardis
par l'effai de leurs forces, ou pour avoir
répandu la terreur, ils fongerent,
après s'être emparés des fruits de la
terre, d'en affervir les cultivateurs,
& de s'épargner jufqu'à la peine d'enlever ; de forte que, par un ordre ren-
verfé, le repos fut le partage des
plus robuftes, & les plus foibles furent condamnés au travail. L'habitude de recevoir le commandement
d'un Chef, & peut-être la crainte de
fon bras, lui continuerent un pouvoir
dont fes premiers affociés jouirent fu-

bordonnément. Telle est vraisembla-
blement l'origine de la Monarchie.

Ce qui se pratiquoit dans une Contrée s'exécutoit de même dans une
autre, ou s'exécuta sur cet exemple.
On peut penser qu'il s'éleva plusieurs
Rois. On pensera de même que la plûpart enorgueillis de leur dignité, por-
terent leur autorité à l'excès. Il n'est
pas naturel de croire que ce qui s'étoit
établi par la violence, se conduisît
par la douceur, sur-tout dans des
temps de barbarie. Les vexations, les
injustices exercées sur les Sujets, ré-
voltérent les esprits. La Royauté mé-
tamorphosée en Tyrannie, fit soupi-
rer après la liberté: on secoua le joug;
on chassa le tyran; l'esprit échauffé
ne voulut plus supporter aucune espece de Supérieur; & de ce désordre on vit naître l'Etat populaire.
Mille exemples justifieroient ce sentiment, s'il avoit besoin d'être justifié.
Celui de Rome après l'expulsion des
Tarquins, & celui des Provinces-
unies révoltées par la cruauté de la
domination Espagnole, suffisent pour
dispenser de citer tous ceux que l'Histoire nous fournit.

Il est donc infiniment probable que

le befoin de réfifter aux premieres
violences forma la république Ariftocratique ; que cette violence elle-
même fonda la Monarchie ; & que
l'amour prodigieux de la liberté, joint
à la haine démefurée d'un Maître, formerent la Démocratie.

CHAPITRE II.

Définition de la République.

RÉPUBLIQUE eft un droit Gouvernement de plufieurs ménages , & de ce
qui leur eft commun; avec puiffance fouveraine. Comme dans tout Ouvrage on
doit fe propofer une fin principale
avant même de fonger aux moyens
qui doivent y conduire, il eft naturel de commencer par une définition.
L'Archer armé de l'arc & de la fle-
che peut frapper le but qu'il apperçoit; mais quelle que foit fon adref-
fe , elle devient inutile, fes efforts
font en pure perte, s'il n'a devant les
yeux aucun objet déterminé. La définition découvre ce but auquel on
s'efforce d'atteindre; fi elle eft exacte,

l'édifice que l'on élévera, portera sur des fondements solides, & pourra l'ê- tre aussi : j'en vais suivre les parties. Il est nécessaire d'avertir, en commen- çant, que je comprends également sous le nom de République, un Etat régi par plusieurs, & celui qui ne l'est que par un seul.

Lorsque j'ai dit un *droit Gouverne-* *ment*, j'ai voulu marquer la différen- ce que l'on doit mettre entre les Ré- publiques & les Sociétés illégitimes, comme sont celles des Brigands ou des Pirates. Celles-ci ne doivent par- ticiper, ni au commerce, ni aux al- liances des nations, ni même au droit des gens commun à tous les peuples. C'est ce qu'exprimoient les loix Ro- maines lorsqu'elles ne vouloient pas que celui qui étoit tombé entre leurs mains, fut censé avoir perdu un seul point de sa liberté. Elles lui permet- toient de tester, & de passer tous les autres Actes civils; ce qu'elles refu- soient à ceux qui étoient captifs chez les ennemis ordinaires.

Si ces mêmes loix veulent que l'on rende au voleur, comme à tout au- tre, le gage, le dépot, c'est unique- ment en haine, & pour la punition

de celui qui viole la justice à quelque
occasion, & à l'égard de qui que ce
puisse être. L'Empereur Auguste a laissé un exemple mémorable de la dignité de la foi donnée, & de l'exactitude scrupuleuse à laquelle elle oblige envers tous les hommes. Il avoit
fait publier qu'il donneroit une somme considérable à celui qui livreroit
Crocotas Chef des voleurs en Espagne. Crocotas se présenta lui-même,
& demanda la récompense promise ;
Auguste la lui fit payer, & accorda
sa grace.

Le Juste & l'Injuste seroient con-
fondus, si on usoit du droit commun
envers les ennemis de tous les hommes, comme vis-à-vis des ennemis
légitimes. Ce seroit ouvrir une voie
funeste à tous les Vagabonds qui se
joindroient aux Brigands, pour assurer leurs mauvaises actions sous le voile d'une association. Ce n'est qu'une
ligue odieuse, destructive de toute
société : on ne doit point la compter
au nombre des Républiques.

Ce n'est pas que l'on n'ait vu parmi leurs Chefs des hommes qui auroient pu faire de grands Rois, même de bons Princes. L'ame d'un sa-

meux coupable ne differe souvent de
l'ame d'un grand homme que par l'objet vers lequel la fatalité le détermine.
Le Sultan Soliman arracha à la piraterie
les deux plus nobles Corsaires dont on
ait conservé la mémoire, Ariadin Barbe-
rousse & Dragut Reys. Il les attacha à son
service, & en fit des Généraux humains
& respectables. Ils étoient au-dessus de
leur profession ; plusieurs Rois au contraire ont deshonoré leur dignité par
les brigandages & les cruautés exercées sur leurs Sujets. Plus coupables
que ces grands criminels, ils n'ont pu
alléguer, comme eux, le prétexte de
l'impérieuse nécessité. Démétrius le
Corsaire disoit à Alexandre le Grand :
» Je n'ai appris d'autre métier de mon
» pere ; je n'ai hérité de lui que deux
» frégates : mais toi qui ravages la ter-
» re & la mer avec deux armées, tu
» as hérité de ton pere un Royaume
» dont tu aurois pu te contenter. »
Les Anciens ont défini la République :
Une Société d'hommes assemblés pour bien
& heureusement vivre ; mais cette définition peche également pour être trop
resserrée & trop étendue. Elle est trop
resserrée, parce qu'on n'y trouve pas
trois choses nécessaires pour compo-

fer la République : la Famille, fans laquelle l'affociation ne feroit que paf-
fagere ; la Souveraineté, fans laquelle
on n'eft pas libre de la former ; la
Communauté de quelque efpece de
biens, fans laquelle il n'y a point de
République, *Res publica*. Cette défini-
nition eft trop étendue, parce que le
mot *heureufement*, pris pour la douceur, les commodités de la vie, comme l'entendoient Ariftote & Cicéron,
n'eft pas néceffaire dans la compofi-
tion d'une République.

Si elle n'avoit d'autre objet que la
félicité humaine, c'eft-à-dire, l'a-
bondance, les richeffes & les agré-
ments, la vertu n'auroit aucune part
à l'eftime des hommes. La République peut exifter, elle peut être dignement gouvernée fans ces accef-
foires étrangers. Rien n'étoit auffi pau-
vre, auffi dur que la vie d'un Spar-
tiate ; rien n'étoit comparable à fa
vertu. La République au contraire
peut renfermer des citoyens opulents,
poffeder un tréfor immenfe, être même triomphante au dehors, tandis
que l'intérieur fera rempli de vices
& de corruption, & par conféquent
mal gouverné. Telle fut la République

de Rome peu de temps avant sa ruine.

La vertu des Etats, & par conséquent leur durée, n'a point d'ennemi plus capital que ces succès que l'on appelle heureux. Il est comme impossible d'associer deux choses aussi contraires. La vertu disparoît à mesure que la prospérité enivre la raison, que l'abondance introduit le luxe; & bien-tôt après la dépravation, les ressorts se relâchent, l'Etat périt.

On ne sauroit donc admettre le mot *heureusement* dans la définition de la République, si on attache à ce terme l'idée commune du bonheur. On doit employer des traits plus nobles pour peindre un bon Gouvernement.

Ce n'est pas que j'entreprenne de représenter une République imaginaire dans le goût de celles de Platon & du Chancelier Thomas Morus. Je me contenterai d'indiquer les meilleures regles politiques, pratiquables dans leur exécution, conformes à la raison, aux usages sensés & à la nature policée. Si je ne peux atteindre parfaitement au but que je me propose, je serai du moins comme le Pilote emporté par les vagues hors

de fa route, qui mérite toujours quelque eftime lorfqu'il a bien gouverné
fon vaiffeau, quoiqu'il n'arrive pas précifément au lieu de fa deftination.

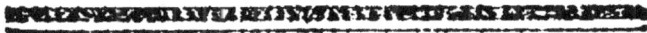

CHAPITRE III.

Des fins principales d'une Républi-
que bien ordonnée.

ON conviendra fans doute que l'on
ne peut admettre deux efpeces de véritable bonheur. Le vrai eft un, il eft
invariable, par conféquent on ne
doit mettre aucune différence entre
la félicité de la République & celle
de l'homme privé. Que l'on imagine
un homme environné de tout ce qui
peut flatter les fens; fi fes defirs éteints
lui laiffent des regrets ou des dé-
goûts, il ne fera point heureux; que
l'on jette les yeux fur celui qui fe
trouvant même au deffous d'une fortune médiocre feroit content de fon
fort, fans en defirer d'autre; on doit
dire qu'il eft heureux. La félicité vraie
& durable confifte donc dans la maniere de penfer, dans les facultés de
l'ame, dans la tranquillité de fon af-

fiette : la prudence, l'amour de la fa-
geſſe & la Religion peuvent ſeules
y conduire.

Si les Princes & les fondateurs
avoient été pénétrés de cette vérité
importante, les loix & les coutumes introduites dans les Républiques
ſeroient à peu près uniformes, puiſ-
que dès les commencements on n'a eu
d'autre objet que le bonheur après lequel nous courons encore. Mais comme chacun d'eux l'a placé, ſuivant
ce que lui dictoit ſon humeur & ſa
paſſion dominante ; l'un dans la gloire
des armes, l'autre dans la paix ; cette différence a dû en introduire dans
les inſtitutions que l'on voit auſſi va-
riées que les caprices. Si les Légiſla-
teurs avoient réfléchis avec attention
que l'homme de bien fait néceſſairement le bon citoyen, toutes leurs
vues ſe ſeroient réunies à former des
Sujets vertueux. Tel doit être l'objet du Gouvernement de toutes les
eſpeces de Républiques.

Un bel eſprit de ce ſiecle * a dit que * *Eſprit*
» la vertu dans une ♣ République eſt une *des Loix,*
» choſe bien ſimple ; qu'elle eſt l'amour *liv. 5. c.*
» de la République ; que c'eſt un ſen- 2.
» timent, & non une ſuite de connoiſ-

» sances ; que l'amour de la Patrie
» conduit à la bonté des mœurs, &
» la bonté des mœurs à l'amour de
» la Patrie. » Je ne prétends pas que la
vertu, dans le systême politique, soit
la même que considérée suivant les
préceptes de la morale ; mais si la vertu dans une République n'est autre-
chose que l'attachement que l'on a
pour elle, cette unique vertu si *sim-*
ple n'empêchera pas l'avarice & l'u-
sure d'opprimer le citoyen ; que le plus
fort ne cherche à envahir, s'il le
peut, la possession du plus foible ; ni
que les trahisons ne soient communes dans le commerce de la société.
Cet amour de la Patrie portera lui-
même la mauvaise foi dans les Traités vis-à-vis des ennemis & des alliés. Si c'est un sentiment & non une
suite de connoissances, peut-il être
appellé vertu ? C'est un instinct. Je croirois que l'éducation, que les bonnes
mœurs conduisent à l'amour de la Patrie, & l'amour de la Patrie aux actions héroïques, mais très-indirecte-
ment à la vertu, telle qu'elle doit être
pour procurer le bon ordre d'où dépend le vrai bonheur, seul objet de
nos travaux, de nos recherches & de
toute société civile.

Cependant, un autre foin préalable doit occuper le fondateur. Des befoins indifpenfables l'obligent à chercher d'abord un terrein fuffifant pour contenir les habitants de fa République. Il doit le choifir affez fertile pour procurer leur nourriture & leurs vêtements, propre à fournir les matieres convenables, à bâtir les villes & à les fortifier. Il faut, s'il fe peut, que la température de l'air, la bonté des eaux y contribuent à la fanté. Quoique la félicité réelle dépende de la partie la plus noble du compofé de l'homme, les vertus morales ne doivent attirer l'attention du Légiflateur qu'après qu'il a pourvu à ces premiers befoins, témoignages perpétuels de notre imperfection. C'eft ainfi que l'on ne fonge à inftruire un enfant, que lorfqu'il eft nourri & capable de raifon. Alors, fuivant qu'il eft heureufement né, il profite des leçons qu'il eft capable d'entendre. On lui fait connoître que les loix divines, naturelles & civiles veulènt qu'il prenne les vices en horreur; on lui fait comprendre que fa propre utilité le demande. Il apprend dans la fociété des perfonnes éclairées, quels font les devoirs de l'homme vis-à-vis de fon femblable, & à conferver une ame égale dans les événements.

Si un homme imbu de ces maximes, & qui fe les a rendues propres, eft eftimé fage & heureux, la République, qui comptera un grand nombre de femblables citoyens, pourra fe glorifier d'être bien gouvernée : elle méritera l'eftime des Nations, quoique fon étendue & fes richeffes foient médiocres.

Le gouvernement peut être bon, il peut être meilleur. Les Lacédémoniens étoient bien gouvernés ; leurs loix ont été admirées de tous les temps : ils étoient fobres, courageux, magnanimes ; mais l'amour de la Patrie, cette vertu fuffifante, les rendoit injuftes & perfides, lorfqu'il s'agiffoit de fon intérêt. Les Romains les ont furpaffés ; outre la grandeur du courage, ils avoient la vraie juftice pour objet dans toutes leurs actions. ª C'eft à cette perfection qu'il faut s'efforcer d'atteindre.

_____

(a) Bodin entend fans doute parler des Romains avant la derniere guerre Punique, encore avoit-on bien des chofes à leur reprocher avant ce temps.

CHAPITRE IV.

De la Famille & de sa différence avec la République.

ON entend par Famille, un composé de personnes unies par le mariage, des enfants qui en proviennent, de leurs serviteurs, & le gouvernement de ce qui lui appartient en propre, rangé sous l'obéissance d'un Chef. Les Familles composent & entretiennent la République : ni les Corps & Colleges qui s'y rencontrent, considérés uniquement comme tels, ni un assemblage de citoyens pris comme de simples individus, ne mériteroient pas le nom de République. Ce seroit des sociétés momentannées qui se détruiroient chaque jour.

C'est dans l'objet des familles, & pour les former, que le mariage a mérité l'attention des Législateurs. Une population sans ordre, sans lien conjugal, sans propriété particuliere, seroit une confusion dans laquelle une République seroit absorbée. Le mariage appartient à la Politique autant qu'à la Religion.

Lycurgue puniſſoit le Célibat par la honte. On obligeoit les Célibataires de faire le tour de la Place publique à demi-nuds, & de chanter une chanſon faite pour les tourner en ridicule.

On ſait aſſez de quel œil le Célibat étoit regardé dans la loi de Moyſe. La ſtérilité même y étoit un opprobre; en effet, le mariage ne ſuffit pas à la République; ſon intérêt demande qu'il en ſorte une famille. Dans cet objet, on attachoit à Rome des récompenſes au nombre des enfants. C'étoit aller plus directement au bien public; c'étoit non-ſeulement engager le Citoyen au mariage, c'étoit le porter à le cultiver & à diſſoudre celui qui étoit ſtérile.

Le nombre des Familles eſt indifférent pour former une République: trois en peuvent conſtituer l'eſſence, par la raiſon de la loi qui n'exige que trois perſonnes pour faire un College. Ce petit Etat mériteroit d'être appellé République, de même que le Ciron eſt compté parmi les animaux tout ainſi que l'Eléphant. Il faut toutefois qu'elles jouiſſent du droit de Souveraineté. De même qu'un vaiſſeau ceſſe d'en être un, ſi la quille

qui foutient tous les membres en eft
ôtée, la République n'eft plus, fi on
retranche la Souveraineté. Si le peuple eft éteint ou difperfé, quoique la
ville demeure, elle n'eft plus République. Ce n'eft point un titre attaché à une cité, à un territoire, à fes
habitants; fon caractere confifte dans
leur réunion & leur permanence fous
les mêmes loix, dans le pouvoir de les
fuivre, de les étendre ou les abroger,
ce qui fuppofe la puiffance fouveraine.

Comme il faut plus d'une maifon pour former une Ville, & que,
quelque nombre qu'on en imagine,
elles ne feront jamais qu'une feule
ville, tout autant qu'elles feront con-
tiguës & renfermées dans une même
enceinte; de même, quelque nombre
de citoyens que l'on veuille préfuppofer, ils ne formeront qu'une République, lorfqu'ils feront attachés à la
fouveraineté. Ariftote étoit dans l'erreur, lorfqu'il n'admettoit que dix mille citoyens au plus dans une République, & qu'il appelloit Nation toute ville qui étoit peuplée au-delà de
cette quantité. Refufera-t-on le nom
de République à Rome dans fes différentes fituations depuis fa fondation

jufques à fa chute? Son commencement fut de trois mille citoyens : le dénombrement fait fous Tibere, temps auquel le fang verfé dans les profcriptions n'étoit pas réparé, contient quinze millions cent dix mille ames, fans y comprendre ni les alliés, ni les fujets des provinces, ni les efclaves qui étoient dans Rome au moins dix pour un.

Si la République confifte dans la liaifon de plufieurs familles ; fi elle ne peut exifter fans elles, elles en font le foutien. Il eft donc effentiel qu'elles foient le principal objet de l'attention du Gouvernement ; c'eft leur force qui fait fa force, & d'où, fi j'ofe me fervir de ce terme, dépend l'embonpoint de l'Etat. Mais fi le Gouvernement qui en eft la tête, laiffe exténuer les membres, s'il attire à lui la fubftance deftinée à les fortifier, la tête périra avec eux, c'eft le revers de l'Apologue de Ménénius Agrippa.

Le bon ordre dans les familles & leur maintien étant précieux à l'Etat, il doit veiller à la confervation de celles que le hazard laiffe fans Chef capable de les conduire : de-là dérive l'obligation du Magiſtrat public de pourvoir aux perſonnes & aux biens des mineurs, des prodigues & des inſenſés; ces inſtitutions auſſi anciennes que les Républiques, témoignent combien le ſoin des familles leur eſt important. Elles ſont dans un état de foibleſſe, lorſqu'on ne fait qu'en remplir la forme, & qu'on en néglige le fonds.

Le gouvernement d'une famille & celui d'une République doivent rouler ſur les mêmes principes; l'une eſt en petit l'image de l'autre; toutes les deux font une ſociété dont l'objet doit être le bien de ceux qui y participent. La puiſſance domeſtique repréſente en quelque maniere la ſouveraineté. Le pere de famille jouiſſoit autrefois, & jouit encore aujourd'hui chez quelques peuples d'un pouvoir abſolu, du droit de vie & de mort ſur tout ce qui lui eſt ſoumis, femmes, enfants, eſclaves. Ses ſoins doivent être les mêmes que ceux que l'on devroit apporter au maniement des affaires publiques. Il doit être juſte envers tout ce qui compoſe la famille, y entretenir la ſubordination, appaiſer les diſcordes qui peuvent naî-

tre dans fon fein. Si par une mauvaife économie il fait fervir à fes feules commodités , au caprice de fes
defirs , ce qui eft deftiné à l'entretien
général , il aura le fort du Chef de
la République qui épuiferoit fes familles.

Outre les loix qui font générales
& communes à tous les Sujets , les familles peuvent en avoir de particulieres. Les Romains appelloient ces
loix : *Jus familiare.* Nos fubftitutions
participent des deux genres : mais on
en connoît de plus précifes qu'il n'eft
pas permis à chaque famille de s'impofer. On trouve des exemples de ces
loix de famille dans plufieurs grandes maifons d'Allemagne. En France
la maifon de Laval avoit une Charte
qui dérogeoit, quant aux fucceffions,
aux coutumes d'Anjou , du Maine &
de Bretagne. La Baume, Albret, Ro-
dès ont eu auffi des Chartes à peu près
femblables ; tous en ont demandé la
fuppreffion , & l'ont obtenue par des
Arrêts du Parlement de Paris. Ces
loix privées peuvent avoir quelque
chofe de bon en foi, mais il eft défa-
vantageux au public de les étendre
à beaucoup de familles , & de multiplier

tiplier les dérogeances au droit commun.

La principale &, pour ainſi dire, l'unique différence entre la Famille & la République, conſiſte en ce qu'il eſt néceſſaire que dans celle-ci il y ait des biens communs à tous, & dans celle-là, des biens qui lui ſoient propres. Le tréſor d'une République, ſon domaine, les rues, les temples, les loix ſont des choſes communes ; les intérêts de la République ſont les intérêts de tous, & chaque Famille a ſon intérêt particulier. Les héritages pourroient abſolument être communs ; mais l'univerſalité des choſes ne peut jamais l'être. La ſeule marque de République ſeroit perdue ; ſi tout étoit public, tout ceſſeroit de l'être, de même que ſi tous les citoyens étoient Rois , il n'y auroit point de Roi.

De grands Philoſophes ont ſoutenu les avantages de la communauté générale. Platon vouloit bannir ces deux mots, *tien* & *mien* ; il les regardoit comme la ſource des maux & de la ruine des Républiques. Ils ſont, à la vérité, la cauſe la plus commune aujourd'hui des querelles des hom-

mes. Platon auroit eu raison, s'il en
avoit tari toutes les sources, & si les
débats particuliers n'étoient pas encore à préférer à la confusion. On retombe
dans l'état de nature, si on ôte le
tien & le *mien*. C'est pour sortir de
cet état, où l'on ne connoissoit d'autre loi que celle du plus fort; où le
plus foible avoit droit sur tout, &
n'avoit l'usage de rien, que l'on a
formé les Sociétés & les Corps politiques. C'est le *tien* & le *mien* qui
animent tout, qui ont fait cultiver la
terre & inventer les Arts.

Les Anabaptistes formerent à Muns-
ter, lors de la naissance de leur Sec-
te, une société dans laquelle tout
devoit être en commun, à l'exception des femmes & des vêtements.
C'étoit du moins dérober quelque
chose au désordre. Ils pensoient entretenir une concorde mutuelle à l'a-
bri des différents qu'occasionnent le
tien & *mien*. L'expérience les fit
bien-tôt appercevoir de leur erreur.
La communauté engendre des querelles & des inimitiés, loin de les
bannir. La loi ordonne le partage des
choses communes, *ob rixas quas solet
excitare communio*.

Par ces mêmes raisons, la Communauté, quoique restrainte aux seuls héritages, est aussi peu proposable. Il faudroit des loix pour la régie & la culture des biens communs ; il en faudroit pour la répartition proportionnelle de leurs fruits : mais la peine que l'on éprouve à faire observer les loix, les abus continuels qui se glissent dans leur exécution, prouvent assez que le seul besoin de les multiplier, est un mal en lui-même. La distribution entraîneroit plus de discorde & sûrement plus d'injustice, que le *tien* & le *mien*. Une épreuve trop confirmée à la honte de la probité des hommes, a appris depuis long-temps que, si on s'attache, même médiocrement, aux biens de communauté, ce n'est que dans la vue d'un intérêt personnel. La tolérance de cet usage dépravé va, pour ainsi dire, jusqu'à l'autoriser. On ne doit espérer d'activité, d'industrie, que de la chaleur qu'inspire l'amour de la propriété.

On m'objectera peut-être l'attachement des Communautés Religieuses, plus fort, plus attentif pour les biens temporels qu'elles possedent, que celui des particuliers. Ces Communautés doivent, à cet égard, être comparées à des Familles ; elles ont comme elles une propriété : comme une Famille, elles en retirent le néceſſaire de la vie. Si leur attention eſt plus exacte, c'eſt qu'elle eſt moins diſſipée par d'autres objets. Moins ils aimeront ce qui leur eſt défendu d'aimer, plus leurs ſoins, leur affection ſe réuniront ſur les choſes dont il leur eſt permis de s'occuper. Les plus grands fleuves ceſſent d'être navigables, s'ils ſont trop diviſés.

CHAPITRE V.

De la Puiſſance maritale.

Toute République, Communauté & Famille, ſe conduit par le commandement & l'obéiſſance. Lorſque la liberté naturelle à l'homme eſt rangée, pour ſon plus grand bien, ſous la puiſſance d'autrui, la perfection du Gouvernement conſiſte à bien commander & bien obéir. Deux points renferment tous les autres.

La puiſſance de commander eſt pu-

blique ou particuliere. La publique
appartient à celui qui donne la loi,
soit le Prince , soit les Magistrats ;
ceux-ci plient eux-mêmes sous la loi
qu'ils ont faite, lorsqu'ils la commandent au reste des sujets. La puissance particuliere appartient aux chefs
de famille ; elle est de quatre especes.
1°. L'autorité du Mari vis-à-vis de la
femme ; 2°. du Pere sur les enfants ;
3°. du Seigneur sur les esclaves, 4°.
du Maître sur les domestiques. Nous
les examinerons dans ce même ordre.

J'appelle liberté naturelle, l'état de
l'homme qui n'est sujet, après Dieu ,
à aucune puissance ; qui ne prend de
commandement que de lui - même ,
c'est-à-dire, de sa raison. Pour savoir
commander aux autres , il faut savoir
se commander à soi-même. L'obéissance des passions à la raison est le
premier des commandements de la
Divinité. Pour quel autre usage au-
roit-elle voulu nous en faire le présent, & nous donner cet avantage si
distingué sur l'instinct, ou l'ame des
bêtes? L'état de liberté naturelle n'e-
xiste plus ; les sauvages eux-mêmes
ont des regles de société auxquelles

ils se soumettent. L'homme a reconnu qu'il lui falloit un apprentissage
d'obéissance sous autrui, pour s'accou-
tumer à obéir à sa raison.

Il est établi, qu'outre l'obéissance
générale, la femme en doit une particuliere aux volontés du mari :
mais comme il est assujetti lui-même
à deux especes de loix, les divines &
les humaines, il ne peut ordonner
ce qui leur est contraire; & la femme soumise à ces mêmes loix, se peut
dispenser de l'obéissance conjugale,
lorsque le mari lui ordonne de les trans-
gresser. Je parle ici de la femme légitime. Ce n'est pas assez, pour lui donner ce nom, qu'elle soit liée simplement par les noeuds extérieurs du mariage; ce n'est pas assez qu'elle ait
suivi le mari dans sa maison; il faut
que la liaison la plus intime qui peut
unir les deux sexes, ait acquis au mari
la supériorité qu'il revendique : la femme alors est sous son entiere puissance.

Si cependant il est lui-même sous
la puissance d'autrui, comme le fils
de famille, ou l'esclave; dans ce
cas, les uns & les autres, de même
que leurs enfants, dépendent du chef
de la famille. Cette dépendance néan-

moins n'eſt pas de la même nature: l'autorité du pere ſur la femme de ſon fils , du Seigneur ſur celle de ſon eſclave ne s'étend que ſur les choſes relatives au gouvernement de la maiſon , & qui ſont de bienſéance ; elle n'eſt point étroite comme celle qui attache la femme aux ordres légitimes du mari , c'eſt pour elle le devoir le plus ſacré , tout autre lui cede , ſi l'on excepte celui qu'impoſent les loix de la Religion & une grande partie de celles de l'Etat.

Tout dicte à la femme l'obéiſſance qui lui eſt preſcrite ; comme ſon nom ſe perd dans celui du mari , ſa volonté doit ſe perdre dans la ſienne. Il exerce ſes actions , il jouit de ſes biens : que peut-il lui reſter , lorſqu'elle s'eſt livrée elle-même?

De pareilles loix ne ſont pas , comme on pourroit l'imaginer , injuſtes , ni l'effet de la ſeule volonté des hommes ; elles ſont puiſées dans la nature. Il eſt conforme à ſes lumieres que , dans une ſociété établie pour la ſûreté & la tranquillité commune , on ne doit pas trouver deux volontés actives : elles auroient le droit de fe contredire. Si le bon ordre ne permet pas qu'une même famille reconnoiffe deux maîtres dont le fentiment contraire opéreroit d'abord l'inaction, & enfuite le trouble & le déréglement ; fi la néceffité veut qu'une volonté prédomine, il eft tout naturel que le plus foible foit foumis au plus fort. C'eft la nature qui en a décidé, par le partage qu'elle a fait des forces : la femme peut bien lui pardonner cette ombre de fupériorité donnée à l'homme, le dédommagement qu'elle a reçu paffe l'équivalent.

Il dérive encore de cet avantage des forces, un fentiment de juftice en faveur de l'autorité de l'homme. Une des premieres regles de toute fociété, eft de faire la comparaifon de ce que chacun y confere, pour l'égalifer, autant qu'il eft poffible. La fociété conjugale eft fi étroite, & en même temps fi univerfelle, qu'elle comprend toutes les efpeces de fociétés poffibles. Les premieres que les hommes ont contractées, ont eu pour objet une défenfe mutuelle : c'eft la fuite naturelle des premieres liaifons. La femme porte, à cet égard beaucoup moins que l'homme dans la focieté ; le mari eft l'appui de fa foibleffe ; les honneurs , les dignités , la nobleffe du mari rejailliffent fur elle , il eft jufte qu'elle récompenfe ces avantages par l'obéiffance à celui qui s'eft chargé de la défendre.

Le mari avoit autrefois fur la femme le droit de vie & de mort ; il étoit jufte dans l'origine. Lorfque l'on ne connoiffoit encore que la loi naturelle , le Chef de la famille en étoit le Souverain ; il étoit le feul Juge ; il avoit, par conféquent, le droit de condamner à la mort pour les caufes qui l'avoient méritée, mais c'étoit feulement, comme exerçant la juftice attachée à la Souveraineté : quel autre que lui auroit pû l'exercer ? Mais après que les Corps politiques fe furent formés ; lorfque les hommes fe furent foumis à une autorité fixe & réglée , cet empire du Chef de la famille auroit dû ceffer. Ce fut un abus, quand il conferva, en qualité de mari, un droit qu'il n'avoit qu'en qualité de Souverain.

Cependant on en trouve par tout les veftiges. Par la loi de Romulus le mari avoit fur fa femme un pou-

voir, à peu de chofes près, fans limites ; il pouvoit la faire mourir fans
forme judiciaire, dans quatre cas :
pour adultere, pour fuppofition d'enfant, pour avoir de fauffes clefs, &
pour avoir bu du vin ᵃ. Cette puiffance a été commune à la plus grande partie des peuples connus. Les Gaulois nos ancêtres, au rapport de Céfar, avoient le pouvoir de vie & de
mort fur leurs femmes & leurs enfants. Les Lombards ufoient des mêmes loix : ce droit étoit en ufage par
toute la Grece dans le cas d'adultere. Il femble par ces marques appa-
rentes d'une auffi grande fupériorité,
que les hommes étoient convenus de
fe révolter contre un afcendant dont
ils fentoient la force. Ils fe flattoient

(a) L'Auteur de l'efprit des loix a dit, après Plutarque, que ces Cas étoient des caufes de répudiation : c'eft une erreur. Il n'eft pas douteux que l'adultere & la boiffon du vin (qu'il a oubliée) méritoient la mort. Quelques Textes de la loi de Romulus difent : *que le mari avec fis parents, la puniffent.* D'autres Textes difent, *la faffent mourir.* On doit fuivre ceux-ci. Pline raporte que Fgnalius Mercnius, ayant tué fa femme avec le vafe dans lequel étoit le vin qu'elle buvoit, il fut abfous par la loi de Romulus. Denis d'Halicarnaffe eft de ce même fentiment. Il eft même douteux, fuivant cet Auteur, que la répudiation fut admife par la loi royale. Il dit, dans les termes les plus forts, que Romulus établit le mariage indiffoluble ; que rien ne le pouvoit rompre, lorfqu'il étoit folemnifé par la comeffion du gâteau de froment.

de se déguiser à eux-mêmes leur Maître sous les dehors d'une dépendance servile; foibles efforts contre un sexe auquel il est donné de régner, jusques dans les lieux où il paroît le plus esclave.

L'usage modéra, peu à peu, la rigueur de la loi; la peine d'adultere fut remise à la discrétion des parents de la femme; la répudiation contenta les esprits les plus doux. Cependant les loix continuoient à retenir les femmes dans une tutelle éternelle; elles passoient de celle du pere dans celle du mari; si elles sortoient de celle-ci, c'étoit pour rentrer sous celle d'un frere, ou de quelqu'autre parent. Nous voyons les mêmes loix chez les anciens Germains, avant qu'ils eussent été connus des Romains.

La loi *Julia* donnée par Auguste ôta aux maris cette autorité sans bornes que l'usage avoit déja modérée; il ne laissa le droit de mort qu'au pere de la femme, & dans le cas du flagrant délit. Mais dans la suite, l'impératrice Théodora, maîtresse de l'esprit de Justinien, prince d'un génie le plus borné, fit faire des loix à l'avantage des femmes, & au préjudice de l'ordre de la société, autant qu'il fut possible ; elle changea la peine de mort encourue par l'adultere, en une note d'infamie : étoit-ce une peine d'ôter l'honneur à qui l'avoit déja perdu?

Pour les fautes domeſtiques, où le public eſt moins intéreſſé, on eſt toujours demeuré d'accord que le Mari a le droit de corriger la femme avec modération. La femme avoit autrefois une action contre le mari, lorſque le traitement qu'elle eſſuyoit, étoit trop rude, trop fréquent, ou ſans cauſe. Depuis Juſtinien, l'action d'injures n'eſt plus permiſe entre le mari & la femme, ſi elles ne ſont aſſez graves pour mériter la ſéparation.

CHAPITRE VI.

S'il eſt expédient de renouveller la Loi de répudiation.

CETTE queſtion n'en eſt point une, ſi on l'examine ſelon les principes de la Religion chrétienne. La loi nouvelle a corrigé l'ancienne loi ; l'Egliſe a parlé, la raiſon humaine doit reconnoître sa foiblesse , & s'humilier : mais comme le droit public existe détaché de la Religion ; que les Etats qui ne font point éclairés des vraies lumieres éternelles , ont leur police , on peut traiter cette matiere comme philosophe & politique.

Le mariage offre les fruits les plus doux & les plus amers , lorsque la tendresse moins impétueuse que l'amour , plus vive que l'amitié, unit deux époux; elle est la source du bonheur le plus flateur & le plus solide. Il n'est pas au contraire de haine aussi forte que celle qui a pris racine dans un mariage indissoluble. C'est cette durée qui aigrit le tourment ; il déchire , il est toujours présent , & ne doit pas finir. L'esprit humain peut supporter une douleur dont il envisage le terme : l'idée d'un long avenir l'irrite ; elle bannit l'espérance , seule capable de foutenir & confoler.

La loi naturelle permet à l'homme de fuir le malheur , & de s'en délivrer ; les fociétés civiles fe font établies pour lui procurer plus de commodités , & des jours plus tranquilles ; leur objet n'a jamais été de faire de fa vie un fupplice continuel : la perpétuité du mariage eſt donc contraire à l'impreſſion de la nature, & au principe de l'aſſociation entre les hommes. Au milieu de cette aſſociation générale, le mariage en eſt une encore plus reſſerrée ; elle promet des ſecours plus rapprochés, plus immédiats. Si l'incompatibilité des humeurs, ſi une haine complette écartent ces ſecours, les vues qui ont formé la ſociété ſont trompées. Il eſt de regle que, lorſque les aſſociés violent les conditions expreſſes ou tacites ſouſentendues, la ſociété ſe doit diſſoudre.

Les diſſentions domeſtiques nuiſent, plus qu'on ne penſe, au bien de l'Etat. Elles ne ſe bornent pas aux perſonnes des époux ; les enfants prennent parti ; les diviſions deviennent héréditaires dans les familles; les ſucceſſions s'y reglent par la paſſion, & ces réglements perpétuent les inimitiés. Le bon ou le mauvais Gouvernement de chacune des familles dont l'enſemble forment la République, influe ſur le général. Si pluſieurs parties d'un tout ſont viciées, la maſſe ſe corrompra facilement.

Mais ſouvent ces haines malheu-

reufes ne fe terminent pas à de fimples aigreurs ; on cherche à brifer
des liens dont on ne peut plus fupporter la contrainte. Il en réfulte des
crimes ; l'adultere en eft le moindre :
les affaffinats, le poifon font les cataftrophes de ces tragédies. Une Romaine convaincue d'avoir empoifon-
né fon mari, en accufa d'autres ; celles-ci en découvrirent jufqu'au nombre de foixante-dix qui furent pu-
nies de mort : la répudiation n'étoit
pas encore en ufage à Rome.

Rendre le bonheur aux citoyens,
épargner les divifions inteftines, arrêter les meurtres les plus odieux de
tous, ne font pas les feuls biens que
l'on doit attendre de la liberté de la
répudiation ; elle eft encore utile a
la République par d'autres endroits :
c'eft un des moyens le plus capable
d'animer la population. Outre l'obftacle qu'apportent les haines, on
compte un nombre confidérable de
femmes que la complexion ou l'âge
rendent ftériles ; elles font attachées
à des maris qui pourroient donner
des fujets à l'Etat : & combien de
citoyens de l'un & l'autre fexe fe réduifent au célibat dans la feule crain-

te qu'infpire un mariage éternel ! Plus
la religion d'un Etat engage par le
vœu de chaſteté, plus la Répudiation
y deviendroit avantageuſe. Ce n'eſt
pas le feul cas où la Religion combat la politique, c'eſt toujours à celle-ci à céder, à baiſſer la tête, comme le roſeau fous le fouffle du vent
du Midi.

Que l'on confidere quels changements ont dû faire tout d'un coup
dans la population, la chaſteté im-
poſée aux miniſtres de l'autel, le fentiment de confacrer fa virginité dans
des cloîtres, érigé en vertu, & l'interdiction de la répudiation. Ces vertus étoient ignorées comme vertus,
fous la loi de Moyſe, & comme regles, dans les premiers fiecles de l'E-
gliſe chrétienne. Si on veut lire le titre du Code *de repudiis*, on y trouvera les loix qui fixent les cauſes de
la répudiation. Ces loix ont été faites par des Empereurs chrétiens; elles ont été en vigueur au-dela du temps
de Juſtinien, puiſqu'il les a adoptées
dans fa compilation.

Faudroit-il une preuve plus forte
du befoin qu'auroit encore *la dureté
du cœur*, du remede falutaire de la ré-

pudiation, que les féparations aujour-
d'hui fi communes? Plus contraires à
l'efprit de Religion, plus nuifibles à
l'Etat que le divorce, elles laiffent vivre, de part & d'autre, les perfonnes féparées, dans le défordre & le
fcandale, & coupent la racine de la
population.

Le Gouvernement pourroit arrêter,
à la vérité, le cours des féparations
volontaires, mais agiroit-il pour le
mieux? Bien-tôt ces mêmes ménages,
liés par la feule contrainte, offriroient
des raifons de féparation que la Juftice feroit obligée d'admettre. Les
miniftres de la religion ont beau repréfenter; ils prêchent, ils blâment;
ils ont raifon fans doute, mais ils
ne connoiffent pas l'horreur d'être attaché à l'objet de fon antipathie. La
répudiation, fi elle étoit permife,
feroit un remede à ces maux; elle en
feroit ceffer les inconvéniens; il feroit permis à chacun de fuivre le précepte de faint Paul : » Mariez-vous,
» plutôt que de brûler de feux illé-
» gitimes; » & l'Etat ne continueroit
pas à fe dépeupler.

Que l'on ne compare pas la population illégitime avec celle que le ma-

riage procure. L'expérience des Hôpitaux nous apprend, combien il est
difficile d'élever ce qu'on appelle *Enfants trouvés*. Fruits de la débauche,
ils en portent le vice dans le sang ; le
plus grand nombre languit quelques
mois, quelques années, & meurt inutile à l'Etat. J'ai vu par les Registres
d'un Hôpital que, sur cinquante enfants apportés, à peine un seul avoit
atteint l'âge de la puberté. Ce n'est pas
tout : cette propagation impure, en
infectant les nourrices, porte dans la
classe des laboureurs une corruption
qui y étoit inconnue, & gâte le principe des véritables forces d'une République. Comment un inconvénient
si terrible n'a-t-il pas attiré l'attention ? Il est si facile d'y remédier. Deux
femmes que l'on fera venir d'Angleterre, enseigneront la maniere de
nourrir les enfants sans les alaiter.

Quelques Auteurs ont pensé que
la facilité de la répudiation corrom-
poit les mœurs, on se trompe : ce
sont les mœurs corrompues qui ont
introduit l'abus de la répudiation.
On a écrit que des Dames Romaines
comptoient les années par leurs maris, plutôt que par les Consuls ; on

fent affez que c'eft l'expreffion de la
fatyre : mais pour décider, fi l'abus
venoit de la dépravation de mœurs,
ou de la faculté de répudier, il fuffit de diftinguer les temps. Sous les
regnes de Caligula, Claude & Neron,
les excès étoient à leur comble ; la
République étoit elle-même profti-
tuée : c'eft alors que les répudiations
étoient journalieres. Spurius Carvi-
lius fut le premier Romain qui ufa de
la liberté de la répudiation ; & ce
fut environ cinq cents ans après la fondation de Rome. Lorfque les mœurs
étoient pures, on répudioit rarement.

Des gens attachés aux petites regles ont dit que le mariage, outre
l'objet de fe donner une poftérité mutuelle, comprenoit la convention tacite d'en élever enfemble les enfants ;
& que, fuivant les regles naturelles
de toute fociété, on ne pouvoit la
diffoudre, tandis qu'il reftoit des conditions à accomplir. Je veux bien paffer le principe, & ne pas relever les
exceptions. Suivons les regles de fociété : elle doit être diffolue, lorfque
l'un des affociés ne remplit pas les
conditions du traité. Une femme qui
ne s'occupe point des foins domef-

tiques ; de qui la parure, le jeu, le spectacle, la frivolité abforbent tout le temps, doit donc être répudiée : c'est aussi un des cas exprimés dans le même titre du Code que je viens de citer, page 40.

On peut demander si la répudiation une fois admise, on devroit la permettre sans des causes que la loi preferiroit, & qu'on feroit tenu de vérifier. D'un côté, il paroît extraordinaire qu'il fut permis de répudier sans articuler aucune cause ; il semble que ce feroit autorifer la pure fantaisie : mais de l'autre côté, dans quels détails faudra-t-il entrer ? Comment révéler fa honte, comment juftifier ce qui fe paffe dans le fecret, lorfque l'un des deux s'y refufe ? Paul Æmile répudia fa femme qu'il avouoit être vertueufe, & qui l'avoit rendu pere d'une belle famille : celui qui avoit fu vaincre la fameufe Phalange Macédonienne, ne put rompre l'humeur hautaine d'une femme. Les parents fcandalifés s'en plaignirent ; il leur montra fon foulier : ce foulier, leur dit-il, vous paroît bien fait, il n'y a que moi qui fache où il me bleffe.

La répudiation permife, fans en alléguer la caufe, met l'honneur des deux parties à couvert : chacune d'elles peut devenir une feconde fois utile à l'Etat par une feconde fociété : cet avantage feroit peut-être rare, fi les raifons étoient divulguées de part & d'autre.

Quelques loix fimples fuffiroient pour éviter l'abus des répudiations. Si elles ne font permifes qu'après un certain nombre fixé d'années de mariage, les grands inconvéniens font retranchés. J'ofe dire encore que, fi elles étoient libres, elles feroient rares, & la paix plus commune dans les fociétés domeftiques.

La Pologne eft un Etat catholique Romain ; cependant le divorce y eft permis pour l'adultere commis par la femme ou le mari ; l'Eglife y prononce la féparation ; l'Eglife y remarie à d'autres, les mêmes qu'elle a féparés : pourquoi le refte des Etats catholiques n'obtiendroient-ils pas la même liberté d'une mere commune ? La répudiation s'introduit parmi les Luthériens d'Allemagne ; on n'y connoît pas le vœu de chafteté : combien leur population deviendra-t-elle

supérieure? Le système politique est
ici bien intéressé ; est-il écrit dans
les destinées, que le Nord de l'Europe assujettira les Provinces du Midi?

CHAPITRE VII.

De la Puissance paternelle, & s'il est bon d'en user comme les anciens Romains.

LE devoir du pere envers ses enfants, consiste à user avec sagesse de
la puissance que Dieu lui a donné sur
eux. Le devoir des enfants consiste
dans l'obéissance & le respect qui leur
sont ordonnés par le même Maître.
Le prince commande aux sujets, le
seigneur aux esclaves, le pere aux enfants : de tous les pouvoirs de commander, celui de pere est, sans contredit, le plus grand & le mieux fondé. Platon, après avoir détaillé ce que
l'on doit à la Divinité, dit que c'est
l'image de ce que les enfants doivent
à leur pere.

De même que la nature oblige le
pere de nourrir ses enfants, & de les
instruire à la vertu par une bonne

éducation; les enfants font obligés, mais encore plus étroitement, d'aimer, fervir, nourrir leur pere, de lui obéir, de fupporter & cacher fes imperfections. Cette obligation eft fcellée du fceau de la nature; elle eft encore le feul des commandements de Dieu qui promette fa récompenfe. Nous voyons auffi que la premiere malédiction dont il foit fait mention dans la Bible, eft celle prononcée contre Cham qui n'avoit pas caché la nudité de fon pere. Ce fentiment étoit autrefois fi imprimé dans les cœurs, que l'on voit les enfants jaloux à l'excès de la bénédiction du pere, & craindre fa malédiction plus que la mort?

Quelle peine méritent donc les enfants qui font défobéiffants, qui oublient le refpect, qui proferent des injures contre le pere & la mere, & quel fupplice eft affez grand pour ceux qui ofent porter fur eux des mains impies.

A l'égard de leur meurtrier, jamais Juge, ni Légiflateur n'a pu imaginer de tourment proportionné au crime. La loi *Pompeia* condamnoit le parricide à être coufu dans un fac avec

un chien, un coq, un finge & une
vipere, & jetté dans l'eau. Ce fupplice n'eft que fingulier : Solon inter-
rogé pourquoi il n'avoit pas impofé
de peine pour le parricide, répondit qu'il ne penfoit pas qu'un crime
fi déteftable fe pût commettre. Il eft
toujours plus à propos de dérober la
connoiffance des chofes que l'on veut
faire éviter, que de chercher à en détourner par la raifon, même par la
crainte. Romulus en avoit ufé comme Solon.

Moyfe avoit fait de même avant
eux. Sa loi qui ne parle point du parricide, donne au pere & à la mere le
pouvoir de faire lapider l'enfant dé-
fobéiffant ; mais elle ne leur en permet pas l'exécution ; elle veut qu'elle
foit faite en préfence du Juge, fans
qu'il foit permis à celui-ci d'informer fur la vérité de l'accufation. La
fageffe de cette loi eft divine; on ne
foupçonne pas que la tendreffe paternelle puiffe accufer à faux, & le coupable doit fouffrir la peine devant le
Juge, afin que l'enfant ne foit pas tué
dans la colere, & parce que le fruit
principal de la punition eft l'exemple qu'elle donne à tous.

II

Il seroit peut-être avantageux à une République de rendre aux peres cette puissance qu'ils ont eu autrefois. Cette loi ne seroit ni aussi injuste, ni aussi barbare qu'elle le paroît d'abord. Je ne prendrai pas les raisons de sa justice dans cette premiere vie que les enfants tiennent de leurs peres. L'instant qui en a décidé, pouvoit n'avoir d'autre objet que la satisfaction de l'appétit des sens ; mais, après leur naissance, ils sont redevables, une seconde fois, de la vie à ceux qui prennent le soin de la leur conserver : ils périroient sans les secours qu'on pourroit leur refuser. Non-seulement la liberté d'exposer les enfants a été, & est encore en usage parmi plusieurs peuples, comme un droit de disposer de ce qui nous appartient ; il a fallu des loix positives pour la défendre chez les Nations où la Religion & l'intérêt de la République s'y opposent plus que toute autre raison.

Ce degré de puissance ne paroîtra pas injuste, si on consulte la force des obligations selon les loix naturelles ; si on suppose à l'enfant qui vient de naître, la raison qu'il doit avoir un jour, & qu'on lui demande s'il

ne veut point que l'on lui conserve
la vie qu'il vient de recevoir, sous
la condition de la tenir comme un
bien qui appartiendra à ceux qui la
conserveront ; qu'ils pourront en dif-
poser, s'il se sert de ce bien pour leur
désobéir, pour leur résister, pour se
rendre coupable à leur égard ; il n'est
pas douteux que cet enfant soufcri-
roit cette convention , s'il en étoit
capable. Il est de principe que les conventions , quoique tacites , font cen-
fées exister, lorsqu'elles font d'une
nature à ne pouvoir être révoquées
en doute ; c'est donc en vertu d'une
obligation naturelle & légitime que
la vie des enfants peut dépendre des
peres dans les cas où la condition
feroit violée. Une dette, une obligation ne peuvent s'acquitter que dans
l'efpece due , ou par un équivalent.
Il n'y a d'équivalent à la vie , que
la vie elle-même. Si les meres n'ont
pas le même pouvoir, c'est que le même fujet ne peut avoir deux fouverains dans le même genre.

Cette loi n'auroit de barbare que
les apparences ; on n'en devroit pas
craindre les effets. On ne doit pas
perdre de vue que, par la loi Divine,

il n'étoit pas permis au pere de trem-
per ses mains dans le sang de ses enfants ; que c'est en présence du Juge,
par son ordre, que le supplice doit
être exécuté : ces tempéraments sup-
priment les grands inconvénients.

Mais combien ces supplices se-
roient-ils rares ? La loi inspireroit la
crainte ; la crainte empêcheroit que
l'on méritât le châtiment. D'ailleurs
l'amour des peres est assez connu ; on
peut se reposer sur sa force & son
étendue. On en voit qui sacrifient leur
honneur, leur conscience à l'aggran-
dissement de leur famille ; on n'en
verra point qui fassent mourir leurs enfants, lorsque la loi leur aura donné
le temps de la réflexion.

Le droit de vie & de mort des
peres sur leurs enfants, a été en usage dans la plus grande partie de l'U-
nivers. Il a été commun aux Perses,
à tous les peuples de la haute Asie,
aux Celtes, aux Gaulois, & pratiqué dans toutes les Indes, avant qu'u-
ne partie eût passé sous la domination des Espagnols ; il étoit sacré chez
les Romains. Denis d'Halicarnasse
reconnoît combien cette loi étoit supérieure à celle de la Grece. La loi

de Romulus qui donnoit ce pouvoir
aux maris, le reftraignoit à quelques
cas, comme on l'a vu précédemment;
mais il étoit illimité à l'égard des peres. Lorfqu'Augufte bannit cet empire du mariage, il le laiffa aux peres, même fur leurs filles mariées. Combien étoit donc grande l'idée qu'ils
avoient de la juftice & de l'utilité du
pouvoir paternel, s'ils laiffoient aux
peres fur la femme d'autrui une autorité qu'ils retranchoient au mari!

Cette puiffance fut encore aug-
mentée par la loi des douze Tables.
Elle permit de vendre les enfants:
s'ils fe rachetoient, ils retomboient
fous la puiffance paternelle; ils pouvoient être vendus jufqu'à trois fois.
Le droit de vie & de mort eft bien
moins dangereux que la faculté de
les vendre. Celle-ci ne doit pas être
tolérée, parce qu'elle pourroit s'e-
xercer; l'autre pourroit abfolument
être permife, parce qu'on n'en uferoit
jamais.

Le pouvoir paternel fut d'un grand
fecours à la République de Rome;
fouvent il l'a fauvée d'un danger qui
paroiffoit inévitable. On y a vu le
pere faire fortir fon fils de la Tribu-

ne aux harangues, pour l'empêcher
de publier, ou de porter des loix qui
tendoient à la division. Cassius, entre
autres, arracha son fils de la Tribune, & le fit mourir pour avoir voulu
publier la loi du partage des terres :
le peuple étonné, qui demandoit à
grands cris la publication de cette
loi, n'osa faire aucune résistance en
faveur de son Tribun. Cet exemple
& plusieurs autres prouvent que les
Romains respectoient l'autorité des
peres, encore plus que les loix qu'ils
appelloient sacrées. Une de ces loix
vouoit à Jupiter, ou dévouoit à
la mort la tête de celui qui auroit
seulement tenté d'approcher du Tribun dans le dessein de le frapper.

On ne sauroit trop observer que,
la puissance paternelle ayant peu-à-
peu perdu de ses droits dans Rome,
l'ancienne vertu s'évanouit. L'ambition des Magistrats qui vouloient tout
attirer à leur Tribunal, fut la cause
de ce relâchement : peu-à-peu ils ne
furent, pour ainsi dire, occupés qu'à
venger des parricides. Seneque adres-
sant la parole à Néron : On a vu,
lui disoit-il, punir plus de parricides en cinq ans sous le regne de vo-

tre pere, que l'on n'en avoit fait depuis la fondation de Rome. Quelle
en étoit la caufe? Il falloit alors que
le pere, pour châtier fes enfants, en
obtînt la permiffion du Magiftrat.

Les paffions ne perdront jamais
leurs droits tyranniques fur la jeuneffe; le fage Légiflateur doit les en-
chaîner; il ne peut donner de chaî-
nes plus douces que l'autorité d'un
pere, qui peche le plus fouvent par
une trop grande foibleffe. Mais la
chaîne s'ufe infenfiblement; elle fe
rompt à la fin : le feul remede eft
d'en forger une nouvelle. De-là dépend très-fouvent la durée des Empires. Si Claude & Néron avoient eu
l'efprit févere de Caton, s'ils avoient
fait revivre les anciennes inftitutions
de la République pour les mœurs,
ils auroient ramené les Romains à
leur vertu primitive, & fans changer la forme du Gouvernement, la
durée de l'Empire auroit été prolongée de plufieurs fiecles. Cependant
on doit reconnoître que de tous les
mobiles qui font agir les hommes,
l'intérêt eft le plus puiffant; il eft
peut-être capable d'étouffer le fentiment de la nature. Si une Républi-

que jugeoit convenable de rétablir dans sa force l'ancienne puissance paternelle, elle auroit besoin d'une loi qui ne laissât aux peres aucune sorte de droits dans la succession de l'enfant qu'il auroit accusé.

———————

CHAPITRE VIII.

De la Puissance paternelle dans son rapport avec les intérêts civils : de l'Adoption.

SI, comme on l'a vu, les familles doivent attirer la principale attention de la souveraineté ; si on doit veiller à ce que les colonnes de la République ne s'affoiblissent pas par leur désunion, on doit, par de bonnes loix civiles, obliger les enfants au respect & à l'obéissance qu'ils doivent aux peres par tant de titres. Si la puissance temporelle se repose sur les qualités du cœur, le joug si nécessaire au bon ordre sera bien-tôt secoué.

Il est inutile de chercher les moyens d'attacher les peres aux enfants. Ce principe est confirmé par l'expérien-

ce & le raisonnement. On peut mettre à l'écart les sentiments qu'inspire
la nature, on n'a besoin que de ceux
de l'amour propre. Il nous représen-
te, nos enfants, comme devant nous
perpétuer nous-mêmes ; il nous fait
voir avec complaisance ceux qui sont
destinés à nous obéir : l'autorité flatte tous les hommes. Nous les regar-
dons comme des ressources dans la
vieillesse, dans les infirmités : enfin
l'âge, chez les peres, émousse, éteint
les passions ; il ne leur reste que leurs
enfants à aimer. Ce même amour propre au contraire éloigne les enfants
de l'obéissance ; il ne dicte pas d'aimer celui qui nous commande, qui
gêne notre liberté, dont la présence
est un frein à nos passions ; leur fou-
gue divise l'affection, & l'écarte d'un
objet qui peut traverser leur satisfaction. Quelques exceptions ne sont pas
capables de décréditer ces regles générales.

Si on ne compte, pour entretenir
le respect filial, que sur l'habitude
de l'éducation, cette barriere sera
bien-tôt rompue. L'humanité, la douceur de nos mœurs ont abrogé le
droit de mort. Si on ôte la crainte

aux enfants, il faut du moins qu'un intérêt puissant les retienne. Chez les Romains, les droits des peres étoient sans bornes; les biens acquis par le fils, ceux de sa mere leur appartenoient; ils en pouvoient disposer à leur gré. Constantin fut le premier qui assura aux enfants la propriété de leurs biens maternels, & celle de leur pécule. Ces loix étoient bonnes, il étoit juste d'arrêter un pere dissipateur à l'excès, & l'on doit corriger tous les extrêmes.

Mais quel est l'aveuglement des Coutumes qui en ont ôté aux peres l'usufruit, & dans lesquelles le mariage émancipe; elles renversent tellement l'ordre de la nature, que le pere se trouve soumis au fils, pour tirer de lui une subsistance qu'il refuse quelquefois, ou qu'il donne avec dureté. Ces Coutumes ont fait croire à Accurse & à d'autres Jurisconsultes Italiens, que les François ne connoissoient pas la puissance paternelle. Ils le croiroient encore mieux aujourd'hui, s'ils étoient témoins des irrévérences fréquentes, pour ne pas dire du mépris des enfants vis-à-vis des peres dans le cœur de la France.

C v

Dans les pays où le Droit écrit empêche que cet esprit d'indépendance ne se communique, l'oubli des bienséances n'a pas encore corrompu les mœurs à cet excès.

Dans ces circonstances, celui qui mettroit encore des obstacles à l'exécution de la volonté des peres après leur mort, méconnoîtroit entièrement le véritable esprit de légistation. Doit-on obliger des Juges d'interdire l'exécution de cette volonté, lorsqu'elle est claire & indubitable, uniquement à cause que l'inattention ou l'ignorance auront fait manquer à une forme arbitraire & indépendante de la volonté du Testateur ? Les Romains avoient, à la vérité, des formules auxquelles ils étoient assujettis ; mais la puissance qu'ils donnoient aux peres, suffisoit pour contenir les enfants dans le respect. On devroit opter : ou il faut se conformer entièrement à leurs maximes, ou les rejetter entièrement. On supprime la puissance paternelle ; c'est ce qu'ils avoient de bon : on conserve, que dis-je, on multiplie les formules ; c'est ce qu'ils avoient de mauvais. Lorsqu'on renouvelle une loi, ce seroit l'occasion de la corriger.

Attachés trop servilement aux loix du Code Justinien, nous n'avons pas fait attention au temps où ces formules ont commencé. On ne connoît ni Senatus-Consulte, ni Plébiscites, ni loi de Préteur qui ait donné atteinte à cette loi si belle dans sa simplicité : *Pater-familias uti super familia pecuniaque sua legassit, ita Jus esto.* Ce n'est que bien long-temps après Auguste, & par conséquent dans des temps de désordre & de corruption que l'on a cherché des moyens d'éluder la volonté des Testateurs. Le vice n'osera jamais abroger ouvertement un bon usage, ni publier une loi évidemment mauvaise : on connoît que la corruption gagne dans un Etat, lorsqu'on mitige, qu'on énerve les loix séveres.

La loi, *Hâc consultissimâ,* paroît la premiere avoir ordonné une foule de formes. Les Novelles en ont ajouté, & nous avons renchéri. Sous le prétexte de s'assurer de la volonté du Testateur, on est parvenu à faire rejetter cette volonté, quoique très-assurée. L'Empereur Constantin disoit : *Indignum est ob inanem observa-*

tionem irritas fieri tabulas & judicia mortuorum. On ne sauroit trop remettre sous les yeux une réflexion d'un Historien judicieux : » Il n'y a point » de loi si sage, si utile, qui ne por- » te avec elle quelque inconvénient. » Il faut abolir toutes les loix, si on veut retrancher celles qui ont quelque côté foible ; cependant nous voyons tous les jours désaprouver des réglements pour un inconvénient qui paroît en résulter : on croit être clair-voyant, on est aveugle. C'est après avoir mûrement balancé l'inconvé-nient & l'utilité que l'on peut décider. Oter l'usufruit au pere, faire des loix qui tendent au partage égal de leur succession, c'est tirer les enfants de leur dépendance, & par une consé-quence nécessaire, renverser dans la la République l'ordre établi dans la nature.

Aussi l'oubli de la puissance pater-nelle a été jusqu'au point de mettre en question, si le fils ne peut point repousser par la force la force in-juste du pere. On a poussé les cho-ses encore plus loin ; on a osé pen-ser & écrire que le fils peut tuer le pere, s'il est ennemi de la République. C'eft un facrilege de le faire, & une impiété de l'avoir écrit. Combien de peres feroient réputés ennemis de la République, & quel eft celui qui, dans une guerre civile, pourroit échapper des mains d'un fils parricide! Ces excès prouvent que, dans une République bien gouvernée, on doit du moins, par des loix féveres & prifes dans les intérêts civils, arrêter la corruption qui fait méprifer des devoirs auffi facrés. Je n'excepterai de cette regle aucune efpece de République, parce que je ne conviendrai jamais que la vertu doive faire le fondement de l'une plutôt que de l'autre.

Je n'ai pas befoin de prouver que ce mépris filial eft par lui-même un défordre qui ne doit pas être fouffert. Perfonne n'ofera difconvenir ouvertement de ce principe; mais j'ofe dire, qu'outre l'offenfe faite à la nature, c'eft un mal réel qui tend à la deftruction de la République. Cette vérité dépend d'une autre, qui eft que les vices la conduifent plutôt à fa décadence que les crimes. Les crimes apportent à la fociété un trouble frappant; on les arrête par les fupplices, les loix y ont pourvu. Les vices, comme des eaux fouterraines, minent imperceptiblement les fondements de l'édifice, & le font crouler tout-à-coup. Si on faifoit l'énumération des vices pour lefquels les loix n'ont pas de peines, ou que la négligence ne punit pas; on feroit étonné de leur nombre; on verroit avec furprife, combien leurs fuites font odieufes; combien elles dégradent l'humanité. Quelle forte de loi, quelle efpece de Magiftrature pourroit les punir & les corriger? Une partie ne font que l'abus, ou l'excès des chofes permifes; comment en fixer les degrés? D'autres ne font que des difpofitions au crime, lorfque l'occafion s'en préfentera; d'autres enfin ne laiffent pas de traces qui puiffent les conftater. Si on a pu dire que l'oifiveté, comme fource des vices, & comme vice elle-même, devroit être un crime d'Etat, on a dû fentir la néceffité de l'autorité paternelle.

On dit que le bon Légiflateur chaffe les voleurs de fes Etats, & que le plus habile les empêche de s'y former. Il eft mieux, fans doute, de garantir les mœurs de la corruption,

que de chercher à les purifier, quand
elles font corrompues. Toute l'attention doit être à empêcher la con-
tagion de s'introduire. L'autorité des
peres, celle des maris, foutenues par
des bonnes loix, font les préfervatifs
les plus naturels, les plus légitimes
& les plus affurés. L'éducation de l'enfance, quoique de conféquence, ne
demande que des attentions ; l'autorité n'eft pas néceffaire dans un âge
fi foible. Mais lorfqu'après la puberté, le germe des paffions fe dévelop-
pe, que leur impétuofité entraîne avec
violence, les loix puniront celles qui
iront jufqu'au crime ; la feule puiffance paternelle peut étouffer les vices naiffants. Si on compare les forces du torrent qu'il faut vaincre, avec
celles de la digue que l'on doit lui oppofer, on verra que celles-ci doivent
être bien grandes pour être fupérieu-
res, comme on doit le defirer. Si vous
ôtez la crainte & l'intérêt, je ne vois
plus de frein capable d'arrêter la fou-
gue de la jeuneffe. Une bonne loi feroit celle qui augmenteroit l'autorité du tuteur fur la perfonne, & la
feroit durer, du moins, jufqu'à vingt
ans.

On s'éloigne de cet esprit d'une maniere bien étrange, si l'on veut abolir la loi qui défend aux enfants de se marier, sans le consentement des peres. *Les branches différentes qui forment le bon gouvernement d'une République, ont, entr'elles, une liaison nécessaire. Lorsqu'on n'en considere qu'une séparément, on perd de vue la relation qui l'attache aux autres. Uniquement occupé de la population, on anéantit le respect filial. Pour porter l'agriculture au dernier période de perfection, on ruine la noblesse dans un Etat monarchique. Si on attire toute la seve de l'arbre à l'un de ses rameaux, les autres périssent. Ces inattentions se trouvent au milieu des principes & des raisonnements les plus admirables. L'auteur n'a pas conduit les parties de son Ouvrage de front, il les travaille l'une après l'autre.

La puissance paternelle s'étend aussi sur les enfants naturels & sur les adoptifs. Les Coutumes des Nations n'ont pas été uniformes à l'égard de ces deux especes. Les Athéniens étoient obligés d'adopter les enfants naturels qu'ils avoient des citoyen-

*Inter. de la Fr. mal-entend.

nes ; ils ne réputoient bâtards que
ceux des peres ou meres étrangers. Les
peuples d'Orient ont toujours fait peu
de différence entre les enfants naturels
& les légitimes ; les Romains au contraire ne faisoient aucun cas des premiers. Ils étoient libres d'abord de
leur faire part de leurs biens : Conftantin leur en ôta la liberté ; mais ils
ont fait un grand usage de l'adoption. Elle mettoit tellement l'adopté
dans la famille, que le pere l'insti-
tuoit héritier, au préjudice des enfants auxquels il avoit donné la vie.
Plusieurs Empereurs ont monté sur
le trône par l'adoption : mais comme
elle entraînoit beaucoup d'abus, Juftinien ne voulant que les corriger,
alla plus loin : il rendit ce droit inutile. L'adoption a eu lieu chez les
Peuples du Nord : nous la trouvons établie dans les loix Ripuaires. Convien-
droit-il de la faire revivre ? S'il étoit
permis d'adopter les enfants naturels,
le nombre des légitimes seroit trop
diminué ; on pourroit donner la permission d'adopter à ceux qui auroient
perdu tous leurs enfants.

✳

CHAPITRE IX.

De la Puiſſance ſeigneuriale, &
s'il faut ſouffrir des eſclaves dans
une République bien ordonnée.

CE chapitre traite des eſclaves &
des domeſtiques : ces deux eſpeces
n'étoient pas diſtinguées dans les
temps reculés. Nos premiers peres ſa-
tisfaits des premieres idées qu'il leur
étoit indifférent d'analyſer, ne ſen-
toient pas de différence entre le ſervice & la ſervitude. L'homme encore fier de ſa liberté, ne ſouffroit le
commandement d'un autre, que lorſqu'il étoit aſſervi. Ce n'eſt que peu-
à-peu, & après avoir fléchi ſous le
joug de l'obéiſſance, qu'il en a connu les degrés.

C'eſt des ſerviteurs de la maiſon
que l'on fait dériver le terme de famille, *à famulis & famulitio.* Le nombre des ſerviteurs étoit bien ſupérieur
à celui des maîtres : je n'en citerai
qu'un exemple. Un dénombrement
d'Athenes comptoit vingt mille ci-

toyens, dix mille étrangers & quatre cents mille esclaves ; &, comme les richesses consistoient dans le grand nombre de ce genre de serviteurs, tout, jusqu'à la succession du défunt, en prit sa dénomination, & porta le nom de famille.

Les esclaves sont, ou naturels procréés d'une mere esclave, ou pris à la guerre, connus sous le nom de captifs, ou rendus tels par le crime: on les nomme esclaves de la peine. Le débiteur insolvable devenoit esclave du créancier par la loi des douze Tables. S'il avoit plusieurs créanciers, le malheureux étoit démembré & partagé entr'eux. Je ne crois pas que cette partie si horrible de la loi, ait jamais été exécutée : je ne saurois même regarder cette atrocité que comme un moyen imaginé pour obliger le débiteur au paiement par la terreur ; pour porter le citoyen à user de ses facultés avec économie, & obvier à la légéreté des emprunts. Je ne penserai jamais que les Législateurs ayent voulu son exécution.

L'esclavage occasionné par les dettes, ne dura pas long-temps: le Tribun Pétilien le fit abroger ; la personne du débiteur devint libre ; il pouvoit insulter à son créancier en se montrant impunément à ses yeux : c'étoit tomber d'un excès dans un autre. Le droit de faire enfermer le débiteur dans des prisons publiques , est un milieu plus raisonnable.

On doit ajouter à ces causes de l'esclavage , la vente que l'homme libre pouvoit faire de sa personne. Il me semble qu'on ne doit point dire *qu'il n'st pas vrai qu'un homme libre puis-* *se se vendre ,* * encore moins en donner pour raison ; que *tous ses biens entrants* *dans la propriété du maître , le maître* *ne donneroit rien , & l'esclave ne rece-* *vroit rien.* Cette réflexion ne prévoit que le cas où l'esclave garderoit dans sa main , le prix de sa liberté. Mais si l'homme libre se vend , pour payer une dette , ou pour faire un capital à ses enfants déja nés, la maxime est fausse , comme celle *qu'un* *prisonnier fait à la guerre, ne peut être* *réduit en servitude.* On pourroit aussi ne pas accorder que la liberté du citoyen appartienneà la République ; la personne du citoyen lui appartient : mais si l'esclavage est un état nécessaire dans la constitution , il est in-

Esprit des Loix liv. 15. c. 2.

différent à la République que tel homme lui soit utile, comme esclave, ou comme libre.

Les esclaves avoient la tête nue & rasée, comme la plupart de nos Moines, esclaves sacrés de la Religion. Les nouveaux affranchis portoient un bonnet, jusqu'à ce que leurs cheveux fussent revenus, c'est par-là qu'il devint un symbole de la liberté. Brutus, après le meurtre de César, fit frapper de la monnoie avec l'empreinte du bonnet, comme ayant affranchi le Peuple Romain. A la mort de Néron, le peuple prit des bonnets, pour témoigner qu'il se croyoit libre dès ce moment.

L'esclave dépendoit entiérement de son maître; ainsi il pouvoit, à son gré, changer son état, & le délivrer de la servitude: mais l'affranchissement ne procuroit pas une liberté absolue. L'expression de Justinien ne doit point être prise au pied de la lettre: personne n'a jamais révoqué en doute que l'affranchi ne demeurât dans une certaine dépendance de son ancien maître. On substituoit à ce titre celui de patron; l'affranchi étoit sous sa protection; il lui devoit des

corvées, un tribut annuel ; il étoit
taxé pour contribuer à la dot de sa
fille , & pour le tirer de captivité.
Si l'affranchi étoit coupable d'ingra-
titude , il perdoit la liberté qu'il avoit
recue ; il étoit obligé de nommer le
patron dans son testament , & de
lui laisser un legs ; sa succession lui
appartenoit lorsqu'il mouroit sans
enfants. Si on excepte le seul article
du legs dans le testament , on trouvera , mot pour mot, dans la condition
de l'affranchi, celle du censitaire ,
telle qu'elle étoit par-tout autrefois ;
& telle qu'on la retrouve encore aujourd'hui dans plusieurs Seigneuries :
il n'est pas possible de n'être point
frappé d'une conformité aussi exacte.

On connoissoit encore une autre espece d'esclaves mitigés , appellés par
les Romains *Adscriptitii glebæ*, & parmi
nous , serfs , ou esclaves de la glebe.
Leurs devoirs devinrent, peu-à-peu,
semblables à ceux des affranchis ;
mais il y avoit entr'eux une différence bien essentielle : l'affranchi n'étoit
obligé que durant sa vie ; ses enfants
étoient ingénus , entiérement libres.
L'esclave de la glebe l'étoit à perpétuité. Cette idée de l'esclavage s'est

évanouie en France, il n'en reste que
la mémoire & quelques Droits sei-
gneuriaux que l'on a réfervés : ceci
fournira ailleurs plus de détail, &
quelques réflexions. *

* Chap.
14.

La matiere de ce chapitre préfente trois chofes à examiner : 1°. L'efclavage eft-il naturel ou contraire à la nature? 2°. Quelle doit être
la puiffance du Seigneur fur l'efclave ? 3°. Doit-on admettre des efclaves dans une République?

Ariftote eft d'avis que la fervitude eft
conforme à la nature. « Nous voyons,
» dit-il, que des hommes femblent faits
» pour fervir & obéir, & d'autres, pour
» commander. Telle eft fa preuve qui
ne conclut rien pour l'efclavage, &
ne vaut pas la peine d'être réfutée.
La nature a donné à l'homme une
volonté, une faculté de choifir, qui
ne dépend que de lui-même : dès
lors, la nature l'a fait libre. Cette
propofition n'a pas befoin d'être appuyée. D'autres prétendent que l'efclavage ayant été de tous les temps,
que fubfiftant encore dans la plus
grande partie de l'Univers, que tous
les peuples l'ayant approuvé, il n'eft
pas à préfumer que ce qui a été aufli

généralemeut reçu , & dontla durée
n'a aucun terme , puiſſe être contre
les loix de la nature.

Cette raiſon ne me toucheroit pas.
Lorſqu'on raiſonne ainſi, on ne connoît pas juſqu'où va la dépravation
de l'eſprit humain. Il n'y a rien de
ſi abſurde, de ſi oppoſé aux ſentiments naturels, qu'il ne ſoit capable
d'adopter. Son aveuglement va juſqu'à couvrir, du voile de la Religion, ce qu'il y a de plus ſacrilege :
tels ſont les ſacrifices du ſang humain, qui ont été en uſage dans toutes les parties du monde. Les Thra-
ces tuoientpar charité leurs peres &
meres vieux & infirmes; ils les mangeoient par piété ; il étoit horrible
qu'ils fuſſent mangés par les vers.
Cet uſage ſubſiſte encore parmi quelques peuples ſauvages. De pareils
exemples doivent bien humilier l'homme, & décrier l'autorité de l'opinion
commune.

Mais la queſtion ceſſe d'être la même, lorſqu'on examine ſi l'eſclavage
eſt conforme ou contraire à un droit
des gens, appuyé ſur la raiſon. L'origine de l'eſclavage ſe perd dans les
temps les plus reculés. Je ne ſaurois
penſer

penser, avec Puffendorf, qu'il a commencé par le consentement de ceux qui se sont donnés volontairement à une famille. La nécessité n'a pu y obliger celui qui avoit des bras pour cultiver la terre. Si sa paresse l'éloignoit de s'en servir pour lui-même, il ne les aura pas offert à d'autres pour les employer à un travail arbitraire, & se soumettre à l'empire cruel du maître sur l'esclave. On ne peut se refuser à croire que l'esclavage a pris naissance dans les premieres guerres des hommes : le vaincu a appartenu au vainqueur. Sans recourir au systême métaphysique de Hobbes qui veut que l'état de nature soit un état de guerre de chacun contre tous, on peut assurer que les querelles ont commencé, entre les hommes, pour les besoins de la vie. Il y avoit des esclaves, avant *qu'on se fût lassé de la simplicité des premiers siecles, & que l'on fût occupé à chercher tous les jours de nouvelles commodités.*

On a dit que les Politiques ont tiré le droit de réduire en servitude, du droit de tuer dans la conquête. * Il faut distinguer la conquête du combat. Il est naturel dans l'un, d'ôter

* *Esprit des Loix liv. 10. chap. 3.*

la vie ; ce droit feroit trop barbare dans l'autre : on en a le pouvoir, on n'en a pas le droit. Si la confervation eſt le feul objet légitime de la conquête, comme le même Auteur l'établit ; c'eſt de ce droit de confervation, que l'on doit tirer celui de l'efclavage. Il eſt permis d'ôter à celui qu'on a vaincu, le moyen d'être encore ennemi, & de devenir vainqueur à fon tour. Il eſt dans la nature de la chofe, que la fervitude dure autant que la confervation l'exige, & qu'elle foit éternelle, s'il le faut. On a pu priver de la liberté, puifqu'il a été un moment dans lequel on a pu ôter la vie. Le droit des gens ne fauroit être choqué, lorſqu'on donne le toît, le vêtement & la nourriture à celui que l'on a pu maſſacrer. On pourroit abfolument attribuer l'efclavage à un principe d'humanité ; il eſt permis d'exiger du vaincu, les fervices qui n'excedent pas fes forces & fes talents : l'ufage des prifonniers de guerre n'eſt que l'humanité portée à un plus haut degré de douceur.

Il eſt néceſſaire dans la difcuſſion d'oublier les préjugés. Nous connoiſ-

fons à peine l'efclavage dans la plus
grande partie de l'Europe, & nous
y avons attaché une idée de cruauté que nous ne féparons pas de la
chofe même; nous ne réfléchiffons pas
que la dureté ou la douceur de l'efclavage dépendent uniquement du caractere du maître de l'efclave. Il l'emploit,
il eft vrai, à des ouvrages pénibles,
pour lefquels fouvent il n'étoit pas
né, aimera-t-on mieux qu'il lui eut ôté
la vie? Les raifons que l'on cite contre l'efclavage, fe prennent des trai-
tements barbares exercés fur ceux
qui font tombés dans cette mal-
heureufe condition; ils ne prouvent rien : une inftitution peut être
permife, & même bonne, & l'abus
que l'on en fait, pernicieux. Que
l'on faffe périr fon femblable dans les
fupplices, pour avoir caffé un verre ;
qu'il foit martyrifé fous les coups de
fouet, pour avoir oublié de fermer la
porte d'une antichambre : ces traite-
ments révoltent l'humanité ; je les
reconnois contraires au droit des
gens; mais ceci regarde le droit que
l'on doit permettre au maître fur l'efclave, & non l'efclavage lui-même.

De quelque nature que foit le titre qui donne l'esclave au Seigneur ; le droit de vie & de mort ne doit pas être toléré. Le droit des gens permet d'ôter la vie à l'ennemi vaincu, dans le moment de sa résistance ; mais après qu'on la lui a accordée, & lorsque, par ce don, le vaincu a cessé d'être ennemi, l'équité du droit des gens ne permet plus de donner la mort, que pour un nouveau crime qui l'auroit mérité. La loi d'un Etat bien policé n'en laissera jamais le jugement à un particulier.

Le châtiment outré qui va jusqu'au supplice, doit être regardé du même œil : la mort n'est pas si affreuse que ces châtiments excessifs & réïtérés. Les bornes d'un pouvoir légitime doivent être réduites aux regles de la justice & de la raison : on pourroit laisser des esclaves à ceux qui songeroient qu'ils pourroient eux-mêmes le devenir un jour.

Un détail très-succinct suffit pour mettre en état de décider de l'utilité de l'esclavage : la barbarie exercée contre les esclaves en a toujours fait les ennemis de leurs maîtres & de l'Etat. Personne n'ignore les guerres que les Romains eurent à soutenir contre les

esclaves révoltés & réunis. Je penserois que ces époques rendirent les
affranchissements plus communs : on
s'apperçut de l'inconvénient du trop
grand nombre d'hommes nés libres,
que l'on enchaînoit ; on s'attacha,
par reconnoissance & par intérêt,
ceux auxquels on donnoit la liberté;
on en faisoit un rempart entre le maître & les autres esclaves; c'étoit autant de gens qui veilloient sur eux.
On a vu, dans le reste de l'Europe
& ailleurs, les mêmes exemples que
fournit l'Italie : ce furent les esclaves
qui établirent le trône des Califfes
& des Sultans. La liberté que leur
promit Omar, un des capitaines de
Mahomet, en attira un assez grand
nombre, pour conquérir l'Orient. Le
bruit de leurs succès encouragea ceux
de l'Europe; ils prirent les armes,
d'abord en Espagne, ensuite en France. Lothaire, après avoir perdu deux
batailles contre ses freres, appella les
esclaves qui, se voyant armés, donnerent la chasse à leurs maîtres ;
l'embrasement s'étendit ; le feu passa
en Allemagne, où il ébranla les Princes & l'Etat : l'empereur Louis fut
obligé d'assembler toutes ses forces

pour éteindre la rébellion.

Il est facile, après ces exemples, de juger s'il est avantageux d'admettre l'esclavage dans une République. Les esclaves, il est vrai, plus soumis, plus obéissants par état, remplissoient plus exactement leurs devoirs, que ne font les serviteurs de condition libre ; cela n'est pas douteux. On les employoit aux arts & métiers dont ils rapportoient le profit à leurs maîtres : ce n'étoit pas le dessein de multiplier les divers genres de richesses qui les avoit destinés à ces emplois ; Lycurgue & Numa l'avoient ordonné, pour leur donner de l'occupation, & empêcher que l'oisiveté, en les réunissant, ne les portât à des complots funestes. Ce n'étoit pas servir les arts : on ne peut comparer l'attention de l'ouvrier qui travaille pour le profit d'un autre, avec l'intérêt qui l'anime, & qui excite son émulation, lorsqu'il travaille pour soi ; & l'expérience fit voir, dans les suites, que ce remede politique ne guérissoit pas le désordre que l'on avoit appréhendé.

Les esclaves, comme tels, n'étoient d'aucune ressource dans les cas pres-

fants ; ils ne pouvoient jamais servir
comme soldats ; on étoit obligé de
les affranchir, avant de les enrôler.
On avoit à craindre après , que le
sentiment de haine & de vengeance
ne fut plus fort en eux, que le desir
de servir des maîtres qui les avoient
traités avec cruauté, & qui ne les
délivroient de leurs fers, que pour les
exposer à des dangers. Si l'esclavage
ne procuroit que le foible avantage
d'un service domestique plus exact
& plus assidu , il étoit trop acheté
par la seule peine de tenir des captifs à la chaîne , & de veiller sans
cesse, dans la crainte de leur évasion
ou de leurs mauvais desseins. Aucune
utilité ne peut balancer le danger
continuel qui menace le repos des
familles & de la République, lorsque
tout est plein de gens que leur état
malheureux & forcé entretient dans
le désespoir : on peut donc décider
que les vrais esclaves ne conviennent
pas à la République.

Nous lisons cependant que les
Parthes se servoient de leurs esclaves à la guerre , & que l'armée qui flé-
trit la gloire de Marc-Antoine , &
celle du nom Romain, n'étoit com-

poſée que d'eſclaves. Mais nous li-
ſons, en même temps que les Parthes traitoient leurs eſclaves comme
leurs enfants : ce n'eſt donc pas, comme je l'ai dit plus haut, l'eſclavage,
en lui-même, qui eſt pernicieux ; c'eſt
l'empire abuſif que l'on exerce ſur les
eſclaves. Mais comment ſe pourroit-
il que la nature perverſe ne porte
le général des hommes à pouſſer, à
l'excès, les droits d'autorité qui ſont
dans leurs mains ? Si on ne doit pas
eſpérer qu'elle ſe corrige, il faut proſ-
crire l'eſclavage & le bannir.

On doit cependant excepter les
cas d'une néceſſité abſolue : lorſque,
par exemple, la terre demeureroit
ſans culture, ſans le ſecours des eſclaves, comme dans les colonnies
de l'Amérique ; ſi les Sauvages de
ces Iſles avoient pu s'apprivoiſer, ſi,
comme mercénaires, ou comme attachés à la glebe, ils avoient voulu
la cultiver, les nouveaux habitants
y auroient trouvé de grands avantages. Ce projet étoit praticable ; mais
le caractere impétueux de la Nation
ne s'accommode pas de ce qui demande du temps & de la patience.

Je ne dirai qu'un mot ſur l'avantage prétendu que *l'établiſſement des eſ-claves negres produiroit en France*. M. l'Abbé de Mably n'a pas calculé que l'achat, la nourriture, le vêtement, le logement, les maladies, la perte coû-teroient aux Agriculteurs & aux Ma-nufacturiers le double, au moins, de ce que leur coûtent les hommes li-bres habitués.

Les révoltes fréquentes dont j'ai déja parlé, & plus encore la douceur de la Religion chrétienne firent relâ-cher de la rigueur de l'eſclavage, & bornerent les pouvoirs ſur les eſcla-ves à ceux qui ſont compatibles avec l'Evangile. Dans la ſuite, les Miniſ-tres de l'Egliſe n'épargnerent rien, pour procurer la liberté aux eſclaves qui ſe faiſoient Chrétiens ; moyen bien louable, pour attirer les hommes à la vraie Religion, en leur faiſant du bien. Paulin, Evêque de Nole, ſe diſtingua. Après avoir vendu ſes biens, pour racheter des eſclaves, il ſe vendit lui-même aux Vandales : tant il eſt vrai que le zele le plus ſaint, lorſqu'il eſt trop ardent, por-te à des excès que blâme la ſaine raiſon.

Les grands changements ne doi-

D v

vent jamais fe faire tout-à-coup : un
trop grand nombre d'affranchiffe-
ments, dans un court efpace de temps,
devint l'occafion de quelques déréglé-
ments. Sous Conftantin le Grand,
les villes fe trouverent furchargées
d'une quantité prodigieufe d'affranchis, fans pain & fans métier. Il fit
des ordonnances, pour aider les pauvres mandiants; de-là prirent naiffance les Hôpitaux, monuments dignes
de l'humanité, & dont l'honneur eft
dû à la Religion chrétienne. Les réglements ne furent pas fuffifants, pour
remédier aux inconvénients de l'excès : les enfants furent abandonnés
par ceux qui pouvoient à peine fe
nourrir eux-mêmes; les bois furent
remplis d'affaffins. Gratien ordonna
que l'enfant expofé feroit efclave de
celui qui l'auroit nourri & élevé; &
l'empereur Valens permit à chacun
de fe faifir des vagabonds, & d'en
faire des efclaves. Il fit des défenfes
d'habiter les bois, comme Hermite;
il fit périr la plupart de ces gens
que le feul appas de la liberté avoit
fait Chrétiens, & qui oublioient auf-
fi-tôt dans les forêts, qu'ils l'etoient
devenus : peu-à-peu l'ordre fe réta-
blit.

L'esclavage continua toujours à perdre à proportion de l'accroissement du Christianisme : par-tout où il s'établit, on affranchissoit les esclaves à l'envi. Charlemagne, en un jour, affranchit tous les Saxons, à cause qu'ils s'étoient fait baptiser, de sorte que, vers l'an 1250, il ne se trouva plus de vrais esclaves dans toute la Chrétienté. On doit en excepter quelques cantons de l'Allemagne, & sur-tout la Pologne, où les sujets-censiers, qu'ils appellent *Kmetos*, sont soumis, au point, que les Seigneurs peuvent tuer les leurs impunément, & ceux des autres, pour une modique somme.

Dans le temps de cette pieuse manie, la France se distingua entre les autres Nations ; elle rejetta l'esclavage de la glebe, que des Peuples plus sages ont retenu ; elle a même voulu depuis, que tout homme qui mettroit le pied sur ses terres, fût libre dès ce moment, sans faire attention qu'il est contre le droit des gens, d'enlever à l'étranger passant & maître de l'esclave, un bien qui lui appartient. Les façons de penser sont à mode chez les François, comme les ajustements : lorsqu'une opinion

D vj

faifit les efprits, elle en devient l'idole ; on lui facrifie toute autre confidération. On n'a pu y fouffrir l'ombre même de l'efclavage : cependant on ne fauroit nier fes avantages, fi, en retranchant ce qu'il y avoit d'exorbitant dans le pouvoir, on eût confervé ce qu'il en falloit pour empêcher la liberté de dégénérer en licence. L'homme libre ne peut s'obliger, fous une peine, de fervir un maître pendant un certain nombre d'années convenu, foit pour l'agriculture, foit pour l'intérieur de la maifon. Les Parlements ont réprouvé ces fortes d'engagements. Leur ufage feroit merveilleux ; il eft reçu en Angleterre & en Ecoffe que l'on nomme, par excellence, pays de liberté. L'efclavage étoit une extrêmité ; on en eft forti pour tomber dans une autre. C'eft la faute la plus commune des hommes, parce qu'ils agiffent par fentiment, plutôt que par réflexion. On n'a pas même apperçu que l'on refufoit pour le laboureur, pour le domeftique, ce que l'on approuve pour le foldat.

L'autorité du maître fur le fimple domeftique a quelque chofe de

plus étendu que celle du locateur
fur le mercénaire à la journée. Le
premier doit plus d'attachement &
d'obéiſſance, en ce qu'il fait partie de
la famille ; on a le droit de le corriger avec modération & diſcerne-
ment. La liberté ſans bornes a détruit, dans la pratique, ces regles
domeſtiques : cette claſſe d'hommes,
eſt ſans ſentiments & ſans éducation ;
la correction verbale eſt pour eux ,
comme le bruit qui frappe l'air , &
qui s'y perd, ſans y laiſſer d'impreſſion. Étrange effet de la fauſſe opinion ! Nombre de perſonnes croiroient s'avilir , s'ils uſoient d'une correction plus ſenſible : que dis-je ? On
qualifie les domeſtiques du moindre
rang , du terme d'honneur conſacré
pour les maîtres. Ces ridiculités , j'oſe
employer cette expreſſion , leur donnent de l'audace , & lorſqu'une ame
baſſe s'enorgueillit, elle paſſe d'abord
à l'inſolence. La ſubordination négli-
gée ne peut avoir de légeres conſéquences ; les exemples en ſont fami-
liers ; & deſlors qu'on a beſoin d'employer l'autorité publique , pour arrêter les déſordres quels qu'ils ſoient ,
il ſeroit mieux d'en prévenir la cauſe.

L'attachement du laboureur à la glebe, l'engagement du domeſtique envers ſon maître, pour un certain nombre d'années, ſous une peine, rétabliroient le bon ordre, & le domeſtique y trouveroit une reſſource aſſurée qui peut lui manquer dans les maladies. Quiconque voudra réfléchir, conviendra qu'une République bien gouvernée devroit non-ſeulement l'autoriſer, mais en faire une loi. Elle feroit revivre l'obéiſſance, & donneroit au maître une autorité convenable, quoique bien éloignée de celle que le droit des gens donnoit ſur les eſclaves. Ce feroit une ſervitude réelle, & point perſonnelle ; elle n'auroit rien d'atroce, elle feroit conforme à la raiſon, parce qu'elle feroit fondée *ſur le choix libre qu'un homme, pour ſon utilité, ſe fait d'un maître.* *

Eſprit des Loix, liv. 15. c. 6.

CHAPITRE X.

Du Citoyen & du Sujet.

ON a vu que la famille peut exiſter, le chef y commander, & n'être pas République ; mais que la Répu-

blique ne peut être fans les familles.
Lorfque le chef de famille fort de fa
maifon, lorfqu'il va traiter avec les
autres chefs de ce qui leur eft commun, alors il dépofe la qualité de maître, il eft égal, il eft pair avec les
autres, il s'appelle citoyen : on le
peut définir un fujet libre, lié à la
fouveraineté d'autrui. Il faut obferver, pour l'intelligence de ce qui va
fuivre, que, pour faire répondre le
terme de citoyen au mot latin *Cives*,
on ne doit entendre que ceux qui,
parmi nous, ont droit de bourgeoifie. On a pu remarquer qu'à Rome &
ailleurs, il étoit défendu aux perfonnes libres, d'exercer les arts méchaniques; c'étoit le partage des efclaves : tous les citoyens étoient bourgeois.

On apperçoit aifément que tout
citoyen eft fujet, & que tout fujet
n'eft pas citoyen. Les uns & les autres ont une infinité de rapports par
lefquels ils fe reffemblent, ils ont auffi leurs différences : j'ai défini le citoyen fujet libre, c'eft-à-dire, exerçant une profeffion libre. L'abus que
l'on peut avoir fait dans l'octroi des
lettres de bourgeoifie, ne doit pas

anéantir cette regle générale ; une
République bien gouvernée ne doit
pas admettre à ce rang une vile populace ; les affranchis en Grece , ni
leurs descendants n'étoient pas citoyens , quoique nés Grecs ; les besoins de l'Etat les plus pressants ne
purent faire fléchir cette regle. Dé-
mosthene , après la grande journée de
Chéronée, harangua le peuple , pour
demander que dans Athenes , les affranchis fussent déclarés citoyens : il
ne put l'obtenir.

À Rome , on en usoit autrement :
être né dans Rome, & y être né libre suffisoit pour être citoyen ; une
multitude de gens issus d'affranchis &
d'étrangérs inonda la Ville. Appius le
censeur les avoit distribués indifféremment dans toutes les centuries ;
ils devinrent les maîtres des délibérations par le grand nombre de leurs
voix : Fabius changea cet ordre ; il
les sépara ,. & en fit quatre centuries
distinctes. Par ce moyen, il rendit la
supériorité des suffrages aux centuries des vrais Romains : on en comptoit trente & une de celles-ci. C'est
un trait de politique qui , selon Tite-
Live , lui acquit le surnom de *Ma-*

ximus qui n'avoit pas été donné à
sa sage conduite dans la guerre, ni
à ses victoires.

Les citoyens, comme les sujets,
sont naturels ou naturalisés. Parmi
les Grecs, il falloit être né de deux
naturels pour obtenir le grade de citoyen; on appelloit les autres *Métifs*.
Ils n'avoient ni rang ni privileges:
quelques-uns cependant échappoient
aux recherches; la gloire d'Athenes
& le bonheur de la Grece voulurent
que l'on ignorât que Thémistocle
étoit né d'une mere étrangere. L'usage fut quelque temps le même à Rome; on ordonna dans la suite que la
seule qualité du pere détermineroit
la qualité de citoyen; cette regle est
plus conforme aux principes: la femme
qui participe à la dignité du mari est
citoyenne. Ce n'étoit pas cependant
la raison du nouveau réglement : le
relâchement chez les Romains, & la
sévérité chez les Grecs étoient l'effet d'une politique conforme à la situation des uns & des autres. Rome,
dont les vues & le génie étoient de
conquérir, ne pouvoit avoir assez de
citoyens, c'étoit ses soldats. Les Républiques grecques, dont l'esprit gé-

néral étoit la confervation, étoient avares d'une dignité qui donnoit l'influence dans les affaires de l'Etat.

Plus les droits des citoyens font confidérables, plus on doit être attentif à les communiquer avec difcrétion. Le dernier citoyen, comme le premier, jouiffoit à Rome du grand privilege de n'être foumis à aucune magiftrature, lorfqu'il s'agiffoit de fon honneur ou de fa vie ; il n'avoit d'autre Juge que le peuple. Ce droit fut établi par la loi *Junia*, lorfque les Tarquins furent chaffés ; loi facrée qui fut renouvellée fouvent par les loix Valériennes & par d'autres. Ce privilege étoit grand, il donnoit au citoyen Romain une fupériorité rare & précieufe ; elle l'engageoit à s'eftimer lui-même : ce privilege accordé dans le moment de la liberté, lui fit fentir tout le prix de cette liberté, & lui infpira néceffairement l'amour de la patrie. C'eft peut-être cette diftinction, unique dans fon genre, qui infpira à chaque Romain l'idée qu'il avoit de fa propre grandeur ; idée qui leur fit toujours regarder les autres Nations avec une efpece de mépris, & leur donna cette confiance qui les aidoit à les vaincre.

Mais quelle eſt la loi ſi bonne, ſi ſainte, où il ne ſe gliſſe des abus, & que les abus ne dégradent? Jules-Céſar donna le titre de citoyen à toute la légion gauloiſe qu'on appelloit l'*A-louette*, pour la récompenſer de ſon attachement à ſa perſonne, & pour l'augmenter. Marc-Antoine, par un motif moins excuſable, vendit ce droit à toute la Sicile; Auguſte, plus habile dans la police du Gouvernement, blâma l'une & l'autre; il refuſa ce titre avec obſtination à l'impératri-ce Livie qui le demandoit avec inſ-tance pour un ſeul Gaulois; mais enfin Antonin le pieux l'accorda, par une loi générale, à tous les ſujets de l'Empire. Cette diſtinction ainſi ſubdiviſée ne frappa plus les yeux; elle ſe perdit: toute communication de privilege dans tous les ordres, dans tous les cas, eſt dangéreuſe; avec quelque prudence que l'on en uſe, elle dimi-nue le prix du privilege; lorſqu'on l'étend, elle le rend mépriſable.

Les prérogatives ne ſont pas éga-les entre le citoyen auquel la naiſ-ſance a donné ce droit, & celui auquel il a été accordé. Ce dernier parti-cipe, à la vérité, aux privileges, mais il ne peut, dans les véritables maximes, exercer les offices municipaux ; il n'eſt pas préſumé avoir la même connoiſſance des affaires publiques, ni le même attachement, ni la même élévation que l'ancien citoyen. Le premier d'une famille auquel on accorde des lettres de bourgeoiſie, ne peut être prévôt des Marchands à Paris ; à Geneve, il ne peut être Syndic, ni du Conſeil des vingt-cinq. L'uſage eſt ſemblable en Allemagne & en Suiſſe ; mais leurs enfants peuvent prétendre à ces dignités, comme le premier annobli n'eſt que noble, & ſon fils gentilhomme.

A cela près, tout citoyen l'eſt autant que tout autre : c'eſt à tort qu'Ariſtote a dit que le noble étoit plus citoyen que le roturier ; le roturier vivant de ſes rentes plus que le négociant ou l'agriculteur. Les grades que chaque citoyen peut avoir dans une République, & qui ſe multiplient à l'infini, ſont des diſtinctions indépendantes du droit de Cité : elles forment des citoyens plus notables, mais ils ne ſont pas plus citoyens.

Le droit de citoyen ne peut ſe perdre que par la mort civile, ou par l'abandon du pays fans deffein d'y revenir. Les Romains faifoient dormir ce droit fur la tête de ceux qui étoient captifs chez les ennemis : ils n'étoient capables d'aucun acte civil, ils ne pouvoient même tefter. Cette loi étoit introduite, fans doute, pour engager le citoyen à vaincre ou à mourir : elle étoit dure, même cruelle. S'il eft quelques circonftances où il eft honteux de fe rendre à l'ennemi, il y en a mille autres où l'opiniâtreté à fe faire tuer, feroit condamnable. On peut dire en général que le poltron s'enfuit, & que le brave homme fe fait tuer ou prendre.

. Il n'eft pas hors de propos de raconter ici ce qui arriva au conful Hoftilius Mancinus qui avoit fait avec les Numantins un traité fans la miffion du peuple, & dont les conditions ne lui convenoient pas : on le renvoya aux ennemis ; ils ne voulurent pas le recevoir ; le Conful retourna au Sénat, le Tribun l'en fit fortir. Par l'Arrêt du peuple, il appartenoit aux ennemis ; il avoit, par conféquent, perdu le droit de citoyen ; mais les ennemis n'avoient pas voulu le recevoir : il n'étoit pas captif; étoit-il citoyen, ne l'étoit-il pas? Après des débats très-vifs, les avis modérés décidèrent que le peuple ne l'avoit privé de ses droits qu'autant que les ennemis l'auroient retenu prisonnier.

On peut absolument être citoyen sans être sujet, lorsque ce titre est donné simplement comme un titre d'honneur. Louis XI. fut le premier des rois de France qui eut le droit de bourgeoisie chez les Suisses. Les Athéniens avoient donné cet exemple sur la tête de plusieurs Rois : on a vu, de nos jours, des Républiques accorder ce même titre à des particuliers qui ne cessent pas d'être sujets de leur Souverain : ce sont des exceptions à la regle générale. Il arrive encore qu'une ville donne le droit de bourgeoisie à une autre ville qui en fait autant de son côté. L'une ne devient point sujette de l'autre ; mais le particulier de chacune peut se rendre sujet de celle des deux qu'il lui plaît de choisir : il peut changer son habitation, & jouir du privilege de citoyen sans avoir besoin d'être naturalisé.

On peut encore être citoyen de

plufieurs villes fous une même fouveraineté : mais on ne peut être fujet de deux Souverains, à raifon des
domaines que l'on poffede dans les
deux Etats, fans leur confentement.
Ils peuvent le donner fans conféquence pour une perfonne privée ;
mais la faine politique ne devra jamais fouffrir qu'un corps, qu'un college ou communauté reconnoiffe une
autorité hors du territoire de la Souveraineté. Enfin la naiffance, généralement parlant, fait le fujet, & ne
fait pas le citoyen.

Il dépendoit du citoyen Romain
de quitter la République ; perfonne
n'y étoit retenu : c'étoit une déro-
geance au droit de Souveraiueté. Le
citoyen ni le fujet ne peuvent ceffer
d'être fujets, ni s'habituer hors des
Etats auxquels ils appartiennent, fans
le confentement de la Puiffance fouveraine. Cette regle paroît plus exactement obfervée dans les Républiques gouvernées par un feul que dans
celles qui le font par plufieurs. Il femble que, dans celles-ci, la liberté
foit plus grande, & que l'on ne crai-
gne pas autant que le grand nombre
foit tenté de chercher une autre do-

mination. Les traités de paix & d'alliance portent ordinairement que, réciproquement, on ne recevra point les fujets les uns des autres : pourquoi ces traités femblent-ils oubliés, lorfqu'il s'agit de donner un afile ? Quand on fuppoferoit qu'il eft permis, qu'il eft utile de ne pas obferver les conventions à la lettre, il femble qu'on ne devroit pas s'en écarter pour recevoir chez foi un malfaiteur.

Il y a des circonftances où il ne doit pas être permis de changer fon domicile dans l'étendue de la même Souveraineté, fans quelques conditions ; lorfque, par exemple, les charges font moindres dans une partie, que dans l'autre : une Province deviendroit déferte, une autre furabonderoit. Ces cas particuliers, qui peuvent être en nombre, fe doivent régler par des loix & des conditions particulieres. Lorfqu'une mauvaife politique voulut augmenter & peupler les villes aux dépens de la culture des campagnes, une Ordonnance de Philippe le Long, roi de France en 1318, prefcrivit aux Magiftrats d'accorder le droit de bourgeoifie

geoisie à tout sujet qui le demanderoit. On y mit la condition d'acheter, dans l'an & jour, une maison
de soixante sols parisis au moins,
& de demeurer dans une ville depuis la Toussaint jusqu'à la saint Jean.
Il fut dit que ce changement seroit duement signifié au seigneur duquel le nouveau bourgeois étoit justi-
ciable. Cette derniere circonstance
mérite bien d'être remarquée ; elle
apprend quel étoit autrefois le pouvoir des seigneurs dans leurs terres,
& à quel point il a été retranché suc-
cessivement.

La longueur de l'absence n'ôte
point, par elle-même, la qualité de
sujet ni de citoyen. Le parlement
de Paris, en 1554, admit un François qui avoit demeuré cinquante ans
à Venise à la succession de ses parents. Il n'avoit fait aucun acte contraire à la qualité de sujet de son
Prince : mais s'il se fût marié à
Venise, & qu'il y fût mort, les enfants qu'il y auroit laissés, n'auroient
pas eu les mêmes droits ; ils n'auroient pas eu pour eux celui que donne la naissance.

Il arrive tous les jours que les Prin-

ces, soit qu'ils fondent de nouvelles
villes, soit qu'ils veuillent augmenter le commerce de celles dont la situation peut le faire espérer, donnent des privileges à toutes personnes, ou de leur obéissance, ou étrangers, amis ou ennemis qui viendront
les habiter : alors celui qui aura quit-
té sa patrie, & que son Souverain
n'aura pas revendiqué, cesse, par ce
consentement tacite, d'être son sujet.
Le temps de ce silence nécessaire
pour faire présumer le consentement,
n'a point été fixé : sera-ce la pres-
cription de dix ans, sera-ce celle
de trente ? La décision dépendroit
de la puissance du Prince qui soule-
veroit la question. Mais, par aucun
temps, celui qui n'est pas avoué par
le Souverain sous la domination duquel il va s'établir, ne cesse d'être
sujet de sa République : il faut, ou
des privileges généraux, ou des lettres particulieres.

Lorsque le sujet est devenu Prince d'un autre Etat, il ne cesse point
d'être sujet ; son Souverain le peut
réclamer ; il peut le punir dans la personne de ses ambassadeurs : ce qui
n'est pas sans exemples. Charles-Quint

retint prisonnier l'Ambassadeur du
duc de Milan, qui s'étoit ligué contre lui. On voulut user de représail-
les en France ; l'ambassadeur d'Espagne fut conduit au châtelet ; mais
il fut relâché bien-tôt après, & les
autres Puissances alliées ne se scanda-
liserent point de la conduite de l'Empereur. Théodose le Grand en avoit
usé de même.

CHAPITRE XI.

De l'Etranger.

Outre les familles des Sujets
citoyens & des Sujets simples, la République peut encore comprendre des
familles étrangeres. On doit entendre
par Etranger, celui qui s'établit avec
sa famille sous une domination dont il
n'est pas né sujet, ou qui, même sans
famille, s'y établit, y acquiert des
fonds, ou y fait le commerce, sans
prendre des lettres de naturalité. Les
loix de police ne comprennent pas
sous ce nom celui qui voyage, & qui
demeure quelque temps dans un pays

autre que le fien : cependant les uns &
les autres font foumis aux loix de la
fouveraineté fous laquelle ils habitent.

Pour être né fujet d'un Prince, on
n'eft pas naturel dans tous fes états.
L'Anglois eft étranger à Hanovre :
l'Hanovrien eft étranger en Angleterre.

L'étranger ne peut point hériter où
il n'eft pas naturalifé : il ne peut aufli
tefter des biens meubles ou immeubles qui lui appartiennent dans les pays
où il eft étranger. Ses immeubles font
acquis au feigneur de la juftice dans
laquelle ils font fitués ; fes meubles à
celui de fon domicile.

Le droit de difpofer de fes biens
par teftament , ou de recevoir des
legs, a été , de tous les temps, l'a-
panage des naturels du pays. Démof-
thene le remarque dans fon oraifon
contre Eubolides ; Ciceron pour Ar-
chias , & parlant pour lui-même. Les
loix Romaines l'atteftent par-tout ,
& prouvent que notre droit d'aubai-
ne a toujours été en ufage. Il appartenoit aux citoyens Romains qui
avoient reçu des étrangers fous leur
protection , ou bien au fifc.

L'étranger ne peut point faire cef-

ſion de biens , & demeuret dans le
pays. Il a une patrie où il peut
retourner, ſi bón lui ſemble ; il ne
doit pas être à la charge de l'Etat
auquel il n'eſt attaché par aucune ſorte de bien. L'étranger eſt obligé de
donner caution devant le Juge , lorſqu'il eſt le demandeur. Enfin il peut
être congédié , même ſans prétexte , ſans qu'il doive s'en plaindre. Il
n'en eſt pas de même du ſujet ; ſi on
le faiſoit ſortir de ſa patrie ſans raiſon , ce ne ſeroit pas ſans injuſtice.

Je ne parle ici que du droit commun. Les loix, les uſages, les traités ont varié cette matiere à l'infini : le détail en ſeroit d'une prolixi-
té ennuyeuſe. Je me contenterai de
remarquer deux manieres bien oppo-
ſées d'en uſer à l'égard des étrangers.
A Milan, il n'eſt pas permis à une héritiere d'épouſer un étranger ſous
peine de confiſcation de ſes biens.
Le créancier étranger y eſt obligé
de revendre , dans le cours de l'année , l'immeuble qu'il auroit pris en
paiement de ſon débiteur : rien de
plus dur. En France, les Suiſſes ſont
exempts de toute eſpece d'impôts :
quoi de plus favorable ?

E iij

Les étrangers avoient autrefois tant d'avantages à Florence, que quelques Florentins préfenterent une requête à leur Duc, pour obtenir d'être réputés étrangers : ils ne pouvoient le faire appercevoir, d'une façon plus foumife, d'un défaut de fon Gouvernement. En général, tout privilege qui fait fortir de la fphere du droit commun, entraîne plus d'inconvénients qu'il ne porte d'utilité.

Deux pofitions différentes doivent dicter des loix différentes vis-à-vis des étrangers. Le pays, où les hommes manquent, doit leur accorder des loix favorables ; elles les attirent ; ils s'y accoutument, ils fe naturalifent. Le pays fuffifament peuplé leur doit les loix de l'humanité, de l'urbanité, & rien au-delà. Les avantages, dont ils viennent profiter, font partagés avec les naturels. Si les loix d'une République font équitables & douces, fi la liberté perfonnelle & celle du commerce y font refpectées, ce pays fe peuplera de lui-même ; les étrangers y accourront fans privileges, fi le climat ne les rebute pas.

Une loi de la Chine défend d'y

laisser établir des étrangers. Ce n'est
pas dans la crainte de voir introduire chez eux un nouveau culte, une
nouvelle façon de penser : le pays
n'est que trop peuplé par lui-même ;
un surcroît d'habitants y seroit une
charge. Voilà la raison, ou, si l'on
veut, l'esprit de cette loi.

CHAPITRE XII.

De la Protection.

LE Citoyen, le Sujet & l'Etranger
peuvent être sous la protection : il
y en a de plusieurs especes. Le Prince doit sa protection à tous ses sujets en général, le maître à ses esclaves ; ce sont les plus étendues &
celles qui exigent le plus de soumission. Parmi les protections qui regardent le reste des particuliers, on en
peut remarquer de deux sortes ; celle qui est accordée gratuitement, qui
ne vaut au protecteur que l'honneur
que lui rend son protégé, & celle
qui reçoit une récompense. Celle-ci
est encore de deux natures différentes : celle du seigneur suzerain qui

oblige le vaffal à la foi & à l'hommage , & celle du feigneur de fief auquel le cenfitaire doit un tribut différent , fuivant les conventions qui le réglent.

De toutes ces protections, celle qui eft gratuite, eft, fans doute, la plus honorable & la plus noble. Elle étoit connue chez les Romains dès le temps de la fondation de Rome. Ils l'avoient euxmêmes empruntée des Grecs , & on en trouve des veftiges dans les trois parties du monde connues anciennement. Romulus ayant choifi cent citoyens des plus diftingués , pour en compofer le Sénat, il leur diftribua le refte du peuple pour être plus particuliérement attaché à chacun d'entr'eux. Le devoir du patron étoit de défendre l'honneur, la vie & les biens de fes clients. Ils n'en devoient retirer aucun falaire , parce que, comme dit la loi : *Officio merces non debetur.* Ce devoir de protection étoit recommandé de la maniere la plus forte. Les cenfeurs notoient ceux qui avoient abandonné l'intérêt de leurs clients. S'ils les avoient trompés , la loi des douze Tables prononçoit contre eux la peine la plus févere : *Si patronus*

clienio fraudem faxit, facer efto. Peut-
on s'empêcher d'admirer l'économie
d'un Gouvernement dans lequel le
plus foible des fujets ne fe trouve jamais fans un appui qui lui eft propre, & dont rien ne fauroit le priver?

Un fi grand avantage n'obligeoit
à rien celui qui en jouiffoit : fa reconnoiffance feule l'engageoit à offrir fes fervices, à groffir le corte-
ge du patron dans les occafions. Plutarque dit, en paffant, que les clients
aidoient le patron à payer la dot
de fa fille : felon les apparences il
a confondu entre les clients & les
affranchis. Denis d'Halicarnaffe, qui
connoiffoit mieux les inftitutions Romaines, & qui les traite à fonds,
n'en parle point ; & fuppofé que les
fimples protégés l'ayent fait quelquefois, c'étoit plutôt un témoignage de
leur reconnoiffance, qu'une obligation.

Les Romains, dans la fuite, prirent des étrangers fous leur protection ; ils les rangeoient au nombre
de leurs clients ; ils héritoient d'eux,
lorfqu'ils mouroient hors de leur patrie fans parents Romains. C'étoit la
différence du protégé étranger, au

E v

protégé citoyen. Les principaux d'entre les Sénateurs prirent même des villes fous leur protection : etoit-ce avec ce même défintéreffement qui faifoit briller les commencements de la République? Il étoit réfervé à Rome de nourrir dans fon fein des citoyens d'une grandeur auffi diftinguée. L'antiquité ne fournit nulle part de pareils exemples ; & s'il eft permis d'affurer l'avenir fur les conjectures que peut fournir le préfent, la poftérité n'en verra jamais de femblables. Mais il eft commun de voir des villes indépendantes fe mettre fous la protection d'une autre puiffance. Cette protection eft du même genre, & ces fortes de traités ne dérogent pas par eux même à la fouveraineté, à l'indépendance de la cité protégée. Telle eft, par exemple, Hambourg, ville fouveraine fous la protection des ducs de Holftein.

Aix-la-Chapelle, Ratifbonne, Lubek & les autres villes, que l'on nomme Impériales, pourroient être regardées comme une troifieme claffe mixte entre les deux efpeces de protection. Elles font libres & indépendantes ; l'Empereur eft leur protec-

teur né : d'un autre côté, elles contribuent aux charges publiques de
l'empire Germanique, dont elles font
partie, abfolument parlant. Mais
elles y ont un crédit fi médiocre,
leurs voix font fi peu écoutées dans
les dietes, qu'elles ne doivent être
confidérées que comme des villes protégées par l'Empire, en fourniffant
le prix de la protection. La protection accordée par la Pologne à la
ville de Dantzik, n'eft pas d'une nature fi équivoque. Les rois de Pologne font dans l'ufage de la lui faire
payer affez cherement pour qu'elle
puiffe être rangée dans l'ordre des
protections pour récompenfe.

. Celle-ci peut encore être regardée
comme privée, ou comme publique.
La protection privée n'a ni loix ni
réglements ; elle eft clandeftine ; elle n'ofe s'avouer. Que pourroit-on
en dire de particulier ? On peut affurer en général que, parmi les maux
qui affligent une République, elle eft
le plus confidérable : elle fait céder
le mérite à la faveur ; elle pofe une
barriere entre la vertu & les dignités ; c'eft à l'ombre de fon aile que
le vice eft en honneur, & que le

E vj

crime s'affure de l'impunité; c'eft la
boîte de Pandore. Les hommes peuvent faire des réglements pour la défendre; mais comment parviendront-
ils à les faire exécuter? Il n'y a que
les perfonnes accréditées qui peuvent
être fes inftruments.

CHAPITRE XIII.

De la Protection attachée aux Fiefs.

ON doit diftinguer ici deux perfonnes protégées, mais différentes l'une
de l'autre : le vaffal & le cenfitaire. Le vaffal, quoique fous la protection du fuzérain, tient les cenfi-
taires fous la fienne. Il repréfente un
homme libre, & le cenfitaire tient
la place du ferf. Le vaffal rend un
hommage, le cenfitaire paye un
tribut. Quelques Auteurs ont prétendu que les fiefs nous venoient des
Romains; d'autres plus fuivis les ont
fait dériver des loix des Lombards,
ou, fi l'on veut, des peuples Germains en général. Ces deux fentiments, qui paroiffent fi oppofés, fe

peuvent accorder : la diftinction qui
vient d'être pofée, fait tout l'éclair-
ciffement ; elle fait remarquer deux
parties diffemblables , à plufieurs
égards, dans le même fief.

Lorfque les Romains commencerent à remporter des victoires fur les
peuples qu'ils ne deftinoient pas à
faire avec eux un même corps de République, ils acquirent un grand nombre
d'efclaves. Ils cefferent de travailler
leurs campagnes ; ils les remplirent
de ces étrangers dont ils s'étoient
enrichis. Pour les rendre plus affidus
à la culture, on intéreffa dans les ré-
coltes les plus entendus, & on leur
donna une infpection fur les travaux :
dans la fuite l'économie plus appliquée donna une part des fruits à chaque efclave dans le champ qu'il tra-
vailloit lui-même. Les efpeces d'argent
étant devenues plus communes à Rome
par de nouvelles conquêtes , plufieurs
Romains prirent une fomme certaine
à la place des fruits, pour une année, peut-être pour plufieurs, à la maniere des fermes.

On apperçoit aifément que, peu-
à-peu, ces efclaves, libres dans leur
travail, nourris à leurs frais, ne fu-

rent plus regardés comme des efclaves de rigueur : ce fut en effet un milieu entre l'efclavage & la liberté. Ils
furent préfumés affranchis fous la condition de ne point abandonner la
glebe qu'ils travailloient : on les
nomma *Adfcriptitii*. Ils étoient cenfés
vendus & légués , lorfque le fonds
étoit vendu ou légué , quoiqu'il n'en
fût fait aucune mention : l'acquéreur
ne pouvoit les chaffer pour faire travailler ces terres par fes propres efclaves [a]. Ils étoient plutôt efclaves
du fonds , qu'ils ne l'étoient du maître. Ils ne pouvoient fe rédimer de
leur attachement , ni eux, ni leur poftérité par aucun efpace de temps, que
lorfqu'ils avoient vêcu pendant trente ans libres de redevances , au vu
& au fu du maître [b]. Telle eft la prefcription que nous admettons encore
aujourd'hui en faveur du cenfitaire :
A die contradictionis.

Dans la fuite , les baux à temps
furent changés en baux perpétuels.
Il arriva encore que l'efclave ayant
fait des profits , le maître ayant eu
des befoins, il prit un capital en ar-

[a] Liv. 3. Cod. de manc. & Col. ▪ [b] Cod. de
Agricol.

gent & diminua le tribut. Ceux qui, sans ces changements & en qualité de partiaires, continuoient à donner une portion des fruits croissants, furent toujours connus sous le nom de *Coloni*; ceux qui payoient une portion certaine ou une quantité d'argent déterminée, furent connus sous le nom de *Censiti*. La même loi, qui défend d'exiger de l'argent des Colons, le permet dans les lieux où c'est l'usage du fonds [a] & distingue par conséquent le simple cultivateur du censitaire. Celui qui payoit un tribut au maître du fonds, c'est l'expression de la loi [b], ne pouvoit plaider contre son seigneur que pour fait de surcharge. Voilà clairement le censitaire & le seigneur de fief ; il ne manque que le nom du dernier ; & voilà ce qui se trouve dans le texte de *Agricolis, Censitis & Colonis servis*, & dans un nombre d'autres titres répandus dans le Code & le Digeste, où même l'on peut voir les Colons appellés tributaires.

Les Romains avoient conquis les Gaules; plusieurs d'entr'eux s'y étoient

(a) Liv. 5. Cod. *de Agricol.* = (b) Cod. *in quibus Caus.*

établis : ils y avoient de grandes poſſeſſions. Il ſeroit bien ſingulier que ce peuple impérieux n'y eût point porté ſes coutumes & ſes loix ; de ſorte que l'on ne peut douter que, lorſque les Francs envahirent les Gaules, ils trouverent cette partie de la matiere féodale établie & en uſage. On peut obſerver que cette portion de fief peut ſubſiſter indépendamment de l'autre, comme nous allons voir l'autre ſubſiſter indépendamment de celle-ci.

Les Germains, connus pour être ennemis du labourage, ne changerent point une maniere de poſſéder, conforme à leur goût & à leurs mœurs ; de ſorte que ceux qui ont enviſagé les fiefs, ſeulement comme Juriſconſultes, voyant cette partie connue des Romains, régie par leurs loix, n'y apperçevant aucun changement que celui que l'abolition de l'idée de l'eſclavage y a apporté, en ont attribué l'origine aux Romains, & ils l'ont fait avec raiſon ; mais regardant la partie qui concerne le ſuzérain & le vaſſal du côté ſeulement de l'intérêt, & enivrés de la beauté du droit Romain, ils ont cru que tout devoit s'y rapporter. Ils ont eu tort.

Les autres au contraire qui, comme politiques & hiſtoriens, n'ont enviſagé les fiefs que par le côté le plus noble, ont dit que les fiefs nous venoient des Lombards. L'Auteur de l'eſprit des loix en trouve la ſource chez les Francs eux-mêmes avant la conquête; mais il a fait auſſi peu d'attention que les autres à cette diviſion qui auroit bien ſervi à éclaircir la confuſion dans laquelle il s'eſt trouvé embarraſſé. Occupé de plus grandes idées & de la réfutation des ſyſtêmes du comte de Boulainvilliers & de l'abbé Dubos, tout ce qu'il dit fait ſentir, & appuie cette diſtinction; mais il ne fait que rouler autour: fondé ſur Céſar & Tacite, il a cru trouver le vaſſelage établi dans la Germanie, & de-là il l'a conduit juſqu'à la fixation de ſes loix. Il reconnoît que, chez les Germains, (ce ſont ſes termes) il y avoit des vaſſaux ſans fiefs. Je n'examinerai point la réalité de cette idée. Il établit, d'un autre côté, que l'eſclavage de la glebe étoit en uſage dans les Gaules avant la conquête des Francs; mais il n'a pas conſidéré cet eſclave de la glebe avec aſſez d'at-

tention pour y remarquer le cenfitaire qui fait partie du fief.

L'efprit des loix trouve les vaffaux
dans ces perfonnes que les Princes
s'attachoient, qu'ils nourriffoient,
qu'ils menoient à la guerre, qui vivoient & mouroient avec eux, & que
Tacite appelle *Comites*. Ce furent ces
comtes, ces fideles qui furent pré-
pofés, après la conquête fur les provinces dans leurs différents diftriéts,
pour mener à la guerre les maîtres
des fiefs fubalternes, & recevoir
d'eux le ferment de fidélité : on commence à appercevoir des fuzérains ;
mais ils étoient amovibles ; ce ne font
point encore des fuzérains tels qu'ils
furent depuis. Il en réfulte feulement
que cette partie fupérieure du fief fub-
fiftoit détachée de l'inférieure qui jamais ne fut amovible. Il n'en faut
pas chercher les preuves ailleurs que
dans le même Ouvrage. Celui qui avoit
quatre manoirs étoit obligé indiftinc-
tement au fervice militaire. Jamais
perfonne n'a prétendu que la propriété de ces manoirs ne fut pas fixe.
Les conquérants n'auroient-ils eu pour
fruit de leur fang dans le pays conquis, que des établiffements incer-

tains, tandis qu'ils en laiſſoient de permanents au peuple vaincu? Perſonne n'ignore qu'ils prirent pour eux une portion des terres, & laiſſerent l'autre aux anciens habitants auxquels leurs loix donnent le nom de Romains. On ne penſera pas auſſi que ces propriétaires de quatre manoirs ne les faiſoient labourer que par des hommes libres, lorſque nous voyons l'uſage contraire dans les Gaules, & tel qu'il étoit parmi les Romains qui devoient le ſervice militaire comme les Francs.

Ce ne ſera point une ſuppoſition gratuite, lorſqu'on admettra dans ces manoirs des terres travaillées par les eſclaves de la glebe ſous une redevance annuelle, forte ou foible ; ce qui conſtitue un fief ſimple. Ce ne ſont, par conſéquent, que les grands fiefs, ces fiefs de dignité, cette eſpece de ſuzéraineté qui furent amovibles ſous la premiere & la ſeconde race ; & lorſque ſous la troiſieme les fiefs d'honneur devinrent patrimoniaux, ceux qui devoient marcher à la guerre, & qui prêtoient le ſerment, furent liés invariablement à ceux qui exigeoient ces devoirs pour les rapporter au Souverain. Alors ces deux parties intimement confolidées formerent les fiefs tels qu'on les a vu dans les fuites, compofés du cenfitaire, du feigneur de fief, & d'un ou plufieurs fuzérains, fuivant les fubdivifions qui fe firent alors, ou que l'on a pu faire après.

On peut objecter que l'on trouve par-tout que les fiefs étoient amovibles. La compilation des ufages des fiefs, & Cujas fur cette compilation difent que, dans les temps les plus reculés, les feigneurs donnoient les fiefs pour quelque temps, même pour une feule année, & les reprenoient enfuite. Ceci s'explique par la diftinction, & même la confirme. Cet ufage doit s'entendre des terres propres au feigneur qui compofoient une partie de l'intérieur du fief que l'on donnoit d'abord à temps, & que l'on donna dans la fuite à perpétuité, comme on l'a établi ci-devant, & comme on le peut faire encore aujourd'hui ; c'eft donner en fief, & non donner le fief, à l'intégrité duquel cet ufage ne doit point s'appliquer. On trouve, à la vérité, des fiefs entiers, amovibles, vaffaux, terres & ferfs ; l'intelligence de ce

fait n'eſt pas difficile : c'eſt ce qui ſe
paſſe encore très-ſouvent ſous nos
yeux. Lorſqu'après la conquête, les
terres furent partagées, le partage du
domaine Royal fut proportionné à
ſa dignité. Les Rois en eurent aſſez
pour en donner à leurs fideles. Ces
fiefs ſont appellés *Fiſcalia, Beneficia* &c.
Les Rois les donnoient à temps ou
à vie. Telles ſont aujourd'hui des
terres qui n'entrent point dans les
fermes du Domaine, ou qu'on en exime, dont les Rois ont coutume de
diſpoſer pour la vie de ceux qu'ils en
veulent gratifier : c'eſt le ſeul exemple
des fiefs amovibles dans toutes ſes
parties. Il eſt poſſible cependant que
les ſeigneurs les plus puiſſants après
les Rois en ayent uſé de même.

S'il étoit néceſſaire de rechercher
l'origine primitive de la partie la plus
noble des fiefs, on ne devroit pas
l'aller chercher chez les peuples Germains. Lorſque Jules-Céſar parle des
chefs des princes Gaulois, il parle auſſi
de leurs Comtes. Il nous repréſente
ces prétendus vaſſaux ſans fiefs dans
les Gaules, d'une maniere encore plus
préciſe que ne fait Tacite dans l'Allemagne. On peut comparer les deux
textes.

Si l'on veut connoître l'efprit des loix des fiefs, c'eft dans l'efprit du Defpotifme qu'il le faut chercher. Que l'on examine la progreffion des reconnoiffances & des hommages ; le cenfitaire reconnoît tenir fa terre du feigneur de fief ; celui-ci reconnoît tenir le fief du fuzérain, & lui dénombre les terres qui le compofent. Si le fuzérain immédiat n'eft pas la derniere main, il fait la même déclaration à fon fupérieur, &, par cette gradation, tout aboutit au Souverain duquel il paroît que tout dérive.

On prétend auffi avec affez de fondement que cet ufage fut introduit dans la Germanie par les Hongrois, peuple de la Tartarie Afiatique, qui n'avoient jamais connu pour Souverains que des Defpotes. Ils voulurent établir dans le pays auquel ils ont donné leur nom, le feul gouvernement dont ils euffent l'idée. Mais il ne faut pas confidérer les établiffements de ces temps reculés, comme ceux qui fe feroient de nos jours. Tout eft plein aujourd'hui ; le vainqueur ne pourroit trouver de place fans chaffer le vaincu. Autrefois la

terre peu cultivée préfentoit de vaftes forêts , des champs confidérables qui ne fervoient qu'aux patura-
ges , où fe pouvoient placer de nouveaux habitants. On doit encore diftinguer le conquérant qui ne cherche
qu'à fubjuguer , d'avec celui qui cherche à s'établir & à réfider : quoique
ce dernier demande & obtienne l'hof-
pitalité l'épée à la main , il eft de fon
intérêt de ménager les anciens peuples de fa conquête : fon Etat en devient plus affuré , plus puiffant & plus
tranquille.

Dans cette fituation , les Hongrois
ne trouverent pas dans l'Europe un
génie fait à la fervitude , comme
celui de leur patrie. Ils craignirent
une réfiftance , un foulevement qui
auroit mis dans un grand embarras
un peuple qui cherchoit particuliérement un domicile. Pour accorder
le vainqueur & le vaincu , on fit la
diftinction du domaine direct & du
domaine utile : la vanité du conquérant & l'idée qu'il avoit du Gouvernement furent fatisfaites , fans qu'il
en coûtât beaucoup au vaincu de
reconnoître qu'il tenoit de lui une
terre dont il lui laiffa la propriété

& les profits. Il n'est ici question que de la partie supérieure du fief ; il est naturel que les Germains, témoins de cet exemple, s'y soient conformés lorsqu'ils ont conquis. Ils ont dit aux vaincus : » Reconnoissez que vous te-» nez de notre grace ces terres qu» » nous vous laissons. » Le conquérant saisit autant d'avantages qu'il lui est possible. Le vaincu, auquel on laisse ses dieux & ses foyers, n'est pas difficile.

Mais je ne m'arrêterai point à une dissertation de curiosité frivole. Je ne saurois regarder, d'un autre œil, la recherche d'une vérité dont la découverte n'apporte aucun bien réel à la société. Je n'entends pas placer dans ce rang la discussion des particularités du Gouvernement qui fut établi lors de la naissance de la Monarchie. Cet article est intéressant ; il sert à faire connoître quels sont les droits de la couronne, & quels sont les droits des sujets. On doit un sentiment de reconnoissance aux soins de l'Auteur de l'esprit des loix. Il a fait sentir les excès dans lesquels tomboient les deux systêmes donnés au public dans notre siecle. Il falloit une étude aussi profonde, des

lumieres

lumieres auſſi perçantes pour déve-
lopper un milieu vrai entre l'un &
l'autre. Lui ſeul y pouvoit allier ces
traits d'eſprit & de feu qui le carac-
tériſent, & qui diſſipent la ſéchereſ-
ſe & l'ennui de ces matieres. Je rends
avec joie ce témoignage à un Auteur
dont je ne ceſſe d'admirer le génie,
lors même que je releve en lui quelque légere inadvertance, & que j'oſe
n'être pas de ſon ſentiment.

CHAPITRE XIV.

De l'état préſent des Fiefs.

LES vaſſaux étoient de deux eſpeces. On connoiſſoit les vaſſaux ſimples &
les vaſſaux liges. Il eſt certain que ces
derniers étoient plus étroitement liés
que les autres. On a prétendu, qu'outre la foi & l'hommage, ils devoient
l'obéiſſance; que leur perſonne étoit
ſoumiſe, & qu'ils n'étoient pas dé-
gagés en déguerpiſſant le fief. Cependant les conventions écrites, lorſque le ſuzérain donnoit le fief, pouvoient ſeules établir ces conditions.
Il eſt difficile de croire que l'on conti-

nuoit d'être obligé par les conventions , lorfqu'on renonçoit au don
qui en étoit toute la caufe. Quoi
qu'il en foit , les fiefs ne reffemblent
point aujourd'hui à ce qu'ils étoient
autrefois. La foi promife d'un côté , & la protection de l'autre , ne
font plus que des paroles fans effets.
Les devoirs d'honneur & de refpect
font entiérement éteints , fi on excepte le moment de l'hommage &
de la reconnoiffance ; & communément cet inftant ne revient pas deux
fois dans un fiecle. Il n'y a plus de
réel dans les fiefs que l'intérêt pécuniaire.

Si l'on confidere quelle eft l'origine du cenfitaire , telle qu'on l'a de-
montrée au chapitre précédent , on
fera étonné que les cours de juftice
de ce royaume ayent été fi long-
temps défavorables au feigneur , &
que , dans le doute , on ait toujours
panché pour le cenfitaire. Il faut
fermer les yeux à la lumiere , pour
ne pas appercevoir que le tenancier ,
dans cette qualité , repréfente toujours l'efclave de la glebe ; que , comme tel , il a reçu des mains du feigneur , & la terre & la liberté ; que

ces dons font des titres toujours parlants en faveur de celui duquel on les tient ; qu'ils font affez grands, affez prétieux pour que les droits que l'on leve en conféquence, ne puiffent être regardés comme un fardeau pénible ; & que la poffeffion immémoriale de les percevoir, devroit fuffire pour faire préfumer qu'ils font légitimement établis. L'uniformité finguliere des devoirs du tenancier foumis au fief, avec ceux des affranchie, retrace fans ceffe l'idée de l'ancien efclavage.

On cite la maxime : *Proniores fumus ad liberandum*, & les autres brocards du droit. On employe ce qui fe trouve répandu dans les loix pour la faveur de la liberté, faveur que l'on applique mal-à-propos au prix que l'on a donné pour l'acquérir. On fait valoir la préfomption de la violence & de l'autorité du feigneur : toutes ces chofes ne font que des excufes pour colorer une compaffion déplacée. Si cette violence eft prouvée comme dans les furcharges, on doit la réprimer ; mais on ne doit pas la préfuppofer gratuitement. Celui qui avoit dans fes mains le fonds & la

perſonne du parcitaire, avoit-il beſoin de l'impreſſion de la force, pour
impoſer des loix? Que l'on compare
les corvées, la banalité, (je parle
ſur-tout de ces droits généraux) avec
la ſeule acquiſition de la liberté, &
que l'on décide pour lequel des deux
doit être la préſomption. Il eſt vrai
que l'on a donné, depuis l'abolition
du ſervage, des terres à ſief nouveau
à des hommes libres, & que l'on en
donne encore. Ces terres, pour la
plupart, ſont des défrichements im-
menſes, commencés depuis quatre ou
cinq ſiecles; mais elles ſont données
à l'inſtar des anciennes. Les derniers
baux doivent ſuivre, pour les devoirs
généraux, non exprimés, la condition que l'uſage & la poſſeſſion ſont
préſumer être dans les anciens. Pour
peu que l'on fouille les chartres, les
anciens monuments, on trouvera dans
tous les lieux les traces du ſervage
& de la queſtalité. Si la pitié pour
le cenſitaire fait l'éloge du cœur,
elle ne fait pas le même honneur à
l'eſprit. On veut ſouſtraire le cenſitaire à l'oppreſſion du ſeigneur; cela
eſt très-bien; mais dans le doute on
décide toujours pour le peuple : que

l'on y prenne garde ; il eſt bien peu
de choſes que l'on ne puiſſe rendre
douteuſes. Si on réfléchit que la conſtitution eſt monarchique, on doit
ſentir la néceſſité des juſtices & des
fiefs.

Il ne reſte au vaſſal, ſeigneur de
fief, que des redevances annuelles ;
on a banni l'attachement à la glebe,
& le droit de ſuccéder ; on a réduit
la taille aux quatre cas, & quelques
autres droits pareils, à un taux ſi min-
ce qu'on ne les peut reconnoître. Les
lods & ventes, & le droit de prélation, communs au vaſſal & au ſuzérain,
ne repréſentent pas le ſervice militaire déſormais aboli, & cependant
on veut ſuivre les mêmes loix de fief
qu'une tradition aſſez équivoque nous
a tranſmiſes. Une maniere ſi différente d'enviſager & de ſervir les fiefs ;
un uſage ſi éloigné, ſi méconnoiſſa-
ble de l'ancien, auroit dû introduire
des loix nouvelles. Une matiere ſi
fertile en procès auroit dû, ce ſemble, attirer l'attention des Légiſla-
teurs.

L'uſage interverti doit éteindre les
regles primitives. Une regle ancienne,
appliquée à un cas nouveau, doit

faire, la plupart du temps, une fauſſe application. Auſſi les Auteurs, qui
ont fait des traités de nos jours ſur
la matiere des fiefs, conviennent
qu'il n'y en a pas de ſi brouillée; que
les efforts qu'ils font pour l'éclaircir, ſont inſuffiſants, & qu'il reſte toujours, ou des inconvénients fâcheux,
ou des contradictions. Il eſt difficile,
en effet, de concilier avec elle-même
la coutume de Paris qui malheureuſe-
ment ſert de regle, faute d'autre,
pour les pays où il n'y en a point [a].
L'article LI porte que le vaſſal peut
ſe jouer des deux tiers de ſon fief,
ſans profit du ſuzérain ; & l'article
ſuivant lui en ôte implicitement la
faculté. Il y eſt dit que, lorſqu'il y
aura ouverture du fief dont on ſe ſera joué, le ſuzérain peut l'exploiter,
c'eſt-à-dire, recevoir les lods, ou
uſer du droit de prélation, tant pour
ce qui aura été retenu, & qui ſe
vendra pour lors, que pour ce qui
aura été précédemment aliéné. Eſt-ce
permettre à l'un de faire une choſe,
lorſqu'on permet à l'autre de la dé-
faire ? Il eſt évident que le vaſſal

(a) Voyez le préſident Bouhier, Coutume de Bourg.
tom. 1. chap. 40.

ne peut pas uſer de la liberté qui lui
eſt donnée par l'article LI, ſi le ſuzérain, en conféquence de l'article
LII, peut détruire, dans la ſuite des
temps, ce qu'il aura fait. Autrefois
la moindre diminution du fief em-
portoit la peine de la commiſe : le
vaſſal perdoit le fief. On a trouvé
cette loi trop dure; elle a paru trop
éloignée du droit naturel qui permet à chacun d'uſer de ſes biens
pour ſes néceſſités. On a voulu chercher un milieu entre cette loi de défenſe, & la maxime qui fait regarder les fiefs comme patrimoniaux :
on n'a pas réuſſi. C'eſt ce qui arri-
vera toujours, lorſqu'on voudra concilier deux contradictoires. Il faut tran-
cher l'un ou l'autre, & dédommager
le perdant par un autre réglement,
lorſque les circonſtances rendent la
choſe poſſible.

Le ſervice militaire exigeoit l'intégrité du fief; il devoit être ſuffi-
ſant pour entretenir ſon maître à la
guerre, avec les gens qu'il y devoit
mener. L'abolition de ce ſervice a
rendu cette intégrité indifférente au
ſuzérain dans ce point de vue. Dèſ-
lors on a dû rendre au vaſſal un : l -

F iv

berté naturelle d'aliéner le tout, ou
une partie de ce qui lui appartient ;
mais fi le fief fe dégrade, les profits
féodaux diminuent ; il faut alors pourvoir à cet article par une indemnité
préfente en faveur du fuzérain, & ne
lui point réferver un droit qui détrui-
fe la faculté que l'on vient de donner au vaffal.

L'article LII peche contre les loix
les plus prétieufes de la fociété. On
fuppofe que le vaffal, malgré l'infta-
bilité des aliénations qu'il peut faire,
trouve à fe jouer d'une partie de fon
fief. Le feigneur fuzérain ne peut,
fuivant la coutume, exploiter ce qui
a été aliéné, que lorfque le refte du
fief & le chef-lieu fe vendent. Si cet
événement n'arrive qu'un fiecle, deux
fiecles après, quel eft le fort de ceux
qui ont acquis? Que devient la prefcription patrone du genre humain? Que
devient la maxime fi judicieufe qui déclare qu'il eft de l'intérêt de la République que l'état & la propriété des
chofes ne demeurent pas dans l'incertitude? Si au contraire la jufte ap-
préhenfion de fe voir dépouillé à tous
moments, & encore après des fiecles,
d'un héritage une fois pris à fief nou-

veau, de voir redevenir en roture une
maison annoblie après la plus longue poſſeſſion ; ſi, dis-je, des craintes ſi légitimes empêchent de traiter
avec le vaſſal, la permiſſion qui lui
eſt donnée de ſe jouer d'une partie
de ſon fief, eſt une dériſion. On va
plus loin ; ſi on veut pouſſer la réflexion , on ſe convaincra qu'il ne peut
reſter dans le commerce que les terres ſuzeraines , l'intégrité des fiefs &
les alleux. Un très-petit nombre de
regles fixes ſuffiroient pour débrouiller le cahos des matieres féodales ,
& y mettre un ordre utile à la tranquillité publique. Ce ſeroit un ſervice
à rendre à la France.

CHAPITRE XV.

De la différence entre Cité, Ville,
& République.

PERSONNE, que je ſache, avant
moi, [a] n'a donné les définitions, ni marqué les différences du Citoyen, du Sujet & de l'Etranger, ni celles de la
République, de la Ville & de la Cité.

(a) Ces matieres n'étoient pas éclaircies avant Bodin.

F v

Ainsi j'ai cru devoir les autoriser par des loix & des exemples. On voit souvent des divisions entre les Princes, des procès entre les particuliers, pour ne point entendre la propriété des termes dont nous parlons. Ceux même de qui on devroit attendre le plus d'instructions, prennent la cité pour la ville, la ville pour la république, & ne distinguent point le citoyen du simple habitant, ni de l'étranger. Ils ont écrit sur la République sans connoître les loix civiles, ni le droit public. Ils ont débité leurs opinions, fruits de la seule imagination; ils ont laissé les principes à l'écart : c'est bâtir une maison sans fondement.

Les familles & ce qui les compose, soit citoyens, soit sujets, forment une République lorsqu'elles sont associées sous le même Gouvernement. Mais elles peuvent être éparses dans les campagnes sans avoir aucune ville; elles peuvent n'être pas uniformes pour la langue, les coutumes, la religion, & n'être pas une même cité. Une ville n'est autre chose qu'un amas considérable de maisons renfermées par un circuit de murailles avec des portes. C'est cette clôture qui la distingue des bourgs & des villages. La cité eſt un même peuple réuni par un même culte & les mêmes loix privées : tels ſont à-peu-près en France les bailliages ou ſénéchauſſées, lorſqu'elles ſont réunies par un même droit.

On s'apperçoit qu'une République peut comprendre pluſieurs cités, & que la ville peut n'être pas une cité. Elle peut même n'être pas toute entiere ſous la même ſouveraineté, ni dans la même province ; il y en a pluſieurs exemples. Lorſque les Romains traiterent avec les Sabins, ceux-ci quitterent leur patrie & leurs coutumes. On ne doit pas croire cependant qu'ils laiſſerent leurs campagnes déſertes ; mais toute diſtinction de loix & de religion étant bannie, Rome & les appartenances des Sabins ne furent qu'une même cité. Lorſque les Romains vainquirent les Volſques, les Tuſculans, les Eques, ils leur donnerent voix délibérative aux aſſemblées, ils les admirent aux dignités ; mais ils leur permirent de garder leurs dieux & leurs coutumes. Ils firent partie de la République & non de la cité. Ils furent appellés *Municipes*. Ces

diſtinctions ſont ſi réelles que l'on vît
dans la ſuite pluſieurs de ces villes
municipales abandonner leurs coutumes, & prendre celles des Romains,
pour ne faire avec eux qu'une même cité ; & lorſque Tibere eut porté toute la puiſſance du peuple dans
le Sénat dont il étoit maître, ces mêmes villes reprirent leurs premieres
coutumes : on leur avoit ôté l'avantage qu'elles avoient trouvé à les
abandonner.

Le traité fait avec les habitants du
Latium étoit encore d'une autre eſpece. Il fut dit que les Latins, qui
viendroient habiter Rome, ſeroient
citoyens, pourvu toutefois qu'ils euſ-
ſent laiſſés des enfants légitimes dans
leur province : politique excellente,
afin que Rome ne s'accrût pas à l'excès,
& que les villes voiſines ne fuſſent
pas dépeuplées. On appelloit ceux-ci
Socii. On trouve dans ce genre chez
les Romains des différences infinies
& comme imperceptibles, & des va-
riations continuelles pour les droits
qu'ils donnoient à chaque peuple.

Ariſtote définit la cité, une compagnie de citoyens qui jouiſſent de ce
qui leur eſt néceſſaire pour vivre heu-

reufement. Il confond la République & la Cité fous une même définition : il eſt aiſé de fentir combien elle eſt défectueuſe. Si les hommes ne font que s'aſſembler ; qu'ils n'ayent ni loix, ni une même autorité pour les faire exécuter , c'eſt une pure Anarchie. Ariſtote préſuppoſoit peut-être que l'on ne pouvoit vivre heureuſement fans des loix. Mais une définition , pour être bonne, ne doit pas laiſſer les choſes eſſentielles à ſuppléer. Il dit encore que , pour former une cité, il faut que les citoyens demeurent dans un même lieu. Ce n'eſt pas ce que les Latins entendoient par la ſignification propre du terme *Civitas*: il ne s'appliquoit pas à un lieu, à un eſpace couvert d'habitations ; c'eſt ce qu'ils appelloient *Urbem*, *ab urbo* , qui veut dire la courbure de la charrue , parce qu'on traçoit l'enceinte de la ville par un ſillon. On trouve la même différence des termes dans l'Hébreu & chez les Grecs.

Il eſt vrai que l'on voit les Auteurs employer indifféremment les mots *Urbs & Civitas* dans la même ſignification ; mais ce n'eſt pas lorſque l'on vouloit parler avec exactitude. On trouve, entr'autres, dans les commentaires de César que la cité des Helvétiens étoit compofée de quatre bourgs. Il faut faire attention, dans les occafions férieufes, à la propriété des termes, plutôt qu'au fens auquel un ufage indifférent les emploie. La ville & la cité font deux chofes fi diftinctes, que la loi décide que celui qui a porté hors de la ville ce qu'il étoit défendu de tranfporter hors de la cité, n'a point contrevenu à la défenfe. Une nation, un canton, qui vit felon les mêmes loix, les mêmes coutumes, la même religion, qui ufe du même langage, forme une cité. Je croirois que quelque différence de pratique dans un même fonds de religion, quelque changement léger dans l'idiôme, ne devroit pas faire perdre le nom de cité.

Ainfi la ville peut être cité, elle peut ne l'être pas; comme auffi la cité peut être fans ville, & confifter en bourgs & villages; l'une & l'autre peuvent n'être point République, & en dépendre fans y être incorporées. C'eft ainfi que l'on connoît plufieurs villes fimplement fujettes des Républiques, qui n'en font point partie,

qui ne font pas dans l'affociation.
Cet ufage d'affujettir des villes, peut
être contre la bonne politique d'une
Démocratie; mais il n'eft pas contre
la nature de la chofe, comme le dit
un Auteur célebre. *

On ne fauroit au contraire imaginer une République fans cité. Il faudroit fuppofer autant de coutumes que
de fujets. Mais la République peut,
abfolument parlant, exifter fans ville
ni bourg. Telle fut la République
d'Athenes, lorfqu'elle monta fur des
vaiffeaux, & abandonna la ville à
l'approche du roi de Perfe. Ceux de
Mégalopolis en uferent à peu près
de même à la venue de Cléomenes
roi de Lacédémone. On auroit pû dire
que la cité fortît de la ville, lorfque Pompée quitta Rome après en
avoir tiré deux cents fénateurs, & les
plus notables citoyens qui voulurent
le fuivre : il difoit : *Non eft in parie-
tibus Refpublica :* ceux de fon parti la
plaçoient dans fon camp.

Les troupes Impériales s'empare-
rent de l'Etat de Gênes en 1746. Si
l'envoyé de France n'avoit pas formé le projet de les en faire chaffer;
s'il n'en avoit pas donné les moyens,
& facilité l'exécution; fi la paix n'a-

* *Efprit
des Loix,
liv.* 10.
c. 6.

voit pas rétabli les Génois dans
leur premier état, la feule reffource
qui reftoit à de véritables Républicains , étoit d'abandonner la terre
ferme, & de fe tranfporter dans l'ifle
de Corfe. La République n'étoit pas
détruite.

L'ignorance de ces principes peut
être d'une plus grande conféquence
qu'on ne penfe. Lorfque les Carthaginois envoyerent leurs ambaffadeurs,
pour recevoir les loix qu'il plairoit
au fénat de leur dicter, ils le fupplie-
rent feulement de ne pas ordonner la
deftruction de leur ville , l'une des
plus belles du monde , monument des
victoires & de la gloire du nom Romain. Le fénat leur répondit, que
leur cité, *Civitatem*, leur demeureroit
avec tous les droits, privileges & li-
bertés, dont ils auroient joui jufqu'a-
lors. Les ambaffadeurs s'en retourne-
rent fatisfaits ; mais bien-tôt après le
conful demanda trois cents ôtages
Carthaginois ; on les donna. Il demanda que les armes & les machines
de guerre lui fuffent livrées ; on les
livra. Il fit enfuite publier que chaque habitant eût à fortir de la ville
avec ce qui lui plairoit d'emporter,
& qu'il leur étoit permis d'habiter où

bon leur sembleroit, pourvu que ce fût à quatre-vingt stades de la mer. L'indignation & le désespoir fournirent des armes aux Carthaginois ; mais leurs efforts n'aboutirent qu'à différer leur perte. La ville fut livrée au fer & aux flammes. On répondit aux imprécations & aux reproches de ces malheureux, en leur apprenant la différence d'une ville & d'une cité. Quelle honte pour le nom Romain ! Ce n'est donc pas d'aujourd'hui que l'on fait servir l'équivoque honteuse à cacher le crime sous le masque de la probité.

Ceux qui négocient les affaires des Princes pourroient faire des fautes bien essentielles par l'ignorance de ces choses, qui au premier coup d'œil, paroissent de peu d'importance. Par exemple, il est porté au second article du Traité de 1505 , entre les cantons de Berne & de Fribourg, que l'alliance entre les deux Républiques durera autant que les murailles des deux villes paroîtront. L'alliance est entre les peuples , elle est indépendante des murailles. La guerre peut les détruire, un tremblement de terre les faire disparoître. Les termes n'expriment point l'intention des contractants.

Tome I. *

CHAPITRE XVI.

Des Corps, Colleges & Communautés.

Nous avons considéré les Sujets comme chefs ou comme faisant partie de la famille, ils peuvent être regardés encore comme portion de quelque société particuliere au milieu de la société générale.

Les Corps, Colleges & Communautés entrent nécessairement dans la composition d'une République réelle. Il faut des loix & des magistrats pour les faire exécuter ; une police, & des Officiers pour les maintenir ; par conséquent, il faut des colleges de quelque espece. On peut en général définir les corps & communautés : Une association de plusieurs personnes autorisées, qu'un intérêt commun, que de mêmes devoirs, ou une même profession obligent de s'assembler. Le terme de college est le véritable nom dans le droit. Régulièrement, celui de corps se devoit appliquer à l'assemblée de plusieurs colleges ; car la communauté signifie seulement, qu'il y a des choses communes à tous les particuliers du corps ou du college. J'employerai ces termes indifféremment comme synonimes, sans m'arrêter à quelques différences incertaines & arbitraires que l'usage a introduites dans notre langue.

La différence des familles aux colleges, & de ceux-ci à la République, est comme la différence du tout à ses parties. Plusieurs chefs de famille, liés par une association, font membres d'une même communauté, plusieurs communautés dépendantes d'une même souveraineté, font les parties d'une République. La famille est une communauté naturelle; les colleges des communautés civiles; & la République, si on fait abstraction de la souveraineté, est elle-même une communauté de ce dernier genre. Ainsi le corps d'un grand nombre de colleges associés peut n'être point République. Il ne le sera pas, si personne n'y exerce la souveraineté. Cependant l'union qui résulte de cette association pourroit maintenir quelque temps les peuples dans leur liberté. Telle fut la situation du peuple Hébreu depuis la captivité de Samson, jusques au Gouvernement de Samuël. Chaque tribu représentoit un college,

les tribus n'avoient ni députés ni af-
semblée. L'autorité souveraine n'étoit
entre les mains de personne. L'Ecriture
dit que chacun faisoit ce qu'il jugeoit
être bien. Cette anarchie n'auroit pu
durer long-temps, le peuple lui-même
demanda qu'on lui donnât un Roi.

Les premiers législateurs ignoroient
combien il est difficile de contenir les
hommes par les seules regles de la justice. Ils imaginerent qu'il suffisoit de lier
les citoyens par l'amitié. Ils instituoient
des colleges; la liaison des membres
de chaque association en devenoit plus
étroite. Les fondateurs espéroient que
chacun de ces colleges étant réunis à
un même sentiment, il seroit plus facile de régler le corps entier de la République, qu'il y auroit peu de voix à recueillir, peu d'avis à discuter, & qu'on
n'auroit à concilier que les différends
de communauté à communauté. La
théorie de cette institution étoit admirable: la franchise de ces temps-là faisoit croire que les hommes pouvoient
être conduits au bien sans autorité.

Dans cette idée, toutes sortes de
confrairies furent permises à Athenes.
Lycurgue, après avoir fait une communauté générale de sa République, la

divisa en petits colleges de quinze
personnes ou à-peu-près; elles étoient
toujours les mêmes assises à une table, pour prendre le frugal repas
commun qu'il avoit institué. Les Latins connoissoient une espece de con-
fraternité qui n'avoit d'autre lien que
la fréquentation & l'amitié que la table entretient. Ils appelloient ces sociétés *Sodalitia*. Ceux qu'une pareille
union rassembloit, n'avoient d'autres juges qu'eux-mêmes. Le sentiment leur faisoit connoître que l'a-
mitié est encore plus essentielle parmi les hommes que la justice. Celle-
ci sévere, inflexible, ne connoissant
que l'exécution des loix, rend souvent les amis ennemis. L'amitié plus
souple, se prête aux caracteres, aux
circonstances; elle relâche de ses
droits; elle va même jusques à rendre les loix inutiles, puisque les loix,
soit humaines, soit divines, ne tendent qu'à entretenir l'amour entre les
hommes, & celui des hommes envers l'Etre suprême. L'habitude de
prendre ensemble des repas, contribue infiniment à une union si désira-
rable. La loi de Moyse, outre ceux
des sacrifices, ordonnoit les repas de

Pâques. Perfonne n'ignore que les premiers Chrétiens bûvoient & mangeoient enfemble dans toutes les affemblées de la Religion, & qu'ils y avoient ajouté le baifer de paix dont on a confervé l'image.

Il femble qu'après ces grands exemples, on ne devroit pas en ajouter d'autres. Que l'on me pardonne fi je fuis mon auteur. L'ufage des confrairies s'eft plus confervé en Suiffe que partout ailleurs. Dans chaque ville, dans chaque bourgade, chaque efpece de métier a fa maifon commune, où la fociété s'affemble pour les feftins communs. Les querelles, les procès, s'y vuident à l'amiable. On dit que la fentence s'écrit avec de la craie fur la table où l'on a mangé. Si la bonne foi, compagne de l'amitié, s'y trouve, elle grave ces frêles caractères plus fortement que ceux que nous traçons fur le parchemin.

S'il faut croire ce que l'on publie des Francs-Maffons, cette confrairie n'a d'autres principes, d'autre objet, que de refferrer l'union & la charité mutuelle que l'humanité devroit infpirer à tous les hommes. Si dans les feftins qui forment leur principale liaifon, toute parole indécente, comme on le dit, toute médifance, tout excès, font non-feulement défendus, mais encore punis, ils font dignes de louanges. Peut-on leur en donner affez s'ils rempliffent les obligations & les vues de leur établiffement?

C'eft dans ces fociétés que la convenance des perfonnes, ou la même profeffion avoient réunies, que l'on doit trouver l'origine des corps, colleges & communautés tels qu'on les voit à préfent. Ils font réglés bien différemment que ne l'étoient les anciennes confraternités. Mais malheureufement les regles y tiennent la place qu'occupoit autrefois l'amitié. Aujourd'hui tous les corps & colleges ont un objet déterminé. Ils font inftitués pour la police, ou pour la Religion. Ceux qui regardent la police, font pour diftribuer la juftice; départir les charges; donner ordre aux provifions.& marchandifes néceffaires à la République; veiller à la difcipline pour les métiers; enfin pour toutes les chofes qui peuvent intéreffer l'ordre public. L'objet de ceux de Religion n'a pas befoin d'être expliqué.

Les collegues ou membres d'un

corps font en général égaux refpec-
tivement à la communauté; chacun
ayant une voix délibérative d'un poids
égal. Mais il arrive le plus fouvent
que l'autorité fouveraine, ou la communauté elle - même choifit un chef
qui pour lors a une double qualité.
Ses pouvoirs peuvent être plus ou
moins étendus. Il peut avoir feul
la manutention de la difcipline, &
le droit de blâmer; il peut fimplement préfider & recueillir les voix;
il peut avoir une voix prépondérante,
ou ne l'avoir point; il peut être ou
amovible, ou perpétuel. On ne fçauroit déterminer quel eft le pouvoir
qu'il convient mieux de donner à ce
chef. Les différentes efpeces de colleges peuvent exiger, fuivant leur nature & leur pofition particuliere, une
autorité différente dans celui qui eft
à la tête. On peut dire en général
qu'un pouvoir trop grand dans un
chef le rend le feul maître; ce n'eft
plus une communauté, c'eft un corps
dépendant, tandis qu'il doit être libre. Leur avis eft l'avis d'un feul,
lorfqu'il doit être l'avis de la pluralité. On peut dire auffi qu'un pouvoir
trop borné impofe trop peu, & laiffe
introduire

introduire le désordre. On doit chercher un milieu entre les extrêmités.

Il se pourra encore que le chef aura un pouvoir sur tout un corps en nom collectif. Si, par exemple, on suppose un college institué pour l'instruction de la jeunesse, dans lequel, ce qu'on appelle les boursiers, n'auroient point de voix délibérative, & où toute l'autorité résideroit dans la personne du principal ; alors c'est le Gouvernement d'une famille, ce n'est plus le Gouvernement d'une communauté.

Les corps institués pour la Religion sont de deux especes ; l'une est fixée par les vœux, comme sont tous les Ordres religieux ; elle n'est différente des communautés ordinaires, qu'autant que chacun des collegues est incapable des actes civils. L'autre espece, comme les chapitres, ne diffère en rien du reste des colleges.

Il n'y a rien de fixe sur la noblesse ; elle fait un corps par tout où elle peut s'assembler sous l'autorité souveraine. Ailleurs, cette portion la plus illustre de l'Etat, qui maintient, au prix de son sang, l'éclat des couronnes & la grandeur des Royaumes, n'offre aux yeux que des membres

difperfés, qui ne peuvent former un
corps, qu'autant qu'ils font réunis.

Entre les colleges, ceux qui ont
le plus de puiffance, font, fans difficulté, ceux de magiftrature. La jurifdiction des autres communautés fe
borne à gouverner ce qu'elles ont en
commun. Les corps des magiftrats
jugent du gouvernement des autres.
Ils font chargés de leur faire obferver les loix & leurs propres ftatuts,
& même de leur en donner. Si ces
corps réfléchiffent fur cette partie de
leurs fonctions, quel ordre, quelle
regle ne devroit pas régner chez eux-
mêmes. Ils doivent fentir combien
il eft grand de juftifier fa prééminence aux yeux du public par l'exemple, & par une plus grande exactitude
à remplir fes devoirs.

CHAPITRE XVII.

Des Loix communes à tous les Corps, Colleges & Communautés.

AUCUNE affociation ne peut faire
un corps, ni être réputé college, ou
communauté, fi elle n'eft autorifée

par la puiſſance légiſlative. Les colleges de Religion, les univerſités, ni
aucun autre ne ſont exceptés de cette
regle. Ils doivent tous tenir leur pouvoir, quant au civil, du ſouverain
ſous la domination duquel ils ſont
établis. Les papes Urbain V. Innocent VI. & Grégoire IX. avoient prétendu, par des Bulles, régler les privileges de l'univerſité de Paris. Elles
portoient que la punition des crimes
commis par les étudiants ſeroit réſer-
vée à l'évêque, & quelques autres ar-
ticles dans le même goût. Les rois
de France refuſerent avec raiſon de
les reconnoître. Ce point ne peut ſouffrir de controverſe.

Tous les corps peuvent faire entr'eux des réglements, des ſtatuts,
pourvu qu'ils ne dérogent pas aux
loix publiques. Les défenſes qu'ils feroient de ſe pourvoir devant le juge
civil à raiſon de leurs délibérations,
ſeroient inutiles, & la peine pécuniaire, ou telle autre que l'on atta-
chéroit à cette défenſe, ſeroit regardée comme nulle.

Si une reſpectueuſe bienſéance a
voulu que l'entrée en Religion, exempte d'être recherché pour des fautes

légeres commifes auparavant, elle ne donne pas le même privilege, fi ces fautes font graves à un certain point. Il eft indifférent qu'elles foient commifes avant ou après; l'eccléfiaftique & le religieux font foumis à la puiffance féculiere. Il n'eft pas plus permis de fe cacher derriere l'autel que dans une forêt pour éviter une peine méritée.

Les perfonnes vouées à l'Eglife peuvent appeller leurs fupérieurs au tribunal temporel pour les délits; comme ils peuvent appeller de leurs ordonnances pour les matieres civiles. En un mot, rien ne peut fouftraire à la juftice temporelle, d'autant que l'ordre public feroit troublé, & que les loix de la fociété feroient en danger d'être violées.

De même que le bon ordre exige que chaque communauté ait fes ftatuts particuliers, la manutention de cet ordre demande qu'elle ait un droit de difcipline fur fes collegues. L'étendue de ce droit dépend de la qualité des regles, propres aux différentes efpeces. La regle qui affujettit à un plus grand nombre de devoirs, eft celle qui donne le plus de jurif-

diction perfonnelle fur les membres.
Ainfi il n'eft pas douteux que les colleges eccléfiaftiques ont une infpection plus immédiate fur ceux qui les
compofent, que les corps de magiftrature; & ces derniers plus que n'en
ont des fimples communautés, dont
l'unique objet feroit, par exemple, de
garantir des eaux une étendue de pays
defféché.

Il eft difficile que les colleges &
communautés fe puiffent paffer de de-
niers communs pour fubvenir à des
frais communs & néceffaires. Auffi ils
ont le droit d'impofer des taxes, &
tous les intéreffés s'y trouvent foumis,
fi on n'abufe pas de l'impofition. Mais
la plainte eft permife, la juftice eft
ouverte à chacun des membres, s'il
penfe que la communauté excede un
pouvoir qui doit être borné.

Les corps, en général, fi on en excepte ceux qui rendent la juftice, peuvent recevoir des legs. Domitien le décida contre le fénat. Ruffius Cepio avoit
ordonné dans fon teftament une ré-
tribution pour les fénateurs qui en-
treroient au confeil, à-peu-près dans
le goût des jettons que l'on diftribue
pour droit de préfence dans quelques

Académies. L'héritier refusa le fonds pour acquitter le legs. L'Empereur donna sa décision en sa faveur. Je penserois que ce fut avec raison : il seroit à craindre que des corps si puissants n'attirassent trop de largesses par le seul poids de leur considération ; & d'ailleurs, il est convenable que ceux qui rendent la justice, ne puissent reconnoître parmi ceux qui la réclament, les descendants de leurs bienfaiteurs.

Il semble que l'on ait voulu dédommager la magistrature par un privilege qui lui est particulier. L'empereur Adrien ordonna le premier, que les sénateurs accusés ne pourroient être jugés que par le sénat assemblé. En France, les cours de Parlement jouissent de ce droit ; & on l'a accordé à quelques autres compagnies, dont la jurisdiction est au souverain.

Ce droit général des communautés, d'être capables d'institution pour une hérédité ou pour un legs, est le droit commun : il faut une prohibition particuliere pour les en priver. Auguste avoit permis aux Juifs leurs colleges & leurs synagogues; il avoit fait plus, il avoit fondé un sacrifice perpétuel d'un veau, d'un bouc & d'un mouton, pour chaque jour dans le temple de Jerufalem. Les Romains penfoient que tous les dieux étoient bons; cependant Antonin déclara nuls les legs qui feroient faits aux Juifs. Si on n'a pas fuivi ce modele pour les autres corps, du moins, dans prefque tous les Etats, on a mis des bornes à la libéralité exceffive des mourants. On n'a pas caffé les inftitutions générales faites en faveur des colleges, mais on les a déclarées réductibles au tiers, au quart, plus ou moins, fuivant les circonftances. On a donné depuis peu en France une loi très-fage, qui rend toutes les perfonnes de main-morte inhabiles à recueillir des legs immeubles, réels ou fictices. Les communautés font des gouffres d'où rien ne doit naturellement reffortir. Sans des précautions indifpenfables, elles engloutiroient infenfiblement tout l'Etat, & diroient hautement qu'elles ne font pas dans l'obligation d'en fupporter les charges. Ce réglement, quoique venu trop tard, devroit être embraffé par-tout, & faire une loi fondamentale de toutes les Républiques.

Un college ne meurt jamais. Tous

fes droits & fes revenus peuvent réfider fur la tête d'un feul par la mort
des autres collegues. Ce dernier ve-
nant à mourir, le college n'eſt pas
éteint ; le fiſc, ni perſonne ne peuvent s'emparer de ſes biens. La ſeule
autorité ſouveraine peut en diſpoſer,
même ſupprimer le college.

Dans les affaires d'une certaine conſéquence, les délibérations, les ordonnances des communautés doivent
être approuvées par les deux tiers pour
obliger la communauté, j'entends les
deux tiers de ceux qui ſe trouvent à
l'affemblée, en ſuppoſant que tous
ſoient avertis & convoqués. Je croirois même qu'il eſt des matieres aſſez
importantes pour que la convocation
dût apprendre l'objet ſur lequel on
doit délibérer, & que dans ces cas
extraordinaires, les deux tiers de la
communauté devroient être préſents.
Il n'eſt pas du bon ordre qu'un petit nombre, dans lequel ſe trouveroient
peut-être des têtes peu capables, même peu ſenſées, impoſe des loi à la
majeure & plus ſaine partie. Auſſi le
droit commun a-t-il donné des remedes à ces inconvénients.

Les délibérations des corps ne ſont

pas perpétuelles; elles peuvent être anéanties comme elles ont été créées. Cependant c'est un secours auquel on doit recourir rarement. Une communauté que l'on verroit varier souvent, se rendroit méprisable. La présence dans l'assemblée est nécessaire pour donner sa voix, ou du moins pour faire prévaloir un avis sur un autre. Les signatures données hors de l'assemblée sont, pour l'ordinaire, la suite des cabales. Ces consentements séparés doivent naturellement suivre l'avis de celui qui va les mandier. On ne s'adresse pas aux têtes fortes, capables par elles-mêmes d'appercevoir le pour & le contre; on trouve peu de personnes en état de refuser leur approbation à un sentiment coloré avec adresse, si on sait encore ajouter quelque ressort pour l'obtenir. Une voix donnée sans entendre les raisons qui peuvent appuyer ou combattre une opinion, n'est pas une voix libre, ce n'est pas une voix de choix. Ceux qui ne craignent point une discussion publique, & que les objections n'effrayent pas, n'ont point recours à cette méthode : elle peut tenir de l'artifice, elle doit être rejettée. Les ju-

risconsultes & les canonistes, conviennent également que ces accepta-
tions données séparément, ne font
d'aucun effet.

Les délibérations peuvent regarder
ce qui est commun à tous, & dont tous
jouissent par indivis, ou bien ce qui
regardant l'intérêt commun, touche
néanmoins ce que quelques-uns possedent en particulier. Dans ce second
cas, le consentement de deux tiers
assemblés ne suffit pas ; il faut le consentement général & particulier. Si
par exemple, on délibere de prendre
le terrein de plusieurs pour l'utilité
publique, il faut un acquiescement
précis de ceux qui le possedent, un
seul peut le refuser. (Je suppose cependant que l'on n'offre pas de le dédommager.) Alors l'intérêt public fait
plier la volonté particuliere ; autrement
on tomberoit dans le cas du singulier
Veto de la Pologne, qui sous le faux
prétexte de la liberté, enchaîne les
volontés de toute une République.

Mais lorsque plusieurs colleges forment un corps, comme les parlements d'Angleterre, les états de l'Empire, & comme étoient autrefois les
états de la France, deux colleges ne

peuvent rien ftatuer fans le confentement du troifieme, parce qu'alors
le réglement *tangit omnes ut fingulos.*
Bodin, auteur de cet ouvrage, députe
du tiers-état aux états de Blois, re-
montra qu'il étoit pernicieux de donner à trente-fix commiffaires le droit
de juger & de décider des cahiers des
Etats. L'archevêque de Lyon, préfident du clergé, répondit : que le clergé & la nobleffe étant d'accord fur cet
article, il étoit terminé. Mais Bodin
repréfenta, que de tous les temps,
chacun des trois corps avoit joui de
la prérogative de ne pouvoir être af-
traint à fuivre la volonté des deux
autres; que cette maxime n'avoit fouffert aucune difficulté aux derniers
états d'Orleans. Il cita les exemples
de l'Empire, de l'Efpagne, de l'Angleterre, & pria les deux ordres de
ne pas trouver mauvais qu'il s'oppo-
fât à cette réfolution, comme il étoit
chargé de le faire. La chofe mife en
délibération, le clergé & la nobleffe
changerent d'avis : & ce même jour,
le Roi dit, en préfence du fieur de Rufé,
évêque d'Angers, & de plufieurs autres feigneurs, que Bodin avoit manié
les Etats à fon plaifir.

G vj

Si quelqu'un a le droit de préfider,
c'eft à lui de convoquer les affemblées ; à fon défaut, c'eft au fyndic.
Si quelqu'un des collegues a intérêt
de faire convoquer la communauté,
il peut, par le refus de ceux-là, s'a-
dreffer au magiftrat fupérieur, & celui-ci a le droit de prononcer des peines contre ceux qui refuferoient de
s'affembler.

CHAPITRE XVIII.

De la punition des Corps, Colleges, & Communautés.

DE la même maniere que les avantages que fe procurent les corps,
colleges & communautés par un bon
gouvernement, profitent aux particuliers, de même lorfqu'ils ont commis
quelqu'offenfe, la peine peut retomber
fur les particuliers quoiqu'innocents.
La punition des communautés tombe
plutôt dans les maximes de la politique,
que dans celles de la juftice ordinaire
& du droit commun. Réguliérement,
une communauté ne devroit être punie, q : lorfque la faute eft le réfultat

d'une délibération prife dans une affemblée ; mais ce feroit porter les regles & le pédantifme dans une matiere de laquelle il les faut bien éloi-
gner.

On a vu les révoltes d'une Ville ,
mais jamais les féditions , être la fuite
d'une volonté délibérée. Eft-il douteux que l'on ne doive punir la Ville
dans le fecond cas ? Cependant il faut
que cette punition foit conduite avec
autant d'équité que les circonftances
en peuvent permettre ; & peut - être
n'a-t-on pas fait encore affez d'attention à la différence que l'on doit mettre entre la fédition & la révolte.

On doit appeller révolte, l'action
d'une Ville qui fe fouftrait à la domination de fon fouverain. Lorfqu'elle
lui refufe fes portes ; lorfque dans une
guerre civile, elle prend le parti contraire à la fouveraineté légitime, elle
part d'un deffein prémédité , & d'une
volonté que l'on doit préfumer être
la fuite d'une délibération. Alors il
n'y a point d'injuftice à punir le général de la communauté. On peut ,
fi on le juge à-propos, outre les autres genres de peine , ôter des privileges à la Ville rebelle.

Mais une fédition eſt un feu ſubit que l'éclair allume, ſans qu'on ſache ſouvent de quel côté il eſt parti. C'eſt un mouvement tumultueux de la vile populace, auquel, communément parlant, ceux pour qui les privileges ſont plus ſpécialement faits, n'ont point participé. C'eſt alors le cas de la punition corporelle, ſi les circonſtances exigent autant de rigueur, ou des contributions pécuniaires ſeulement. Les chefs de la Ville, qui, ſans avoir pris part à l'embraſement, ont peut-être fait des efforts pour l'éteindre, ſont les ſeules victimes du crime qu'ils n'ont point commis. Lorſqu'on retranche les privileges en général, ils intéreſſent peu la populace : leur privation punit des innocents ; les coupables échappent à la peine. Ce n'eſt pas prévenir une rechûte, c'eſt peut-être engager ceux que l'on a puni mal-à-propos, à ſoutenir une autre fois une fédition, lorſqu'ils ſauront que ſa fin leur doit être funeſte. Punir le citoyen du délire du bas-peuple, c'eſt choquer également la ſaine politique & l'équité.

Il ſeroit difficile de faire pluſieurs diſtinctions palpables ſur cette ma-

tiere , & de donner des regles d'une
justice positive. Celui qui, dans des
temps de confusion, voudroit clairement connoître ceux qui sont en
effet les plus coupables, ne sauroit
sortir de son embarras. La punition
corporelle , il est vrai, demanderoit
l'examen le plus réfléchi, ou plutôt
ne devroit être employée que dans la
derniere des extrêmités ; cependant
on ne peut, dans quelques occasions,
suivre d'autre regle que celle du sort.
Le soulevement d'une partie de l'armée ne peut demeurer impuni; l'innocent est décimé ; c'est un inconvénient qu'entraîne la cruelle nécessité.
L'observation de la discipline militaire , le salut de la République l'exigent. La nature gémit, le sort d'un
homme d'Etat est de lui imposer silence. Scipion l'Afriquain disoit à
son armée : » J'ai racheté le crime de
» huit mille par le supplice de trente
» têtes , mais avec la douleur de ce-
» lui qui déchireroit ses propres en-
» trailles ».

Il est également dangereux d'outrer
la clémence & la sévérité. Les Romains n'ont guere laissé de rébellions
impunies pendant que l'Etat a été po-

pulaire. Sous les Empereurs, on a vu des exemples d'une bonté excessive, & d'une cruauté dangereuse. Lorsque le Gouvernement est réglé par un sénat, où le même esprit s'entretient, la politique a des regles uniformes. Lorsqu'un seul décide, c'est le quart d'heure, c'est le tempérament.

Nous pouvons présenter des exemples récents de faits passés dans nos climats. L'empereur Charles-Quint voulut que le supplice des Gantois s'exécutât en sa présence, & ce supplice fut sévere. François I qui affectoit toujours de contrarier la conduite de ce Prince, pardonna entiérement la révolte des Rochellois, sans en faire aucun exemple. Henri II envoya le connétable de Montmorency pour châtier la rébellion des Bordelois : le Commissaire ordonna différents genres de peines ; le Roi les remit, & n'excepta de l'abolition que ceux qui avoient mis la main sur ses officiers. Si on juge de la conduite de ces trois Princes, celle de Henri mérita la préférence. Il suivit parfaitement la meilleure maxime que l'on puisse employer dans les occasions critiques : *Ut metus ad omnes, pœna ad paucos perveniat.*

CHAPITRE XIX.

De la Souveraineté.

LA Souveraineté eſt une puiſſance
abſolue, perpétuelle, indépendante :
ces trois conditions, lui ſont néceſſaires. Ceux qui ont écrit ſur ces matieres, ne ſont pas d'accord de la valeur de ces termes. Si l'on entend une
puiſſance qui n'eſt aſſujetie à aucune
loi, il n'y en a point dans l'univers.
Toute ſouveraineté eſt ſoumiſe aux
loix du Souverain des ſouverains, à
la plûpart de celles de la nature & du
droit des gens. Nous devons donc attacher l'idée de quelque eſpece de
ſubjection à tout pouvoir humain. Si
on prenoit le mot *perpétuelle* dans
le ſens qu'il préſente, on trouveroit à
peine la ſouveraineté dans les Républiques : les Rois électifs, même les
Rois héréditaires ne ſeroient pas ſouverains. La perpétuité n'eſt entendue
que du temps de la vie de celui qui a
l'autorité : pour attribuer aux termes
abſolue & indépendante toute la force qu'ils peuvent exprimer, il auroit

fallu y ajouter celui d'*univerſelle*. Ces expreſſions ne doivent être regardées que comme relatives.

La ſouveraineté qui réſide dans le corps du peuple eſt la plus étendue que nous connoiſſions. La ſouveraineté eſt abſorbée dans le peuple; l'intérêt du peuple eſt celui de la ſouveraineté : mais dans les Etats où l'autorité appartient à une partie du peuple excluſivement à l'autre, ou bien à un ſeul, les intérêts ſont diviſés, les acceſſoires de l'autorité peuvent n'être pas les mêmes.

Si la puiſſance abſolue eſt confiée à une ou pluſieurs perſonnes pour un temps limité, la ſouveraineté demeure à ceux qui la confient. Avant la création des tribuns du peuple, lorſqu'on nommoit à Rome un dictateur, toute autre puiſſance ceſſoit : ſon autorité étoit abſolue; cependant la République étoit toujours ſouveraine. Le dictateur étoit un citoyen choiſi pour exercer un pouvoir ſans bornes, qui n'étoit ſoumis à aucun appel. Mais il ne pouvoit durer au-delà du temps du conſulat de celui qui l'avoit nommé. Son terme le plus long étoit de ſix mois. On pouvoit lui demander compte de fon adminiftration après le temps de la dictature expiré : le citoyen élu étoit un dépofitaire ; fa magiftrature étoit fouveraine , fa perfonne ne l'étoit pas.

Les Gnidiens élifoient tous les ans foixante magiftrats qu'ils appelloient *Amymones* , ce qui fignifie *fans reproche*. Outre que leur pouvoir étoit abfolu, la loi du pays les exemptoit de rendre aucun compte. On ne pouvoit les appeller en jugement pour aucune chofe qu'ils euffent faite pendant le temps de leur exercice ; cependant ce n'étoient pas des fouverains. Le pouvoir ne leur appartenoit pas ; ils devoient le rendre ; le peuple étoit toujours propriétaire de la fouveraineté ; l'Amymone n'en avoit que la poffeffion précaire.

Le terme de perpétuelle a fait naître quelque doute fur le caractere de la dictature de Sylla. Elle lui fut déférée pour 80 ans par la loi *Valeria* ; temps à la vérité limité , mais auquel fes jours ne pouvoient pas atteindre. Cicéron n'a pas tranché ce doute, comme il le penfoit. Il dit très-bien que l'on ne voyoit dans ce trouble ni loi, ni dictature ; qu'on n'y appercevoit qu'une cruelle tyrannie. Mais rien n'empêche qu'un tyran ne soit en effet souverain. Il en est de même de la dictature perpétuelle de César qui lui coûta la vie.

On peut supposer qu'un magistrat souverain, revêtu de la puissance absolue pour un temps limité, continue d'exercer ce pouvoir par-delà le terme fixé. Ce sera en vertu d'un consentement exprès ou tacite du peuple, ou ce sera par la violence. Si c'est par un nouveau consentement des citoyens, sa possession est toujours la même : la nature, la cause n'en ont point changé, quand elle dureroit autant que sa vie. Si la violence continue son pouvoir, alors il change la cause de sa possession. Il ne tient son pouvoir que de lui-même ; il est indépendant, il est tyran, si l'on veut ; mais comme on vient de le dire, il est souverain ; il a le pouvoir absolu, & ne le tient que de son épée; de même que la possession du voleur est une possession de réalité, quoiqu'elle soit contre la loi.

Lorsque le peuple défere la puissance absolue à un citoyen ou à un étranger pour tout le temps de sa vie ,

il faut encore diftinguer : fi la puiffance abfolue eft donnée purement &
fimplement, fans claufe, fans reftric-
tion & fans autre titre que celui de
Monarque, il eft certain que celui qui
reçoit ce pouvoir eft fouverain, &
qu'il eft très-légitime. Le peuple s'eft
dépouillé, il s'eft défaifi pour l'inveft-
tir : *Ei, & in eum omnem poteftatem
tranftulit.* Mais fi le peuple a donné
fes pouvoirs fous un titre de gouver-
neur, de régent, ou fous quel titre
de magiftrature que ce foit ; quelques
étendus qu'il les ait donnés, quoiqu'il
foit dit qu'ils doivent durer autant que
la vie de celui qui les a reçus, il ne
les poffede que précairement. C'eft ce
principe qui décide que ni Sylla, ni
Céfar n'étoient pas de véritables fouverains. Céfar lui-même le connoiffoit bien ; il n'auroit pas été tenté de
prendre le titre de Roi, s'il n'avoit
fenti qu'il lui falloit encore un degré
pour monter à la fouveraineté.

Tout autant que la dignité tient de
la magiftrature, elle n'eft pas indépendante, elle eft amovible. La qualité
exprimée dans le titre, décide fi la
puiffance eft donnée, ou fi elle eft
confiée feulement. Dans ce cas, ce-

lui qui n'a que l'exercice, ne peut faire des loix, ni des traités folides, qu'autant qu'ils font approuvés par le propriétaire de la fouveraineté. Charles, Dauphin de France, qui fut dans la fuite Charles le Sage, avoit un pouvoir abfolu pendant la prifon du Roi fon pere : il le tenoit de fa naiffance, de fon droit à la couronne, & de la néceffité. Cependant le roi Jean, à fon retour d'Angleterre, ratifia folemnellement ce qu'il avoit géré durant fa régence.

La puiffance eft donc abfolue, perpétuelle, indépendante, lorfque la République a donné tous fes pouvoirs, fans aucune condition qui les lui réferve, pour difpofer des biens, des perfonnes & de tout l'Etat, avec la fageffe qu'auroit pu employer la République elle-même ; condition qui fera toujours fous-entendue. Telle étoit la loi *Regia* dont Juftinien feul a parlé, & qu'il allegue comme ayant tranfmis fur la tête des Empereurs toute la puiffance du peuple Romain. Avant cette loi, véritable ou fuppofée, les Empereurs n'étoient pas fouverains, & n'ofoient dire qu'ils l'étoient. Ils empruntoient un confulat, ils fe fai-

foient donner une dictature. Le fouverain n'a pas befoin de la magiftrature pour gouverner ; celui qui la
prend avoue qu'il n'a pas d'ailleurs
un titre fuffifant. L'Empereur étoit le
chef, le premier citoyen, comme le
prince Stadhouder l'eft en Hollande.
L'Etat, depuis Tibere, étoit ariftocratique en apparence, il étoit monarchique, ou plutôt tyrannique en effet. Les Empereurs avoient empiété la
fouveraineté ; c'étoit dans l'ordre des
chofes. Si on fuppofe un chef, un
capitaine général perpétuel qui n'u-
furpera pas la fouveraineté, on fuppofe une chofe impoffible. Il faut ou
que la perpétuité de la dignité, ou
que la fouveraineté de la République fe détruifent. Il eft néceffaire,
pour empêcher l'ufurpation, qu'il regne une méfiance éternelle du peuple vis-à-vis du chef. Cet état n'eft
pas naturel, il eft forcé ; il faut du
fang & du plus facré pour l'entretenir. Cette fituation eft trop incertaine, trop agitée pour la defirer.

Lorfque le grand Kam de Tartarie
étoit mort, les chefs & le peuple à qui
le droit d'élection appartenoit, choi-
fiffoient fon fucceffeur parmi fes fils

& ſes neveux. Ils l'aſſeyoient ſur un
trône d'or, & lui diſoient : » Nous te
» prions, nous voulons auſſi que tu
» regnes ſur nous ». Le roi diſoit alors :
» Si vous le voulez ainſi, il faut que
» vous ſoyez prêts à faire ce que je
» vous commanderai ; que celui que
» j'ordonnerai être tué ſoit tué, & que
» tout le royaume ſoit commis entre
» mes mains ». Le peuple répondoit :
» Qu'il ſoit ainſi ». Le Roi continuoit
» en diſant : » La parole de ma bou-
» che ſera mon glaive ». Et tout le
peuple applaudiſſoit. Alors on l'ôtoit
de ſon trône, on le poſoit à terre ſur
un ais, & les principaux lui adreſſant
la parole, lui diſoient : » Regarde en
» haut, & connois Dieu, regarde en
» bas, & vois cet ais ſur lequel tu es
» aſſis ; ſi tu gouvernes bien, tout te
» réuſſira ; ſi tu gouvernes mal, tu ſe-
» ras mis auſſi bas que cet ais, & mê-
» me il ne te reſtera pas ». Cette puiſſance eſt abſolue & ſouveraine ſans doute : elle n'a pas la condition des loix
de Dieu, ni de celles de la nature.
On ne les fait enviſager que comme
une conſidération, & non comme une
obligation. Cette ſouveraineté eſt in-
juſte, elle eſt barbare comme les
peuples.   Si

Si on compare cette formule d'installation avec celle que l'on dit avoir été anciennement en usage en Aragon, on verra la différence qui peut être mise entre les souverains. Elle étoit telle : le grand Magistrat, que l'on appelle *la Justice d'Aragon*, étant à la tête des Etats, disoit au nouveau Roi : » Nous » qui valons autant que vous, qui pou- » vons plus que vous , vous élisons » pour notre roi, avec telles & telles conditions entre vous & nous, &c. » Rien n'empêche cependant que ce prince ne soit absolu & indépendant. Il l'est pour les pouvoirs qui ne sont pas bornés par les conditions , & encore pour ordonner & faire exécuter relativement aux conventions exprimées ou sous-entendues. C'est dans ce sens que ces termes doivent s'entendre.

CHAPITRE XX.

Des Princes tributaires protégés & feudataires.

ON connoît de tous les temps des Etats tributaires, & des Etats proté-

gés. Ce n'eſt que depuis quelques ſiecles que l'uſage des fiefs s'eſt introduit parmi les princes. Si le véritable
ſouverain eſt celui qui ne tient rien
que de Dieu & de ſon épée, il paroît
au premier coup d'œil, que celui qui
paye un tribut, que celui qui ſe range
ſous la protection d'un autre, ne ſont
pas véritablement ſouverains. Mais ſi
on examine avec attention l'état du
tributaire, on n'y verra rien qui ne
puiſſe s'allier avec la ſouveraineté. Le
tribut eſt ſimplement un témoignage
que celui qui le paye a été vaincu. Il
y a peu de ſouverains qui ne ſe ſoient
trouvés dans ces circonſtances. Etre
ſouverain n'eſt pas être le plus puiſ-
ſant des potentats. Le prince tributaire
n'eſt autre choſe qu'un débiteur qui ne
doit rien lorſqu'il a payé. Son tribut
eſt le prix avec lequel il a racheté ſa
ſouveraineté, plutôt que par le retranchement de ſes Etats.

Il ſemble que la ſituation du protégé ne ſoit pas ſi avantageuſe. Il a
traité ſuivant l'alliance qu'on appelle
inégale. Il reconnoît tous les jours la
ſupériorité, la prééminence de ſon
protecteur. Il ſent tous les jours qu'il
à beſoin de lui pour ſa propre ſûreté.

Cependant une loi adoptée par les Empereurs Romains décide contre cette apparence; & si cet empire superbe a reconnu libres les alliés sous sa protection, personne ne peut leur refuser cette qualité. » Qu'un peuple, » dit cette loi, soit allié par alliance » égale, ou qu'il soit porté par le traité » qu'il respectera avec bienséance la » majesté de l'autre peuple; ces ter- » mes signifient que ce dernier peu- » ple est supérieur en puissance, en » honneur; mais ils ne signifient pas » que le premier ne conserve pas sa » liberté ». Or qui dit un peuple libre, dit un peuple souverain. Aussi lorsque les magistrats Romains passoient dans les villes alliées sous la protection de la République, ils n'étoient pas accompagnés de leurs licteurs. Ils déposoient toutes les marques de leur autorité. Nous voyons de nos jours la ville de Geneve & plusieurs autres être sous la protection sans déroger à leur souveraineté.

La condition des feudataires n'est pas la même. On en doit distinguer trois degrés. Le premier est celui qui, outre les provinces qu'il tient en fief, possède d'autres Etats dans lesquels il est incontestablement souverain. Le second, est celui qui n'a que des possessions féodales. Le troisieme, celui qui est né sujet du suzerain ; il ne peut y avoir aucune difficulté sur la tête de ce dernier : le vassal n'est tenu de prêter serment qu'aux changements de maître ; le sujet le doit tous les jours de sa vie.

La qualité de vassal se peut-elle jamais accorder avec le titre de souverain ? Les devoirs de l'un sont exclusifs de l'indépendance de l'autre. Celui qui doit le service militaire, qui doit plier les genoux devant son seigneur, n'est pas souverain. J'irai plus loin : Le vassal n'est pas le seul propriétaire de ses prétendus états. La seigneurie directe demeure entre les mains du suzerain, & peut y retourner. Le vassal avoue que c'est de lui qu'il tient ses domaines : une propriété simplement utile ne peut s'ériger en souveraineté, ni en représenter la dignité. Aussi - tôt que les anciens rois de Lorraine & Bourgogne, eurent rendu la foi & l'hommage à l'empereur d'Allemagne, ils cesserent de porter le titre de roi pour ne s'appeller que ducs. Ainsi les anciens ducs de Bretagne , de Guyenne, de Milan n'étoient pas souverains. On n'entend pas néanmoins que l'on doive refu-ser la qualité de prince à ces seigneurs puissants qui comptent une infinité de vassaux , de villes, de ports & de mil-liers d'hommes dans leur dépendan-ce. Le sujet même peut mériter ce titre dans le sens le plus étendu. La grandeur du territoire , la qualité des attributs de la souveraineté qu'il plaît au souverain de leur communiquer , leur donnent un rang au-dessus des autres hommes. On en parlera en-core dans la suite.

La difficulté est plus grande de dé-cider si celui qui a des États indépen-dants outre ses fiefs , est souverain ou ne l'est pas. On pourroit absolument refuser cette qualité à tout homme qui est obligé d'obéir au commande-ment d'autrui; qui est tenu de prê-ter un serment de fidélité : telle est l'obligation de tout homme qui est vassal. Cependant comme il a tou-jours été permis de distinguer deux qualités dans la même personne ; comme le père de famille commande dans son domestique, & obéit par-tout ailleurs , je crois que le prince qui fe trouve dans cette circonftance, doit être regardé comme portant avec lui le titre de fouverain. Les droits de fief, quoiqu'ils doivent être fervis par la perfonne, font attachés à la poffeffion du fief; s'ils ne font pas directement perfonnels, ils ne doivent pas dégrader la perfonne; & de la même maniere que ce prince ne porte pas fa fouveraineté dans le vaffelage, il ne porte pas le caractere de vaffal dans fa fouveraineté. On a vu les rois d'Angleterre & d'Efpagne, rendre des hommages à la couronne de France pour la Guyenne, le comté de Flandres, & pour d'autres fiefs. Pouvoit-on leur refufer le titre de fouverains pour les Royaumes qu'ils ne tenoient pas féodalement?

On ne fauroit nier cependant que les actes de foumiffion n'humilient en quelque maniere la fouveraineté; auffi a-t-on vu des conteftations continuelles occafionnées par ces hommages, & ces conteftations dégénérer en guerre ouverte. Ces guerres n'ont fini que par la réunion des fiefs au fief dominant, ou par leur affranchiffement abfolu. Ces exemples feront toujours une leçon pour les princes;

elle leur apprend qu'ils ne doivent jamais donner des provinces qu'ils poffedent, encore moins des pays conquis à titre de fiefs; ils doivent encore moins leur impofer des tributs. Il faut, dans une conquête, détruire entiérement la forme de la domination, ou la laiffer en entier telle qu'elle étoit : celui qui rend au vaincu fes Etats fous une condition gréveufe, fe fait un ennemi. L'indépendance a des attraits invincibles pour le cœur humain : on doit regarder comme une maxime certaine, que celui qui fe fentira affez de force, cherchera toujours à fe la procurer.

Mais combien le nombre des fouverains doit-il diminuer, fi les feudataires ne le font pas? Jean fans-terre, roi d'Angleterre, du confentement de fes barons & feigneurs, fe conftitua vaffal & tributaire du Pape en 1212. & rendit fon hommage l'année fuivante entre les mains du légat d'Innocent III. On compte dans les regiftres du Vatican, parmi les feudataires du faint Siege, les royaumes de Naples, de Sicile, d'Arragon, de Sardaigne, de Corfe, de Jérufalem, de Hongrie, d'Ecoffe. Les Papes, en partageant le nouveau monde entre les rois d'Espagne & de Portugal, en retinrent la suzeraineté. Jules II. en fit de même pour les royaumes de Grenade & de Navarre, en permettant au roi d'Espagne de chasser les Maures de l'un, & le Roi légitime de l'autre. Enfin, des Auteurs ultramontains ont écrit que tous les Rois sacrés étoient vassaux du saint Siege. Il n'est pas difficile de rendre à tous ces Etats leur souveraineté.

C'est un principe certain en matiere féodale, que l'on ne peut asseoir une servitude seigneuriale, une rente fonciere & directe, que par la tradition de la chose sur laquelle on asseoit le devoir féodal. Ce principe n'a jamais été contesté. Tous ceux qui ont écrit sur ces matieres en conviennent. Or, pour donner une chose, il faut la posséder, ou du moins y avoir un droit quelconque, qui donne celui d'en retenir le domaine direct. La cour de Rome auroit de la peine à justifier sa possession, encore moins sa propriété, sur aucune des terres dont on vient de voir le détail. Je me contenterai de rapporter ce qui regarde Naples & la Sicile.

Guichard le Normand conquit ces deux royaumes. Ses successeurs n'ayant pas laissé d'enfans mâles, ces couronnes échurent à leur fille, qui épousa l'empereur Frédéric II. Il vint en Italie, où ayant voulu élever un de ses favoris sur la chaire de S. Pierre, les Cardinaux en élurent un autre qui excommunia l'Empereur. Ses sujets se révolterent; il quitta l'Italie, & donna Naples & la Sicile à Mainfroy son bâtard, qui, comme lui, fut excommunié. Le pape Urbain, appella pour lors Charles de France duc d'Anjou. Il l'investit de ces deux Royaumes, en y établissant pour la premiere fois un hommage & un cens féodal. Quel droit la cour de Rome avoit-elle sur les conquêtes de Guichard? La maison d'Aragon qui succédoit à Mainfroy par droit de proximité, voyant que l'influence des Papes étoit décisive en Italie, rechercha leur faveur, & soumit non-seulement Naples & la Sicile, mais encore l'Aragon, la Sardaigne, la Corse, Majorque & Minorque au vasselage des Papes. Leurs titres pour les autres Etats ont encore moins de fondement.

La piété des princes peut établir

une redevance annuelle, ou fi l'on veut, un tribut en faveur du faint Siege. Ce fentiment de religion peut être louable, & l'acte qui l'établit peut fubfifter. Mais les loix des fiefs réfiftent à ce qu'on en impofe la fer-vitude féodale fur des fonds, fur lef-quels on n'a ni droit de propriété, ni poffeffion. Une terre vacante qui appartient au premier occupant, peut être donnée à titre de fief. Celui qui la donne s'en faifit, l'occupe dans ce moment. Mais on ne peut pas appli-quer cette maxime feulement aux ter-res de l'Amérique. Outre qu'elles n'é-toient pas vacantes, la cour de Rome ne les a pas données, elle ne les a pas livrées, elle a feulement approuvé que l'on en fît la conquête. Si la con-fcience fcrupuleufe des princes leur a fait croire que la permiffion du Siege Apoftolique étoit néceffaire pour autorifer leur invafion, c'eft de leur part une foumiffion religieufe; mais un acte d pure dévotion n'a pû don-ner des droits temporels à la cour de Rome.

L'opinion commune dans des temps d'ignorance étoit que les papes avoient un droit de domination fur les Em-

pires. Les docteurs du temps l'écri-
voient, les peuples simples y ajou-
toient foi. Le comte d'Afimond écrivoit à Henri II, roi de France, qu'il
fe foumettroit à lui, s'il vouloit demander au Pape la fouveraineté de
l'Irlande. Les paroles ne peuvent exprimer quel eft le refpect, quelle eft
la vénération qui font dûs au vi-
caire de Jefus-Chrift. Que les fuc-
cefleurs du prince des Apôtres donnent aux Rois des titres honorables,
comme ceux de très-chrétien, de très-
fidéle, les Rois devront les recevoir
avec refpect, & fe feront un honneur
de les porter : ce font des témoignages de leur attachement plus particulier à l'Eglife, à la Religion. Ce
droit peut fe comprendre dans la fphere de la puiflance fpirituelle. Mais le
Sauveur des nations leur a dit lui-
même, que fon royaume n'étoit pas
de ce monde. Il a donné à S. Pierre
les clefs du royaume du Ciel, il ne
lui a pas donné les clefs des royaumes de la terre.

CHAPITRE XXI.

Des vraies marques de Souveraineté.

IL n'y a rien d'aussi grand sur la terre que les Souverains. Ils y tiennent la place de Dieu pour commander aux autres hommes. Celui qui les méprise, méprise le Dieu dont ils sont l'image : il est par conséquent nécessaire de les connoître à des marques certaines. Ce ne sont point les titres qui font le souverain. On a vu des rois à Lacédémone qui n'avoient pas autant de pouvoir que les consuls à Rome : on a vu le grand duc de Moscovie souverain despotique sans porter le titre de Roi.

La plupart des jurisconsultes qui ont écrit des droits des souverains, les ont remplis d'une infinité de prérogatives communes même à tous les seigneurs suzerains : en conséquence, ils ont regardé comme souverains beaucoup de princes qui ne l'étoient pas. Leur erreur est en quelque maniere pardonnable. L'étude des loix civiles n'apprend pas à connoître les

grandes queftions du droit politique.
Ils ont vu des princes donner des
loix, nommer des magiftrats, lever
des tributs, faire la paix & la guerre,
battre de la monnoie à leur coin,
même accorder la grace à des criminels : toutes ces chofes font, il eft
vrai, des attributs de la fouveraineté, mais elles ne caractérifent pas le
fouverain.

A Rome, le fénat, le prêteur & le
peuple faifoient des loix ; mais on remarque une force & une autorité bien
différente dans les unes & dans les
autres. On trouvera dans cet éclair-
ciflement la vraie marque de la fouveraineté. Elle doit être telle qu'elle
ne puiffe convenir à toute autre forte
de pouvoir. Ce qu'ordonnoit le fénat
n'étoit pas proprement des loix ; c'é-
toient des ordonnances que le peuple ne reconnoiffoit pas le plus fouvent. Elles n'étoient pas perpétuelles ;
elles n'avoient pas befoin d'être révoquées pour n'être plus en vigueur.
Leur durée naturelle n'étoit que d'un
an. Elles avoient befoin d'être autori-
fées par les comices du peuple, &
d'être publiées après pour avoir force
de loi. Tite-Live, dit par-tout : *Sena-*

tus decrevit; *populus juſſit.* La même choſe s'obſervoit à Athenes.

Ce qu'ordonnoient les prêteurs ne portoit pas le nom de loi, on l'appelloit des édits. Si l'on veut connoître la différence des loix aux édits, on n'a qu'à remarquer ce qui fut pratiqué ſous Auguſte. Ce qu'il ordonnoit comme Empereur, comme magiſtrat de la République, ſe nommoit des édits ; ce qu'il ſtatuoit & qu'il faiſoit revêtir du ſceau de l'autorité du peuple, ſe nommoit *Leges Juliæ.* Les édits des prêteurs n'avoient de force que durant leur magiſtrature. Lorſqu'ils contenoient des réglements utiles au bien public, leurs ſucceſſeurs les entretenoient : peu-à-peu l'approbation tacite & l'uſage général, leur donnoit quelque force, ainſi qu'aux ſénatus-conſultes. Julien, qui fut préfet de Rome, & dont le fils fut Empereur, recueillit ce qu'il jugea de meilleur parmi les édits. Il les commenta & les diviſa en pluſieurs livres qu'il préſenta à l'empereur Adrien. Ils furent homologués par un decret du ſénat qui fut autoriſé par le prince. Ce fut alors ſeulement que les édits, en vertu du caractere qui leur fut impri-

mé, devinrent abfolus comme les loix.
Peu-à-peu les fouverains ayant donné
le titre d'édits à leurs ordonnances,
la différence dans les termes s'eft abo-
lie.

Les loix que faifoit le peuple portoient un caractere bien différent. Elles
obligeoient tous les états de la République ; elles étoient perpétuelles ;
elles n'avoient befoin d'aucune approbation ; elles duroient jufqu'à ce
qu'il plut à ce même peuple qui les
avoit faites de les abroger. Il faut
que les jurifconfultes qui ont placé
au même rang les fénatus-confultes,
les édits des prêteurs & les plébifci-
tes, n'euffent aucune connoiffance du
gouvernement de la République Romaine.

La fouveraineté réfidoit à Rome
dans l'affemblée légitime du peuple.
C'eft-là qu'il en faut chercher le caractere. On voit qu'il confifte dans la
puiffance légiflative, telle que l'avoit
ce peuple, c'eft-à-dire, fans le fecours
de fupérieur, ni d'égal. Lorfqu'un
prince feudataire fait des loix, c'eft
par la tolérance de fon fuzerain. Exa-
minons quelques principes des loix
des fiefs pour être convaincus de cette

vérité. Le vaſſal eſt reſponſable de
ſon fief; il ne peut le dégrader, ni le
détériorer; il eſt comptable au ſuzerain de ſes faits; il eſt même ſujet à
ſa juſtice. Par une conſéquence néceſſaire, le ſuzerain a un droit d'inſpection ſur tout ce qui ſe paſſe dans
le fief. Si le vaſſal donne, par exemple, de mauvaiſes loix ſur les différentes branches du commerce, il porte un préjudice aux arrieres vaſſaux,
dont il diminue les fortunes & les
commodités; s'il introduit une mauvaiſe police, le déſordre entraînera
la dégradation; s'il accable les peuples d'impôts, il ruine le fief. Il n'eſt
pas douteux que le plus haut ſuzerain
n'ait le droit de le citer devant lui
pour corriger ces abus. Galeas, duc
de Milan, fut condamné pour avoir
levé des tailles ſans la permiſſion de
l'empire.

La volonté du ſouverain eſt un commandement. Qu'il prononce de vive
voix, ou qu'il écrive, c'eſt un ordre,
c'eſt une loi. Sous ce pouvoir, ſont
compris tous les caracteres de la ſouveraineté. Faire la guerre, ou la paix,
créer, deſtituer des officiers, impoſer des charges & en exempter, ré-

gler le titre de la monnoie, donner
la vie au coupable condamné à la
mort, ce n'est autre chose que de
faire des loix, les abroger, ou les
faire taire. Mais toutes ces choses
peuvent être communes au souverain,
& au prince feudataire, ainsi la véritable & la seule marque distinctive,
est de les faire avec une autorité absolue, indépendante de toute autre
autorité. Celui qui aura un pouvoir
de cette nature dans toutes les parties du Gouvernement, sera seul souverain dans un Etat. On ne pensera
pas peut-être que le feudataire puisse
faire la guerre contre le gré de son
seigneur; ce seroit violer les loix des
fiefs les plus connues. Peut-il hazar-
der la perte de son fief, que le droit
de conquête pourroit faire perdre au
suzerain? Pourroit-il l'obliger par son
propre fait d'entreprendre, malgré lui,
une guerre pour le défendre?

On trouvera peut-être extraordinaire que le vassal ne puisse faire la
guerre à autrui sans le consentement
du suzerain, tandis qu'il peut la faire
à lui-même. Le vassal peut déclarer
la guerre à son seigneur dans un seul
cas; c'est lorsque le seigneur, après

186 De la République.

lui avoir fait grief, lui refuse fa cour, ou autrement fa juftice. Mais il ceffe dans le moment & par ce refus d'être fon feigneur. La juftice eft la premiere chofe que le fuzerain doit au vaffal, comme le Roi à fes fujets; c'eft la premiere qu'il lui a promife; c'eft cette convention qui forme les nœuds qui les attachent l'un à l'autre. Si le feigneur rompt ces liens, on n'eft pas obligé de le reconnoître jufqu'à ce que ces liens foient renoués.

On pourroit encore ajouter une marque diftinctive de fouveraineté, c'eft le droit de juftice en dernier reffort, mais il eft compris dans le premier. Ce n'eft pas proprement faire une loi que la donner incertaine. Un jugement dont on peut appeller ne fait pas loi. Ce pouvoir ne peut fe communiquer. Celui qui auroit le droit de rendre une juftice définitive, auroit celui de faire des loix définitives pour régler cette juftice. Il feroit feul arbitre de ces loix, s'il ne devoit compte de cette juftice à perfonne. Auffi les feudataires ont toujours reconnu le droit de reffort à leur fuzerain. Les duchés de Guyenne & de Bourgogne, les comtés de Flan-

dres & d'Artois, en peuvent fournir
une infinité d'exemples. Ces provinces étoient possédées par des souverains, cependant ils n'ont jamais dé-
savoué cette supériorité de jurisdiction à l'égard des fiefs.

Ce principe incontestable découvre l'erreur des compagnies supérieu-
res qui veulent remonter la date de
leur existence au temps où elles exerçoient la justice des princes feudataires. Elles étoient à la vérité cours de
justice, mais non du nombre de celles
que l'on appelle souveraines, puisque
celui dont elles tenoient leur pouvoir
reconnoissoit un suzerain. Elles n'ont
acquis ce titre que du jour qu'elles
ont été nommées Parlement du seul
& véritable souverain.

Le droit de dernier ressort dont
jouissent les électeurs de l'empire Germanique, décide de leur souveraineté. Il leur donne ce que l'apparence
de feudataires paroît leur ôter. Cette
contradiction n'est point réelle, elle
est facile à dissiper. Il est entièrement
différent de prêter serment de fidélité entre les mains de celui qui est
simplement le chef d'un Etat, ou à
celui qui en est souverain. Il semble

dans cette derniere circonftance que
la foumiffion eft plus relative à la perfonne. Mais d'ailleurs, fi le fuzerain
a accordé un droit inconteftable de
fouveraineté au vaffal, il ceffe de l'ê-
tre, & fa terre d'être fujette aux loix
féodales. L'ancien fuzerain aura pu
cependant réferver le droit de rentrer dans le fief à l'extinction des hé-
ritiers légitimes. Ce n'eft pas une marque de vaffalité, c'eft une fubftitution
ftipulée, qui bien loin d'être incompatible avec la fouveraineté, eft conforme à ce qui s'y pratique le plus
ordinairement, & qui conferve fon
intégrité. Il faut, pour la confervation
de ce droit unique, que le prince propriétaire en renouvelle la reconnoiffance. Tel eft l'état des Electeurs;
c'eft l'objet de l'hommage qu'ils rendent à chaque élection d'Empereur.
Ils déclarent que leur électorat fait
partie de la République impériale, ils
jurent d'entretenir fidélement les pac-
tes de la confédération.

A la paix de Weftphalie, on accorda à la Suede le même droit de dernier reffort dans les fiefs qu'elle tient
de l'empire ; mais on y ajouta la condition d'y ériger un tribunal, obligé

de juger felon les loix de l'empire.
La Suede n'y peut faire de loix, elle
n'y eft pas fouveraine. Tous les autres attributs de la fouveraineté ne
conftituent pas le fouverain; ils font
cependant précieux ; ils ne doivent
fe communiquer que dans des conjonctures fingulieres : c'eft ternir l'é-
clat de la couronne, c'eft en ôter
des fleurons.

CHAPITRE XXII.

Du Droit de vie & de mort.

SI l'on entend par le droit de vie
& de mort, le droit fimple de faire
juger les accufés felon les loix, non-
feulement les princes feudataires le
peuvent exercer, mais encore les feigneurs qui ont des juftices. Tout juge
peut condamner à la mort, mais tout
juge ne peut pas faire exécuter fon
jugement. Dans les affaires civiles,
on n'eft pas obligé de fuivre tous les
degrés de jurifdiction; dans les affaires où il s'agit de la vie, ou d'une
peine qui tend à l'infamie, il faut
néceffairement que la caufe foit por-

tée devant le tribunal auquel il est donné de juger souverainement. Ainsi le cas de mort est réservé à la souveraineté, ou à ceux qui la représentent en cette partie. Ces regles sont suivies à la rigueur. On a vu en France abolir le sénéchal de Marennes, pour avoir fait exécuter un criminel qu'il venoit de condamner. Plusieurs autres exemples justifient à quel point le droit de dernier ressort caractérise le souverain.

Le peuple Romain pouvoit seul condamner un citoyen à la mort ; mais cette peine n'avoit pas lieu, pour ainsi dire, dans Rome. Il suffisoit à celui qui l'avoit méritée, d'éviter sa condamnation par un exil volontaire, lors même qu'il ne restoit qu'une tribu à donner sa voix. Sa retraite étoit libre & son séjour tranquille dans toutes les villes alliées de la République. Ils n'exceptoient que les crimes de haute trahison. Etoit-ce dans ce peuple un sentiment d'humanité ? Etoit-ce une preuve du cas qu'il faisoit de la vie des hommes ? Ce n'est ni l'un ni l'autre. Les Romains étoient cruels, ils traitoient leurs esclaves avec la derniere barbarie ; ils les faifoient périr dans les fupplices pour les caufes les plus légeres. Tout au plus, ils faifoient cas de la vie de leurs citoyens. Ils n'en faifoient aucun de celle du refte des hommes. Quintus Flaminius, fénateur, fit tuer un efclave, pour fatisfaire la curiofité de fon jeune favori, qui difoit n'avoir jamais vu tuer un homme. Je crois entrevoir une raifon bien naturelle de la clémence dont ufoient les Romains envers les coupables. Les fondateurs de ce grand empire, comme perfonne ne l'ignore, étoient une troupe de brigands, parmi lefquels, on en auroit trouvé peu qui n'euffent mérité la mort. Une loi qui fauve la vie à ceux qui ont mérité de la perdre, qui ne punit les plus grands crimes que de l'exil, flatte le fentiment de ceux qui ont été dans l'habitude d'en commettre ; elle fe préfente naturellement à leur efprit. Les voleurs de grand chemin n'en feroient pas d'autre. Telle eft, je penfe, l'origine de cet ufage, qui feroit très-pernicieux aujourd'hui. Ce feroit bannir d'une République les criminels, & recevoir chez foi ceux des voifins. La feule peine des fcélérats feroit de courir de contrée en contrée, troublant la fociété & perfécutant le genre humain.

J'avoue que fi l'on pouvoit trouver un milieu entre une peine fi douce & le châtiment horrible de la mort, ce feroit fe conformer au droit de la nature ; mais il faut les concilier avec l'utilité publique. Seroit-ce une prifon perpétuelle accompagnée de travail ? Il faut quelque chofe de plus pour effrayer les hommes ; le grand nombre de ceux que la juftice punit journellement, font des miférables déja condamnés par leur état à gagner leur vie à la fueur de leur front; ce ne feroit pas les punir. Il faut jetter l'épouvante fi l'on veut arrêter le crime. La liberté des chemins étoit interrompue en France entre les villes les plus voifines, lorfqu'on n'y puniffoit les voleurs que par une mort fimple. François I. y fit ajouter le fupplice de la roue; le brigandage ceffa. L'Hiftoire qui nous a confervé la mémoire de ce fait, n'oublie pas la reconnoiffance qui eft due au chancelier Dubourg, comme auteur de cette ordonnance. Si l'on accompagne la prifon & le travail d'un châtiment journalier

nalier affez rude pour intimider, c'eft
appeller la mort, c'eft précipiter fes
pas, c'eft la procurer par les tour-
ments. Il y a dans cette peine plus
d'inhumanité; elle révolte encore plus
la nature que la mort même.

Un politique qui veut épargner la
vie des fcélérats affecte de montrer
un cœur tendre, & ne raifonne pas
conféquemment. » Celui qui commet
» un meurtre fera arraché de mon au-
» tel, dit le Seigneur : vous le ferez
» mourir, & alors j'étendrai mes mi-
» féricordes fur vous ». La mort du
criminel eft donc ordonnée par la
Loi de Dieu; elle attire fes bien-
faits.

Le droit de donner la mort, à parler réguliérement, n'eft donné à perfonne fur la terre. Il eft fi fouverain
qu'il eft réfervé à Dieu feul. Les Defpotes l'ont ufurpé; il ne leur appartient pas. Il eft contre les loix de la
nature, contre celle du droit des
gens & contre toute raifon, que la
mort dépende de la volonté & du
caprice d'aucun homme mortel. Lorfqu'un prince, lorfque des magiftrats
condamnent à la mort méritée par
les loix, ils exercent la juftice comme

attribut de la Divinité.

Le droit de vie est différent : on ne donne pas la vie physiquement ; on empêche de donner la mort. C'est un acte de clémence qui n'appartient aussi qu'au souverain ; c'est une suite du pouvoir qu'il a de faire des loix. Il peut de même en exempter. Le droit d'accorder des graces aux criminels ne devroit jamais être cédé, ni communiqué. Il y en a cependant quelques exemples : l'évêque d'Orléans en jouit à son sacre. On resserre ce droit, on le restraint ; on devroit l'abolir. C'est un abus qui est le fruit d'une piété mal entendue. François I permit au duc de Lorraine de condamner & absoudre dans le duché de Bar. Son procureur général s'en plaignit à lui-même. Il lui fit appercevoir quelles en étoient les conséquences ; ses représentations eurent leur effet. On exigea d'Antoine, & après lui, de François, duc de Bar, des déclarations formelles. Elles portent qu'ils n'usoient de cette prérogative que par tolérance. Il eut encore été mieux de révoquer la permission.

Le prince lui-même doit être avare des lettres de grace qu'il accorde ;

l'ufage fréquent en deviendroit pernicieux au public. C'eſt une affaire
de calcul. De tous les crimes qui ſe
commettent, on n'en défere à la juſtice
que la moindre partie ; entre ceux-
là, pluſieurs demeurent impunis faute
de preuves aſſez évidentes, ou par la
pitié des juges qui veulent fermer les
yeux à leur évidence. Cette pitié,
eſt ſans doute, la plus mal entenduë
qui fut jamais : elle ſe rend complice
des meurtres & des larcins ; elle s'at-
tendrit pour un coupable, elle eſt
cruelle pour le public innocent. On
craint d'avoir à ſe reprocher la mort
d'un homme dont le crime eſt incertain ; on ne craint pas de la donner
à cent citoyens qui ſont les victimes
d'une impunité trop fréquente. Si le
prince eſt encore facile à donner des
graces, de cent crimes, à peine s'en
trouve-t-il deux de punis. Le grand
inconvénient n'eſt pas qu'un coupable échappe à la peine ; mais la douceur extrême multiplie les criminels.
Si on ne doit pas attendre des exemples qu'ils arrêtent entiérement les
crimes ; il eſt du moins aſſuré qu'eux
ſeuls les empêchent de pulluler. La
clémence, la pitié ſont dignes de

louange; mais, comme toutes les vertus, elles deviennent des défauts lorfqu'elles paffent leurs bornes. Le bien
public qui eft la loi fuprême, celle
qui doit diriger les vues générales &
les particulieres, exigent que le prince & le magiftrat faffent violence à la
bonté de leur naturel.

CHAPITRE XXIII.

De la Souveraineté divifée.

IL paroît d'abord que la Souveraineté ne peut fouffrir de partage; que
fi on la divife on la diminue; que fi
elle eft diminuée, elle n'eft plus le
faîte du pouvoir. On a même penfé
que de fa nature elle eft indivifible.
Mais foit que l'on confidere l'autorité fouveraine purement comme une
qualité morale, on y apperçoit di-
verfes parties du même genre, qui
peuvent par conféquent être féparées.
Si on la regarde comme un être phyfique indivifible, qui reçoit feulement
divers noms, fuivant les différents objets par rapport auxquels elle agit,
on conçoit qu'en plaçant fon action

fur chacun de fes objets dans des
mains différentes, elle peut fouffrir
une divifion. Je n'irai pas plus loin:
un ouvrage de droit public ne dif-
cute point des queftions métaphyfi-
ques. Son langage doit être à la portée des plus fimples.

Non-feulement la fouveraineté peut
être divifée, mais chacune de fes parties peut encore l'être. Si on donne
le pouvoir général de faire des loix
à plufieurs perfonnes conjointement,
& que la majeure partie oblige la
moindre, la puiffance légiflative ne
fera point divifée, elle réfidera dans
l'affemblée : aucun de fes membres
n'aura le pouvoir abfolu & indépendant. Mais fi une République, fe dépouillant de fon autorité primitive,
donne à quelqu'un le droit perma-
nent de faire des loix pour la juftice
diftributive, pour la police, pour le
commerce; celui de nommer des juges & des infpecteurs ; à un autre,
celui de décider de la guerre & de
la paix, de lever des armées, de les
faire agir, de les commander & d'en
nommer les officiers, avec le pouvoir
de faire des loix néceffaires & convenables à ces objets; à un troifieme

le droit d'ordonner, taxer & lever les impôts, de choisir les préposés, avec le même pouvoir de législation relatif à cette matiere; si l'on donne à chacun la puissance coactive dans son genre; que les sujets par des loix fondamentales ou autrement, soient obligés de plier sous ces pouvoirs particuliers, chacun sera souverain dans la partie qui lui aura été confiée. Le pouvoir législatif & celui d'établir des magistrats seront chacun partagés.

Que l'on suive de même la plupart des attributs de l'autorité suprême, & que l'on rapproche de chacun la définition qu'on a donnée de la souveraineté, on s'appercevra qu'elle peut exister dans chacun d'eux séparément, & qu'ils peuvent être exercés en détail avec une puissance absolue, perpétuelle & indépendante. Les Cours de justice que l'on appelle improprement souveraines, nous offrent une image de plusieurs souverains dans un Etat. Si on suppose qu'elles ne tiennent pas leur pouvoir d'une puissance supérieure qui les a commises; qu'elles n'en doivent aucun compte à personne, & qu'elles peuvent faire les mêmes loix qu'elles recoivent du prince, en ce qui concerne les matieres dont elles connoiſſent, il n'eſt point douteux que chacune ne fût effectivement ſouveraine pour ſa juriſdiction.

Je n'examinerai point ici, ſi ces diviſions ſeroient utiles : cette queſtion pourra ſe préſenter dans la ſuite. Mon objet eſt uniquement de connoître ſi la ſouveraineté peut exiſter ſans embraſſer tous les pouvoirs qui peuvent lui être attribués légitimement ; & ſi on peut donner le titre de ſouverain à des princes qui ne les réuniſſent pas en entier. On vient de voir qu'une ſeule portion peut former un ſouverain. Si on dit qu'il ſe trouvera dépendre des autres pouvoirs pour les choſes qui ne compoſent pas ſon autorité ; il ſera comme le prince feudataire, vaſſal dans ſes fiefs & ſouverain dans ſes Etats particuliers. C'eſt ainſi qu'un Roi qui n'aura aucun droit de mettre des impôts ſur ſes peuples, aura le pouvoir légiſlatif ſur toutes les matieres qui ne regardent pas les ſubſides. Il ſera l'arbitre de la paix & de la guerre ; il fera ou rompra les alliances ; il nommera & deſtituera les magiſtrats ; il jugera

souverainement le civil & le criminel:
je dis que ce Roi sera véritablement
un souverain, & que le peuple qui fera
les loix pour les impôts, qui constitue-
ra les juges de cet article, sera aussi
souverain dans cette partie.

On peut m'opposer que la souveraineté ne peut être détachée du pouvoir
d'exécuter; que si le commandement
n'opere pas l'exécution, l'autorité
n'est plus existante; qu'inutilement ce
Roi déclarera la guerre, s'il dépend
des sujets de fournir les finances nécessaires pour la soutenir. Cette objection prouveroit tout au plus que
certains attributs de l'autorité souveraine ne peuvent pas être séparés l'un
de l'autre, mais elle ne conclut pas
pour tous également. Le pouvoir de
juger les citoyens entr'eux, de faire
des loix concernant tous les démêlés
qu'ils peuvent avoir, n'a rien de commun ni avec la guerre ni avec les impôts. Ainsi on peut concevoir, même
dans le sens métaphysique, une souveraineté qui aura le droit absolu de
commander & de contraindre, quoiqu'on en exime tout ce qui appartient
à la guerre & aux impositions.

Cette objection a encore moins de

force dans le sens politique. On sait que les princes ont des moyens qui sont indépendants des impôts ; ils ont des domaines & d'autres droits destinés à leurs dépenses & à celles de l'Etat. La supposition d'un souverain sans finances n'y peut avoir lieu ; mais ce n'est pas de la quantité ni de l'étendue des forces que dépend la souveraineté. Il n'est pas nécessaire qu'elles égalent la volonté pour donner le titre de souverain. Un prince qui n'aura ni par lui, ni par le secours de ses sujets, des facultés suffisantes pour soutenir une guerre, possede cependant le droit de la déclarer. Il n'en est pas moins souverain dans quelque sens que l'on envisage cette proposition.

On peut donc établir qu'il n'est pas nécessaire pour mériter le nom de souverain, que la souveraineté embrasse tous les objets que l'on peut imaginer soumis à l'autorité. Le principe contraire réduiroit leur nombre aux despotes ; eux seuls s'arrogent des pouvoirs démesurés que les autres souverains ne veulent seulement pas connoître. Il doit suffire qu'un Prince soit absolu & indépendant dans les parties les plus importantes, pour être qualifié de souv..in.

Cette vérité trouve encore fa place dans les Républiques fœdératives. Elles font compofées, pour l'ordinaire, de plufieurs fouverainetés foumifes à certains égards à une autre fouveraineté : leurs titres de fouverain ne font pas perdus, quoiqu'elles doivent fe conformer à ce qui émane du confeil général.

On a vu le pouvoir fouverain divifé entre deux Rois avec une puiffance égale. Aucun d'eux alors n'aura de véritable autorité fur aucune partie : l'un peut défendre ce que l'autre aura ordonné. Si l'on divife entr'eux les efpaces du temps, à l'exemple des confuls de Rome, qui exerçoient l'autorité confulaire chacun un jour; celui qui commande fera fouverain aujourd'hui, demain il fera fujet. Il verra détruire ce qu'il aura fondé le jour d'auparavant. Son autorité ne fera pas fouveraine, elle n'eft pas perpétuelle.

Les deux Rois fubfifterent longtemps à Lacédémone, parce qu'ils n'avoient que des honneurs & n'avoient pas de pouvoir. Mais où la puiffance eft effective, la pluralité des Rois ne fçauroit fubfifter longtemps. Romulus ne pût fouffrir un égal dans son frere, sur lequel l'âge même ne lui donnoit aucun avantage ; & lorsque l'alliance des Sabins lui eût donné un compagnon dans la personne de Tatius leur roi, il trouva bientôt le moyen de le perdre. L'empire Romain a souvent vu deux Empereurs, mais l'empire se divisoit entr'eux ; leur séjour étoit séparé par des mers ; chacun ordonnoit dans son partage ; & lorsqu'il s'élevoit parmi eux quelques querelles, on voyoit l'Orient armé contre l'Occident, & deux empires réellement distincts & séparés.

Le Gouvernement subsistera plus facilement entre trois personnes. La troisieme pourra réunir les deux. Celui qui voudroit entreprendre, craindra l'union des deux autres contre lui. Cette crainte pourra contenir chacun dans ses devoirs, & empêchera de troubler l'économie du Gouvernement. Pompée, César & Crassus, sans aucun pouvoir apparent, gouvernerent paisiblement la République. Lorsque Crassus fut mort, Pompée & César ne cesserent de se faire la guerre. Auguste, dont la politique profonde tendoit à la monarchie, trompa Antoine, lorsqu'il le fit consentir à la dépofition de Lépidus. Quelque bornée que fût la capacité de ce triumvir, il auroit maintenu la balance égale entre les deux.

Il ne faut pas perdre de vue les deux manieres de communiquer la fouveraineté à deux ou trois perfonnes ou collegues dans la même République. Si on divife les attributs, chacun aura fon pouvoir indépendant, & fera fouverain pour les fonctions de fon partage. Si la puiffance eft indivife entre plufieurs, il faut encore examiner fi le confentement des deux oblige le troifieme. Alors, comme on l'a dit, ils ne feront fouverains qu'en nom collectif. Mais s'il faut pour déterminer un acte & une loi, que le confentement de tous les trois intervienne, & qu'un feul la puiffe empêcher, il paroît dans ce dernier cas qu'on peut dire que chacun eft fouverain. Il eft vrai qu'il ne pourra pas toujours faire exécuter ce qu'il voudroit commander, & qu'il ne fera pas abfolu ; mais à prendre le terme de fouverain dans fon fens le plus étroit, on peut l'être fans pouvoir tout ce qu'on veut. La toute-puiffance n'appartient qu'à l'Etre fuprême. Ne pou-

voir être obligé par la volonté de perfonne, n'agir que par fon propre confentement, & arrêter les volontés
contraires par la fienne, c'eft pour
l'homme être indépendant. Cette efpece de fouveraineté eft bien orageu-
fe pour ceux qui l'exerçent; bien fatale pour ceux qui y font foumis.

Fin du premier Livre.

LIVRE SECOND.

CHAPITRE PREMIER.

De toutes les sortes de Republiques, & si l'on doit en compter plus de trois.

Pour juger de l'espece d'une République, il faut considérer par qui l'Etat est gouverné. Il est connu de tout le monde que, lorsqu'un seul prince a les rênes du Gouvernement, c'est une Monarchie ; que lorsque c'est la moindre partie des citoyens, on la nomme Aristocratie ; & que si c'est le peuple entier, on la nomme Démocratie.

Polybe compte sept sortes de Républiques ; trois vicieuses, trois vertueuses, & la septiéme composée des trois dont on vient de parler. Si on vouloit compter les différentes natures des états par les vices & les vertus, on en admettroit un grand nombre. Ce sont des circonstances accidentelles qui ne constituent pas une essence

effective. Pour avoir une définition
juste ou une véritable idée des choses,
il ne faut pas s'arrêter aux accidents
qui sont infinis, mais aux différences
formelles. Hérodote, avant Polybe,
avoit admis une quatrieme espece appellée République mixte. Cette opinion a été suivie par plusieurs anciens
& par quelques modernes, Aristote,
Platon, Ciceron, Morus, Machiavel.
Malgré l'autorité de ces grands hommes, on doit dire que dans toute sorte
de République, on appercevra un des
trois états dominant : c'est de celui-là
que la République doit prendre sa de-
nomination.

On cite pour exemple du Gouvernement mixte, Lacédémone & Rome.
L'erreur est évidente. On veut qu'à
Lacédémone les deux Rois ayent représenté la monarchie ; le sénat, l'A-
ristocratie ; les Ephores, l'état populaire: la puissance des Rois y étoit nulle. Licurgue, quoique fils de Roi &
oncle du Roi régnant, ne leur en laissa
que le nom. Il forma une Aristocratie
dirigée par le sénat des vingt-huit.
Les Ephores ne furent créés que long-
tems après lui. Ils remplissoient dans ce
même Gouvernement l'emploi qu'oc-

cupent les inquisiteurs d'état à Venise.
Hérodote , Thucydide, Xenophon ,
Plutarque, Maxime de Tyr , n'ont jamais parlé de Sparte que comme d'un
état Aristocratique.

Polybe, dans la même idée, a allégué
l'état des Romains. Il place la dignité
royale dans les consuls , l'Aristocratie dans le sénat, la Démocratie dans
le peuple. On trouvera dans cette opinion plus d'esprit que de justesse. On
y apperçoit à la vérité quelques rapports , mais point de ressemblance effective. Les consuls n'ordonnoient ni
de la paix ni de la guerre ; ils ne pouvoient faire de loi ; ils ne nommoient
points de magistrats ; le sort décidoit
de leur province, lorsque le peuple ne
se mettoit pas en peine de la désigner.
Les consuls n'étoient grands que hors
de Rome & à la tête des armées. Si la
République avoit été long-temps en
paix,on eût ignoré à Rome qu'il y avoit
des consuls ; ils étoient de véritables
sujets du peuple ; ils parloient debout
au peuple assis ; ils essuyoient tous les
jours des ignominies de la part de ses
tribuns. Un exemple suffira pour faire
connoître quelle étoit l'autorité réelle du sénat & des consuls.

Dans un besoin pressant de la république, le sénat demanda aux consuls de nommer un dictateur : ceux-ci qui vouloient conserver leur autorité, le refuserent. Le sénat députa Servilius-Priscus aux tribuns du peuple, (tout est remarquable ici,) pour les supplier d'ordonner aux consuls, par leur pouvoir, de nommer un dictateur. Voilà l'aveu & la démarche de ceux que l'on veut donner pour seigneurs Aristocratiques. Voyons maintenant comment elle fut reçue des tribuns. Ils répondirent que les consuls» devoient se conformer » aux sentiments du sénat ; qu'ils le ju-» geoient à propos ; que s'ils ne le vou-» loient pas, ils les feroient mettre aux » fers. » Tel étoit le traitement que le peuple préparoit aux consuls. Quels représentants de l'autorité royale !

Polybe appuie son sentiment sur ce que le sénat avoit, dit-il, l'autorité de juger les villes & les provinces, de punir les traitres & les conjurés. Il est vrai que le peuple lui en laissoit ordinairement le soin ; mais cette autorité n'étoit pas propre au sénat. Il agissoit comme commissaire du peuple. Lorsqu'on voulut punir la défection de Capoue, le sénat en demanda la comunisfion, le peuple la lui donna avec ces termes dignes d'attention: *Quod fenatus cenfeat, id volumus jubemufque.* Les confuls & le fénat avoit de l'autorité fans doute, mais elle étoit empruntée; elle étoit plus ou moins grande, fuivant le crédit que les fénateurs avoient parmi le peuple, au moyen de leurs clients. Il eft vrai que le fénat n'a ceffé de lutter contre le peuple, pour rendre le gouvernement Ariftocratique, & le peuple au contraire; c'eft ce démêlé qui prépara les voies à Marius, à Silla, à Céfar & à Augufte pour renverfer la République. Ils mirent d'accord les deux partis en établiffant une troifieme forme fur les ruines des deux autres.

Que l'on parcoure les Etats, même l'Angleterre, on trouvera par-tout une autorité qui prédomine, & qui forme le caractere de la République. Il eft dans l'ordre des chofes que celle où le peuple aura une part confidérable au Gouvernement, devienne Démocratique. Il eft le plus nombreux, & par conféquent le plus fort. Que l'on réfléchiffe à la divifion qui fut faite du Gouvernement, après l'expulfion du dernier des rois de Rome. Le fénat vouloit conferver

la domination, mais il avoit befoin
d'intéreſſer le peuple auGouvernement
pour s'aſſurer de lui contre les entrepriſes des Tarquins. Il lui laiſſa une
ombre d'autorité, cette ombre devint
bien-tôt le corps:la retraite ſur le mont
ſacré, & l'érection du tribunal en
déciderent. Le peuple, il eſt vrai, n'aime pas les fatigues du Gouvernement;
il laiſſe volontiers exercer le courant
de ſon autorité par ceux qu'il en juge
plus capables que lui ; mais il faut le
ſatisfaire. Il ne pardonne pas les ad-
verſités qui n'ont leur cauſe que dans
le haſard. Ce n'eſt pas même aſſez que
la République proſpere, il faut quelquefois donner dans ſes caprices. Si par
malheur on lui déplaît, il eſt extrême ;
il a bientôt repris ſa domination. Je
parle d'un peuple accoutumé à la liberté, non de celui qui eſt habitué
à la ſervitude.

On pourroit douter ſi ces maximes,
vraies du temps des Romains, le ſeroient encore aujourd'hui. Le peuple
de Rome étoit tout guerrier : c'étoient
des chevaliers, des ſoldats. Nous avons
vu qu'il avoit laiſſé les arts & les métiers
aux eſclaves. Son commerce devoit
être compté pour rien. Son oiſiveté

lui laiſſoit le temps de ſonger à ſa puiſſance : les mœurs ont changé. Le citoyen à préſent a ſes occupations, ſes intérêts qui rempliſſent ſon temps & ſon imagination. Cette réflexion ſeroit très-plauſible, ſi le peuple en Angleterre n'avoit trouvé le moyen de ne point ſe détourner de ſes affaires particulieres & d'agir ſans ceſſe par ſes repréſentants.

Que l'on ſuppoſe encore un peuple tout occupé de ſon commerce, qui ſe repoſe ſur la foi de ceux qu'il a commis au Gouvernement : il eſt aiſé de le tirer de cet aſſoupiſſement. Des reſſorts domeſtiques ou étrangers le reveilleront ; & le réveil ſera d'autant plus dangereux, que cette populace, ignorant par elle-même ce qui eſt utile, ou ce qui ne l'eſt pas, ne ſuivra que l'impreſſion qui l'aura fait mouvoir. Elle ſe reſſouviendra qu'elle peut ordonner ; elle ordonnera ſans en approfondir les conſéquences. La Hollande, dans l'érection du Stathouderat, vient de donner une preuve bien authentique de ce que j'avance.

L'empire Germanique paroît à quelques-uns repréſenter l'aſſemblage des trois Républiques. L'Empereur y tient

la place de monarque avec bien plus
de grandeur que ne faifoient les rois
de Lacédémone ; les électeurs & les
princes y repréfentent la noblelle
d'une maniere bien digne & bien re-
levée ; & les députés des villes paroiffent y former le tiers-Etat. Mais dans
le fonds, le fouverain pouvoir, pour
ce qui regarde l'union des différents
corps, réfide dans la diete de l'Empire. C'eft de-là que partent les déci-
fions, les loix générales, les délibérations qui engagent les confédérés.
Le Gouvernement de l'union eft Ariftocratique.

Aufli l'opinion générale eft revenue
à ne diftinguer que trois efpeces de
Républiques. Le favant Auteur de
l'efprit des loix en a compté quatre :
il a diftingué le defpotifme de la monarchie ; il n'ignoroit pas cependant
que l'un & l'autre font le pouvoir d'un
feul. Il connoiffoit la fignification du
terme *Monarchie* : il n'auroit pas foutenu férieufement ce fentiment. Il
cherchoit fans doute à faire valoir ce
qu'il appelle fes trois principes & qui
lui font fi chers, la vertu, l'honneur
& la crainte.

CHAPITRE II.

De la Monarchie & du Despotisme.

LE titre de Roi, quoique le plus usité parmi nous, ne répond pas au terme de Monarque. La monarchie est le Gouvernement souverain d'une seule personne ; au lieu que l'on a vu souvent deux Rois dans le même Etat.

La monarchie est seigneuriale, royale ou tyrannique. On doit entendre ici par monarchie seigneuriale, ce que l'on appelle communément le despotisme. C'est celle où le souverain s'étant rendu maître, par les armes, a imposé des loix féroces & gouverné comme un maître commande à ses esclaves. Les sujets vivants n'y connoissent aucune propriété, leur succession est dévolue de droit au monarque ; leur vie dépend d'une volonté bisarre ; la liberté générale y est engloutie.

La monarchie royale est douce & légitime. C'est celle où les peuples reconnoissent avec joie un souverain ; où ils jouissent d'une liberté honnête pour leurs personnes & pour leurs biens ; où ils obéissent par devoir, & où on les conduit par la raison. La monarchie

tyrannique eft celle où le citoyen op-
prime la liberté de fa patrie, & s'em-
pare de l'autorité par la force ou par
la rufe.

La premiere monarchie que l'hiftoire nous fait connoître étoit feigneuriale, autrement defpotique : c'eft celle
d'Affyrie fondée par Nemrod, qui fignifie *Seigneur terrible* : nom bien convenable à celui qui exerça le premier
une autorité qui effraye la nature.
L'Ecriture Sainte, en parlant des Af-
fyriens & des peuples d'Egypte, les
appelle toujours efclaves. Les rois des
Perfes & des Medes fe faifoient adorer. Quelle eft la mifere de l'homme !
D'un côté, ce que la terre renferme
ne peut éteindre en lui la foif de la
grandeur. De l'autre, à quel point
d'humiliation ne peut pas le porter la
force de l'habitude & du préjugé !
L'Afie, l'Afrique ne nous offrent que
la même efpece de monarques. On les
a trouvés femblables dans l'Amérique ;
Le Gouvernement a été barbare comme le temps & les lieux.

Charles - Quint trouvant dans le
nouveau monde des peuples accoutumés à ce joug, conferva cet empire fur
les biens. Les naturels du pays ne poffedent les domaines qu'à titre de ferme

& à vie. Les Espagnols y sont propriétaires ; leurs colonies, dont l'intérêt
est de tenir les anciens habitants asservis, s'opposent au cours naturel des
événements ; sans ces colonies il eût
été bien difficile de faire observer de si
loin une loi si dure. Celui à qui on
ravit ses biens & sa liberté, hazarde
volontiers, pour les recouvrer, une
vie qui lui devient à charge. Ce seroit
du moins la façon de penser des peuples de l'Europe ; plus fiers, plus bel-
liqueux, ils n'ont jamais enduré les
fers du despotisme, il seroit dangereux
d'entreprendre de les leurs faire porter. Le climat suffit-il pour changer
le fonds des caractères ?

L'exemple du Danemarck est unique ; il est récent, sa durée seroit-elle
longue si le souverain usoit de l'étendue des pouvoirs que des circonstances lui ont fait accorder. Le gouvernement étoit devenu Aristocratique,
la noblesse avoit enchaîné le Roi & la
bourgeoisie, celle-ci fatiguée d'un joug
plus rude d'autant qu'il étoit plus immédiat, ne songea qu'à donner à son
Roi une supériorité que la noblesse
ne pourroit plus renverser, ils ont
réussi jusques à présent, le Gouvernement

nement y est plus doux que dans plufieurs monarchies royales.

Le droit des gens, fauvage comme les efprits, a pu autorifer le prince qui fubjuguoit fes ennemis déclarés, à s'emparer de leurs biens & de leur liberté. Jacob prêt à faire fon teftament, dit à Jofeph : » Je te donne par pré-» ciput, au-deffus de tes freres, une » terre qui m'appartient. Je l'ai em-» portée fur l'Amorrhéen avec mon » arc & mon épée ». Mais jamais ni le droit ni la raifon n'ont pu juftifier le conquérant qui a ravagé le monde & qui a enchaîné ceux qui ne l'avoient pas infulté.

Les princes, adoucis peu à peu par l'humanité & par les bonnes loix, relâcherent infenfiblement la rigueur du defpotifme. On lit que les rois de Perfe faifoient dépouiller & frapper de verges les plus hauts feigneurs de leur Empire. Artaxercès ordonna le premier qu'ils feroient feulement dépouillés, & que l'on ne frapperoit que leurs vêtements : il voulut auffi que l'on arrachât le poil de leurs chapeaux à la place de leurs cheveux.

Je croirois que les conquêtes des Romains ont contribué, plus que

toute autre caufe, à bannir le defpotifme: Ils conquéroient comme République, & portoient par-tout avec eux
l'amour de la liberté & la haine des
Rois. Lorfqu'ils ont détruit ou tranfporté des peuples dont ils n'efpéroient
pas gagner les cœurs, ils ont repeu-
plé leurs terres de leurs propres colonies: mais lorfqu'ils ont trouvé des
peuples dociles, ils leur ont impofé
des loix douces. L'appas de la liberté
facilitoit leurs conquêtes; la douceur
dont ils ufoient envers des peuples
foumis, étoit un moyen infaillible de
les conferver. Ils ont détrôné des
Rois, & leur ont rendu leurs couronnes fous la condition de traiter leurs
fujets avec humanité. Les Rois qui
n'étoient pas encore fubjugués, commencerent à craindre leurs peuples:
ils fentirent combien il leur étoit important de les empêcher de courir fous
des loix plus favorables. Ils ne le pouvoient qu'en foulevant le poids dont
ils étoient chargés. Les peuples de
leur côté, affurés que leurs plaintes
feroient reçues, voyant devant eux
des protecteurs, commencerent à s'affranchir de la févérité de la fervitude:
les Rois n'ofoient les réprimer. Tout

concourut à rendre au genre humain
une liberté telle qu'il devoit la defirer, & à réconcilier le pouvoir avec
la raison.

CHAPITRE III.

De la légitimité & de la durée des Empires despotiques.

LE Despotisme est si abhorré, que
l'on croit pouvoir employer toutes
sortes de raisons pour le décrier. » Une
» autorité contre les loix de la natu-
» re, dit-on, ne peut être légitime.
» La nature a fait des hommes libres ;
» le despotisme en fait des esclaves ».
La prévention porte un peu trop loin.
Les sujets du Despote ne sont pas
précisément esclaves ; on y trouve
quelque différence. Le sujet jouit sous
cet empire d'une espece de liberté ; il
a les droits de famille, il fait ce qu'il
trouve à propos dans sa maison ; il
ruine, il édifie, il commerce, il voyage, il parcourt la terre & la mer. C'est
du moins un esclavage bien adouci ;
mais quand il seroit plus resserré, il
ne seroit pas contre le droit des

gens : on l'a suffisamment prouvé ci-devant. On dira inutilement qu'une chose est contraire à la nature : il suffit que toutes les nations de la terre soient convenues de s'y conformer. Une erreur cesse d'en être une, lorsque le commun accord des hommes l'autorise. Cet accord peut même en faire une loi. Lorsque tous les peuples de l'univers, ceux de l'Europe exceptés, se sont soumis à une domination, pourra-t-on dire qu'elle est illégitime ? Le droit d'une guerre juste a de tous les temps autorisé la servitude.

Cependant il faut convenir qu'il y a une injustice réelle qu'aucun concert des hommes ne peut justifier. Si l'on remonte à l'origine, c'est, sans difficulté, la violence qui a fait les Despotes ; ou, si l'on veut, ils ont abusé du pouvoir qui leur étoit confié par la multitude. Cette même violence a établi ce qu'on appelle le droit de conquête & le droit des gens. Les conquérants ont dit aux peuples : » Je » vous ai conquis, vous êtes à moi ». Que pouvoient répondre des vaincus auxquels une réplique auroit coûté la vie ? L'habitude, l'éducation, le préjugé ont fait le reste. J'ai remarqué ailleurs que dans les premiers temps on ne connoiſſoit pas les différents degrés d'obéiſſance ; on ne connoiſſoit pas , par conſéquent, les différents degrés d'autorité : on ignoroit les milieux. On n'obéiſſoit pas où l'on étoit eſclave : on ne commandoit pas où l'on étoit maître abſolu. Lorſque Thémiſtocle , condamné par ſon ingrate patrie, ſe réfugia chez le roi de Perſe , il s'adreſſa à Artaban qui lui dit:»Grec, » chaque peuple a ſa maniere de pen- » ſer. Vous eſtimez par-deſſus tout la » liberté & l'égalité: pour nous , nous » eſtimons comme une choſe louable » le devoir d'adorer notre Roi , com- » me l'image du Dieu de la nature». Les ſujets croyoient que les Rois n'é- toient plus des hommes : ils les con- ſidéroient comme des êtres envoyés du ciel pour leur commander. L'o- béiſſance ne pouvoit être trop aveu- gle.

Mais le genre humain peut appeller de ces déciſions & de cette ſtupidité ; il ne faut qu'interroger le ciel, (je parle pour toutes les Religions). Le ciel a-t-il créé des hommes dans le deſſein unique de former des ſujets

pour des souverains ? Ou bien a-t-il
choisi parmi les hommes les souverains, pour conduire & gouverner
leurs semblables ? Je pense que l'on
ne doit pas hésiter sur la réponse. La
Providence divine n'a pas eu en vue
les souverains eux seuls, quand elle
a donné l'être à l'univers. Ce n'est pas
pour servir à leurs passions qu'elle a
formé un nombre innombrable d'hommes du même limon. Dès-lors toute domination qui ne tend pas à un
gouvernement conforme à la nature,
est une domination injuste par elle-
même. Le souverain n'a jamais pu
penser qu'il fut le motif déterminant
pour lequel le Ciel a fait naître ses
sujets. Il les a soumis à lui pour les
conduire & les conserver, & non pour
être les victimes d'un pouvoir arbitraire.

Le pouvoir despotique est non-seulement illégitime ; il est encore hu-
miliant pour la souveraineté, si on
fait distinguer entre le véritable éclat
& le faux air de grandeur. Il est dans
l'ordre naturel que les plus grandes-
affaires qui occupent le Despote, soient
les intrigues des femmes de son sé-
rail ; qu'il soit élevé dans l'ignoran-

ce ; qu'il vive dans l'incapacité ; qu'il
foit comme forcé d'abandonner les
affaires de fon Etat & lui-même à un
feul miniftre ; & que mille imperfections le rendent méprifable. L'efprit
des loix a mis cette réflexion dans
tout fon jour *. Quand on confidere   * *Livi*
combien il faut de qualités héroïques *2, c. 5.*
pour fonder un Empire defpotique ,
& qu'on leur compare celles qui en
réfultent , on eft étonné que le torrent
qu'on a vu defcendre de la montagne
avec éclat, arrive dans la plaine pour
s'y convertir en eaux mortes & corrompues. Les extrêmes produifent
fouvent les extrêmes oppofés.

La durée des Empires defpotiques
eft ordinairement affez prolongée.
L'Hiftoire en fournit des exemples. Ce
font des grands corps dont le poids eft
difficile à ébranler. L'affujettiffement
y eft trop fervile , la crainte gravée
trop profondément dans les cœurs
pour que les grands ofent entreprendre de les divifer. Un foulevement
général , poffible dans un petit Etat ,
eft comme impraticable dans un grand
royaume. La révolte qui éclate d'un
côté , eft accablée dans l'inftant par
l'aveugle obéiffance des provinces qui

ne font pas du complot. La nature de
ces Empires eft de durer jufqu'à ce que
quelqu'un fe préfente pour les conquérir. Leur ruine eft facile alors : les
peuples ne connoiffent point l'attachement pour leur prince : ils n'ont
pas de propriété à défendre. Leur joug
eft fi rude qu'ils ne peuvent perdre à le
changer : une bataille décide ; ils fe
..ornent au vainqueur.

Un empire Defpotique peut être affermi par fon propre poids & par la
foiblelle de fes voifins , mais le fort
de celui qui occupe le trône eft fans
ceffe chancelant , les dangers l'affié-
gent. Ce n'eft que par une force toujours agiffante, que l'on peut entretenir une obéiffance de fervitude. Il a
fallu communiquer à cette force un
mouvement violent , fupérieur aux
obftacles que l'on peut lui oppofer.
Ce mouvement imprimé agit fur le
fouverain , lorfqu'il n'a pas d'autre
exercice. Le Monarque aveuglé ,
jetté dans les cachots , ou égorgé,
font les cataftrophes familieres du
defpotifme. Le palais ruiffelant du
fang des princes que le nouveau Defpote facrifie à la fûreté de fa grandeur , eft le fpectacle affreux que doit

offrir toute domination, où le prince
ne connoît d'autre loi que sa volonté.

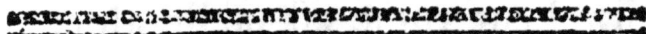

CHAPITRE IV.

De la Monarchie Royale.

Tout auprès de l'image funeste
du despotisme, la Monarchie royale
vient présenter une autorité modérée,
douce & légitime. Elle connoît des
loix; elle respecte la liberté; & bien
loin d'envahir les biens des sujets,
elle est établie pour leur en assurer
la jouissance & la propriété. Un Monarque légitime est celui qui obéit
aux loix de la justice, autant qu'il
desire que les peuples obéissent aux
siennes. Les Perses avoient caracté-
risé trois de leurs souverains par les
noms qu'ils leur avoient donnés. Cyrus
l'aîné disoit que l'Empire ne convenoit qu'à celui qui étoit meilleur que
ceux auxquels il commandoit: ils l'appelloient Roi. Cambise étoit fier &
superbe, on l'appella Seigneur : *Do-
minus*. Darius établit les impôts, on
le nomma Marchand.

Aristote compte quatre especes de
K v

Rois : celle des temps que l'on appelloit héroïques, où le Roi faisoit les fonctions de juge, de capitaine & de sacrificateur ; il étoit électif. Celle où la couronne est transmise par droit de succession; elle est propre, dit-il, aux peuples barbares. La troisieme espece est celle des rois de Lacédémone, capitaines seulement & de droit héréditaire. La quatrieme est le Despote. Celle-là ne devroit point entrer dans la classe des Rois : son Empire est absolu : il ne gouverne pas, il maîtrise. *Rex*, selon son étymologie, signifie celui qui régit.

Il importe peu de quelle maniere on parvienne à la couronne pour porter le titre de Roi : que ce soit par élection, par succession, par intrigues, ou par la force des armes ; il suffit d'être reconnu & proclamé tel. Les successeurs d'Alexandre n'oserent d'abord prendre ce nom respectable. Antigonus fut le premier auquel son armée le donna après une victoire qu'il remporta sur Ptolomée. Les sujets de celui-ci le lui déférerent aussitôt pour montrer qu'ils n'étoient pas accablés de sa défaite. Sur ces exemples, *Seleucus* & *Lysimachus* en prirent la qualité.

Le nom de Roi a été augufte dans tous les temps : c'eft le titre que les fouverains ont porté dans l'antiquité la plus reculée. Celui d'Empereur eft moderne en comparaifon. Nous connoiffons plufieurs manieres de l'obtenir. Les Papes ont érigé des provinces en royaumes : ils ont donné le titre de Roi : ils font les vicaires du maître des couronnes de l'univers. La piété des nations, leur refpect pour leur dignité facrée a fait approuver ces dons. Les empereurs Germaniques ont auffi donné le titre de Roi : les princes & les peuples ont voulu le trouver bon. Le grand duc de Mofcovie a pris la qualité d'Empereur du confentement de tous les autres potentats. Dans le fonds, le Monarque de l'état le plus puiffant, quelque foit fon titre, fera toujours le plus refpecté.

La maniere de gouverner diftingue le Roi du Defpote, l'autorité légitime de l'irréguliere. Cette diftinction a fa fource dans la nature & dans l'origine de l'autorité. Que l'on fe tranfporte dans les temps où les hommes vivoient féparés comme les bêtes fauvages ; ils fe conduifoient comme elles, mais ils penfoient. Le germe du droit naturel étoit placé dans le fonds des cœurs. Il renferme tous les devoirs de rigueur de l'homme vis-à-vis de l'homme dans un seul principe : *Ne faites pas à autrui ce que vous ne voudriez pas qui vous fît fait.* Ce précepte comme défense, comprend toute espèce de justice : si on le tourne en précepte de commandement : *Faites pour autrui ce que vous voudriez qu'il fît pour vous ;* il embrasse tous les devoirs de la société ; on y trouve la regle de la défense mutuelle & de la charité. Toutes les loix civiles & morales ne sont que des détails qui se rapportent plus ou moins immédiatement à ce double précepte. Mais la malice des hommes, plus impérieuse chez la plupart que leur raison, étouffoit ces lumieres naturelles : les conséquences qui en dérivent n'étoient point suivies. On sentit bientôt la nécessité de prendre des mesures, & de forger un frein capable d'arrêter les prévaricateurs. Ainsi le premier objet des sociétés civiles, a été de faire observer ces loix, dont la nature avoit imprimé le sentiment, & d'y contraindre ceux qui voudroient s'en écarter. Les pensées, peu-à-peu développées, firent connoître que, pour y parvenir, il falloit établir un pouvoir de commander & une obligation d'obéir.

On s'apperçoit que l'autorité a dû s'étendre sur tous sans distinction, & que la difficulté a consisté à gêner l'autorité même. Si elle n'obéit pas aux loix naturelles, les maux que les hommes ont voulu éviter, en deviennent plus grands. Le désordre aura toute la force dans sa main. On a pu prendre différentes routes pour arriver au même but. On a pu remettre l'autorité sur la tête de plusieurs pour éviter l'indépendance de chacun de ceux qui l'exerçoient. On a pu la placer dans les seules loix, & en commettre l'exécution à des magistrats passagers & électifs. Les peuples qui l'ont confiée à un seul, ne l'ont fait que parce qu'ils l'ont cru un homme juste, & incapable de trahir la confiance publique. Il résulte de cet ordre, que lorsque le pouvoir cessera d'être conforme aux vues pour lesquelles il a été attribué, il cessera d'être légitime. La domination de Nembroth est le premier empire que nous connoissions; mais ce n'est pas sous lui que se forma la première société civile, ni par conséquent

la premiere autorité. Ce fut un abus
de celles que les sociétés avoient ins-
tituées.

Le pouvoir, quel qu'il soit , doit
avoir ses regles. S'il est désordonné,
il ne peut faire régner le bon ordre.
Mais lorsqu'un Roi respecte les loix
naturelles , & que les sujets obéissent
à celles qu'il leur donne en conséquence, c'est la loi qui gouverne des
deux côtés ; dans la monarchie seigneuriale , au contraire, c'est l'homme
livré à lui-même , c'est-à-dire , l'im-
pétuosité des caprices & des passions.
L'un de ces Etats est une mer orageu-
se qui menace du naufrage à tous les
instants : l'autre est une mer calme qui
offre à la vue des rivages riants. Qui
pourroit conseiller assez mal un prince,
pour lui faire préférer le danger des
écueils , à une navigation heureuse &
tranquille ?

On lit dans Denis d'Halycarnasse,
que » les villes Grecques étoient dans
» les premiers temps gouvernées par
» des Rois , non despotiquement, com-
» me les nations barbares , mais selon
» les loix & les coutumes du pays. Ce-
» lui-là passoit pour le meilleur Roi ,
» qui étoit le plus juste ; qui étoit *le*

» *plus religieux observateur des loix* , &
» *qui ne s'éloignoit jamais des coutumes du*
» *pays.* Ces petites monarchies, ainsi.
» limitées, subsisterent long-temps dans
» cet état ; mais quelques Rois ayant
» commencé d'abuser de leur pouvoir,
» & de gouverner à leur fantaisie , les
» Grecs se lasserent de les souffrir : ils
» abolirent cette espece de gouver-
» nement ».

Si l'autorité doit se contenir dans les
bornes que lui prescrit la raison , les
hommes d'un autre côté ne sauroient
trop sentir à quel point elle leur est
nécessaire, pour les garantir de l'abus
qu'ils feroient de leur pleine liberté.
Leur propre obéissance leur est avantageuse : le moyen de la rendre douce,
est de réfléchir sur la vérité de ce principe, & d'y plier sa volonté. On rapporte que les anciens Perses prati-
quoient un usage bien ingénieux pour
en convaincre les peuples. A la mort
de chacun de leurs Rois , on passoit
cinq jours dans l'Anarchie, sans autorité, sans loix : la licence n'étoit ni
réprimée alors , ni châtiée après. C'é-
toient des jours donnés à la vengean —
ce , aux larcins , à la violence. Les sujets rentroient avec bien de la joie

fous l'obéiffance du nouveau prince.

Quoique la dignité royale foit égale par-tout, le pouvoir des Rois n'eft pas par-tout le même. Les conftitutions des Gouvernements monarchiques diffèrent entr'elles. Un peuple peut fe foumettre à l'autorité d'un monarque fous des conventions qui deviennent auffi inviolables pour celui qui commande que pour ceux qui obéiffent. Il peut choifir un Roi, & lui remettre le foin de prefcrire les loix fondamentales. Il peut enfin être affujetti par la conquête. Dans ces deux dernieres circonftances, l'établiffement formé par ce Roi légiflateur, ou par ce Roi conquérant, caractérife la conftitution particuliere de l'Etat : on fent de combien de manieres les loix y peuvent être diverfifiées.

Les qualités propres au gouvernement ne font pas toujours celles du cœur. La douceur, la clémence, la libéralité, la religion, vertus bien dignes d'un prince, feront nuifibles à l'Etat, fi elles font pouffées trop loin. Celui qui ne faura pas refufer, donnera à la protection, aux prieres des courtifans, les emplois & les dignités dûs au mérite. Si la clémence n'a pas ſes bornes, l'impunité multipliera les crimes. Si la libéralité s'étend trop loin, le peuple ſera oppreſſé, l'Etat endetté. J'oſerai le dire, ſi la piété du prince n'eſt pas éclairée, l'Etat ſera en proie au monſtre de l'hypocriſie ; l'autorité royale ſera abandonnée, non à la Religion, mais à ſon ſimulacre. Jamais prince ne fut plus religieux que ſaint Louis, & jamais ſouverain ne ſoutint avec plus de fermeté les droits de ſa couronne, contre les entrepriſes du Clergé. Cependant l'excès de ſon zele, épuiſa le ſang & les richeſſes de ſon royaume par des croiſades ſaintes, mais imprudentes. Combien un ſouverain doit-il être en garde contre ſes paſſions, puiſqu'il doit ſe défier de ſes vertus!

François I, bon prince, brave, galant, faſtueux, uſant peu de temps à réfléchir, introduiſit en France les Traitans & avec eux de nouveaux impôts. Il avilit l'éclat de la juſtice en rendant les charges de judicature vénales. Ces maux, une fois répandus, deviennent incurables. Mais ceux qui dirigeoient ſes finances ne trouvoient pas d'autres reſſources pour ſubvenir aux dépenſes du prince. C'é-

toit pour eux , difoient-ils , une néceffité. François I, foit par la longueur
de fa prifon, foit par les chagrins que
lui caufa une longue maladie, qui le
conduifit au tombeau, devint plus réfléchi. Il fut févere ; il apprit à refufer ; il jetta lui-même l'œil fur fes finances : fes dettes fe trouverent payées
à fa mort : il laiffa un tréfor confidérable pour fon temps : les tailles qui
étoient auparavant confommées par
avance, étoient arréragées : cependant il n'avoit rien diminué de l'éclat
de fa maifon. La bonne direction , &
le bon ordre fourniffoient plus à la
dépenfe que les impôts.

CHAPITRE V.

Du pouvoir des Souverains fur les Loix.

LES corps politiques ont plufieurs
efpeces de loix. On les divife communément en loix civiles & loix politiques. On entend par les loix civiles celles qui réglent les intérêts des
membres d'une fociété, pris féparément, & dans les relations qu'ils ont
des uns aux autres. Les fouverains font

au-deſſus de ces loix : c'eſt une conſéquence néceſſaire du droit qu'ils ont
de les faire. Ils peuvent les modifier,
les interpréter, les annuller, en donner de meilleures. On ne peut, avec
quelque raiſon, conteſter ce droit à
la ſouveraineté.

Mais la force de ces loix n'eſt pas
la même dans les différentes eſpeces
de ſouveraineté. Il faut diſtinguer dans
quelles mains elle réſide ; ſi c'eſt dans
celle du peuple, ou d'un conſeil de
pluſieurs. Les loix ſont perpétuelles,
non dans le fait, mais par leur nature. Si
au contraire, la ſouveraineté eſt ſur la
tête d'un ſeul, l'autorité des loix qu'il
publie, ne dure, par elle-même,
qu'autant que ſa vie. Si elles ſubſiſ-
tent après lui, c'eſt par la volonté,
par le conſentement exprès ou tacite
de celui qui lui ſuccede. Il dépend
de lui de les révoquer. Si ce principe
étoit hors du vrai, il en réſulteroit,
comme on l'a dit ailleurs, que la
ſouveraineté ne ſe trouveroit pas même parmi les Rois héréditaires; le ſuc-
ceſſeur ſeroit lié par les loix de celui qui l'auroit précédé.

Ces maximes qui regardent généralement toutes les loix civiles, s'ap-

pliquent plus particuliérement aux
ordonnances d'octroi, aux privileges,
aux immunités. Ce font autant d'efpeces d'aliénations. Le fouverain n'en
peut point faire qui puiffent, après
lui, porter du préjudice à fes fucceffeurs. Son domaine ne lui appartient
pas. C'eft une contrariété bien remarquable dans les chofes humaines : les
plus puiffants des hommes n'ont qu'un
ufufruit, les plus foibles ont une propriété. Le chancelier de France, l'Hôpital, refufa conftamment de fceller
un privilege d'exemption de tailles
pour Saint Maur-lès-Foffés , parce
qu'il portoit un affranchiffement perpétuel. On voit dans le même royaume, à chaque avénement à la couronne, les corps & communautés & les
particuliers taxés pour la confirmation
de leurs privileges & de leurs concef-
fions. C'eft une preuve inconteftable
qu'ils ont pris fin par la mort de ceux
qui les avoient accordés. On peut
encore appercevoir ici, que lorfque la
fouveraineté réfide dans un corps, le
pouvoir en eft plus abfolu. Le corps
ne meurt jamais : les privileges y font
permanents : ce n'eft pas l'homme ,
c'eft l'Etat qui en difpofe.

On doit excepter de cette regle les privileges qui feroient accordés à une ville, à une province que l'on annexe à un Etat. C'eſt alors un contrat. Ce n'eſt plus aliéner des droits acquis : ce n'eſt plus, par conféquent, faire tort ni à la couronne, ni aux fuccefſieurs : ce n'eſt changer l'état des chofes que pour acquérir fous une condition. Aucune juſlice ne permet de s'en départir de part ni d'autre.

L'efprit Républicain a trouvé des raiſons à oppoſer au pouvoir du fouverain fur les loix. On a commencé par les formules ſi connues des édits : *Par cet édit perpétuel & irrévocable ; à tous préſents & à venir*, & autres femblables, dont on uſoit à Rome & ailleurs, & dont l'uſage s'eſt confervé juſqu'à nous. C'eſt le langage de celui qui penſe faire au mieux, qui fe flatte que fa loi eſt aſſez bonne pour durer toujours. On fait rarement des loix pour n'être que proviſionnelles. Ces formules n'ont jamais été regardées comme obligatoires : ce font des paroles, & rien au-delà.

L'argument le plus fpécieux paroît être pris des ferments que les fouverains ont coutume de faire lors de leur

intronifation. Ils promettent ordinairement de conferver les loix ; mais
il feroit puérile de penfer que le ferment s'étend à toutes les fortes de
loix , & qu'il oblige dans la précifion
des termes. Il oblige conformément à
l'efprit qu'il renferme. Cet efprit pourroit permettre & même exiger que le
prince annullât la même loi qu'il auroit juré pofitivement d'obferver ; il
le doit lorfque, par des cas nouveaux,
le bien de l'Etat le demande ; le ferment oblige uniquement de ne le faire
qu'à propos. Cette obligation eft naturelle : elle exifte fans le ferment.

Un des plus anciens formulaires des
ferments des rois de France , mérite
d'être rapporté : il eft fimple , il eft
abrégé & renferme tout ce qu'un Roi
doit à fes fujets , en confervant fa
fouveraineté : *Je jure , au nom de Dieu
tout-puiffant , & promets de gouverner
bien & duement li fujets commis en me garde , & faire de tout mon pouvoir jugement,
juftice & miféricorde.* Ce ferment n'a
pas befoin d'interprétation : celui qui
gouverne *bien & duement*, & qui fait
juftice, remplit tous fes devoirs.

On peut remarquer une différence
bien caractérifée entre ce ferment &

celui d'Henri, duc d'Anjou, lorfqu'il reçut la couronne de Pologne. Il fuffira d'en rapporter la derniere claufe, pour que l'on apperçoive combien on peut concevoir de degrés dans la puiffance de ceux auxquels on donne le nom de fouverains : *Etfi*, *quod abfit*, *Sacramentum meum violavero*, *nullam nobis incolæ hujus regni obedientiam præftare debebunt*. Ce ferment eft dicté par la juftice la plus rigoureufe ; il exprime la réciprocité des engagements que le droit naturel impofe généralement à tous les hommes. Mais c'eft une des loix naturelles dont les fouverains font exceptés. L'inconvénient en feroit trop funefte à la fociété : elle rendroit l'obéiffance arbitraire.

Si le fouverain n'eft pas lié par les loix de fes prédéceffeurs, il l'eft encore moins par les fiennes propres. Les canoniftes décident que le Pape ne fe lie jamais les mains ; pourquoi ne le diroit-on pas des Monarques ? Il eft toujours fous-entendu que c'eft l'équité qui délie celle des uns comme celle des autres. Le prince a pour lui les raifons communes à tous les hommes, qui leur permettent de changer

ce qu'ils ont fait. Il a par-deſſus
eux à conſerver les droits de ſa majeſté , & ceux de ſon Etat , auxquels il doit plus qu'à lui-même. Ces
droits exigent ſouvent qu'il renverſe
ce qu'il aura édifié. Il eſt étonnant
qu'une propoſition auſſi évidente ait
trouvé des contradicteurs.

On a voulu ſoutenir l'opinion contraire par l'exemple des loix irrévo-
cables chez les Medes ; par l'obligation prétendue dans laquelle fut leur
roi de laiſſer jetter , malgré lui , Daniel dans la foſſe aux lions. On a cité
la réponſe de Périclès aux Lacédémoniens , lorſqu'ils vouloient engager
Athenes à révoquer l'édit qui cauſa
la guerre du Peloponeſe , & d'autres
faits dans le même goût. Ces traits
d'hiſtoire n'empêcheront jamais que
la maxime d'Etat que l'on a établie
ne ſoit véritable. La condition des
rois & celle des peuples ſeroit bien à
plaindre ſi le prince, auquel il eſt im-
poſſible de tout voir, de tout peſer,
forcé d'abandonner le détail des réflexions à ceux qu'il commet au gouvernement, ne pouvoit corriger une
erreur, lorſque ſes yeux ſont deſſillés.

L'hiſtoire de Daniel nous apprend
que

que les courtisans persuaderent au roi
des Medes, qu'il n'étoit pas le maître
d'accorder la grace d'un sujet coupable de ne s'être pas soumis à son édit.
Daniel commençoit à occuper la faveur ; il étoit étranger ; la jalousie
des grands leur suggéra la fausse application de la loi nationale. Lorsque
le roi des Medes s'en fût apperçu, il
leur fit subir le supplice auquel Daniel étoit échappé. Cet exemple éclair-
ci, prouve, au contraire, combien
les discours spécieux de ceux qui as-
siegent le trône doivent être suspects;
que la position nécessaire des Rois, qui
les expose à être plus aisément surpris que le général des hommes, les
autorise encore davantage à changer
leurs loix. Cet exemple nous montre
encore le traitement que méritent ceux
qui, faisant entrer leurs passions &
leurs intérêts dans les conseils qu'ils
donnent aux princes, abusent indi-
gnement de leur confiance & de leur
facilité.

La décision doit être la même,
quoique le souverain ait reçu un prix
de ce qu'il a accordé. Il peut toujours
reprendre ce qu'il a donné, & rendre ce que lui ou ses prédécesseurs ont

reçu, ou plutôt l'équivalent. Un roi d'Arragon ordonna par une loi que le titre de la monnoie ne feroit jamais changé; & fes Etats s'engagerent, à leur tour, de lui payer un certain fubfide tous les fept ans. On a foutenu mal-à-propos que dans ces circonftances le fouverain ne pouvoit changer une loi. Celle-ci fut annullée : les fujets n'avoient aucune raifon de fe plaindre, s'ils ne perdoient qu'autant qu'ils gagnoient par le retranchement du fubfide. Si cependant cette loi eût été obfervée depuis plufieurs fiecles, fi elle eût acquis la force que leur donne le long efpace des temps & la longue poffeffion, il convenoit mieux que le roi d'Arragon la laiffât fubfifter.

Après avoir difputé aux Rois le droit d'abroger les loix qu'ils ont publiées eux-mêmes, on a cherché des raifons pour les diffuader d'en ufer. On eft tombé dans un autre excès : on a dit que la variation étoit indigne de la majefté fouveraine, qu'elle étoit une foibleffe, un aveu de peu de réflexion, & même d'imprudence : on s'eft mépris.

On a fubftitué une fauffe grandeur à la majefté véritable, l'orgueil à la dignité, l'opiniâtreté à la droiture.

Les Rois, accablés sous le nombre inimaginable des objets que présente le Gouvernement, ne prétendent pas à l'infaillibilité : auroient-ils à rougir d'une erreur dont le reproche ne tombe pas sur leur personne ? Si par des liaisons quelquefois imperceptibles, ou par l'abus de ceux qui exécutent, ce qu'ils auront ordonné dans des vues de bien, produit un effet que l'on n'a pas prévû, faudra-t-il laisser subsister le mal dans l'idée d'une grandeur imaginaire ? Le prince ne recule pas, lorsqu'il rétrograde sur le chemin qui l'a égaré, il s'avance vers la bonne voie. On veut donner à des Rois les qualités des petites ames. Si un ministre enflé d'une folle vanité, parvenoit à inspirer à son prince ces maximes, on pourroit s'écrier avec l'auteur de l'esprit es loix : *Tout est perdu.*

Charles V. surnommé le Sage, convoqua les Etats sur les plaintes de la Guienne ; il leur dit : » Qu'il les avoit » fait venir pour avoir leurs avis, & se » corriger, s'il avoit fait quelque cho- » se qu'il ne dût pas faire ». C'est penser en Roi. Un sentiment contraire est un sentiment dur : il est d'obstination & de fausse gloire. L ij

Ceux qui n'ont pas voulu étendre aussi loin leurs doutes sur l'autorité des princes, se sont contentés de mettre en question, si le droit des souverains alloit jusqu'à changer les coutumes & les loix de police générale & en usage, sans le consentement des Etats représentatifs de la nation. Il est vrai qu'on a vu en France, où l'on ne dispute pas la souveraineté du Monarque, les Rois consulter leurs Etats, leur proposer les réglements qu'ils croyoient convenables, & les mettre en délibération. Doit-on conclure que le consentement des Etats étoit nécessaire ? Non, sans doute. Celui qui demande un conseil, veut entendre & discuter les raisons ; cette démarche ne l'oblige pas à le suivre. On a vu dans ce même royaume, dans le temps où l'usage des Etats étoit le plus fréquent, la loi que l'on appelle *l'Edit des meres*, changer l'ordre auparavant établi dans les successions, sans consulter les Etats.

Les exemptions, les dérogeances aux loix générales accordées en faveur des particuliers, offrent une matiere plus délicate. Abroger une loi que les changements des temps, ou

des circonstances ont rendu inutile,
ou désavantageuse, c'est protéger
l'Etat, c'est être attentif au bien de
tous. Déroger à une loi qui demeure
en vigueur, pour n'en exempter que
quelques personnes, c'est partialité.
Les rangs différents peuvent bien faire tolérer des inégalités dans certaines loix, comme seroit la maniere
différente de succéder des nobles &
des roturiers, mais elles doivent être
uniformes pour tous ceux du même
ordre. Les différences qui seront bonnes entre les rangs, seront des distinctions désagréables entre les particuliers du même étage.

Toute loi commune à tout un ordre
de sujets, est comme une chaîne qui
lie ces sujets au souverain, & qui les
unit les uns aux autres. Si on ôte
quelques-uns des ces chaînons, ceux
qu'ils unissoient sortent du rang ; l'u-
nion est interrompue, la chaîne perd
sa force, les liaisons de chaque membre vis-à-vis de l'Etat, & dans le
rapport des citoyens entr'eux, ne
font plus les mêmes : c'est un désordre.
C'est des enchaînements réciproques
& imperceptibles, que résulte toute
l'économie de l'Etat. Les acceptions

font la suite de l'importunité. Mille
reſſorts cachés, peut-être odieux,
font agir la protection qui les procure.
Les exemptions ne peuvent jamais
concourir au bien public : elles doivent néceſſairement répandre beaucoup d'abus. Il eſt rare qu'elles ne
menent à quelque injuſtice.

La ſupériorité ſur les loix civiles
& le pouvoir de les changer, ſeront
toujours des droits acquis aux Monarques ; mais cette faculté ſera toujours ménagée par celui qui ſaura régner. Il n'annullera les loix anciennes qu'autant qu'elles ſeront manifeſ-
tement préjudiciables ; il n'en donnera de nouvelles que dans des cas de
néceſſité, & qu'après un examen bien
approfondi. Il évitera le danger des
motifs qui ſont particuliers à ceux de
ſon conſeil, s'il daigne preſſentir ſes
peuples.

Les empereurs Romains connoiſ-
ſoient la dignité ſouveraine, ils en
étoient jaloux ; cependant ils décla-
rerent dans une loi adreſſée au ſénat *,
qu'il eſt conforme à l'humanité, de
délibérer des loix avec ceux qu'elles
intéreſſent : »Nous aſſemblerons, di-
»ſent-ils, les grands de notre Cour, &

* L. 8.
Cod. de
legib. &
conſtit.
Princi-
pum &
ediſtis.

»votre compagnie, pour traiter de la
»loi. Si elle plaît, elle sera dictée, &
»votre consentement unanime sera
»confirmé par notre autorité. Sachez
»que nous ne publierons autrement
»aucune loi. Nous sentons que c'est
»l'intérêt de notre gloire». On ne lit
pas un mot qui ne soit digne de remarque.

Un prince qui place son trône au
milieu de ses sujets, qui délibere avec
eux des maux de l'Etat & de leurs remedes ; qui veut entendre de leur bouche ce qui peut le mieux convenir à
leurs besoins & à l'honneur de la République, est un prince qui craint les
conseils pernicieux & intéressés de ses
adulateurs. Ce prince aime & recherche la vérité qui le fuit par-tout ailleurs. Il souhaite, il mérite, & il obtient l'amour de ses peuples. Ce n'est
pas donner atteinte à ses droits: c'est
affermir sa couronne.

CHAPITRE VI.

Du pouvoir des Loix sur le Souverain.

S'IL est utile, quelquefois même nécessaire d'abroger les loix civiles, de
les changer ou d'y ajouter, il est bien
rare qu'il soit convenable d'en user de
même à l'égard des loix politiques.
Celles-ci ne regardent pas les sujets
comme membres d'une société susceptible d'une infinité de divisions, mais
comme faisant partie d'un corps politique ndivisible. Ces loix, non-seulement distinguent la nature de la
République, mais encore elles forment
le droit public de chacune, & ce droit
n'est pas le même dans les différents
Etats, quoiqu'il soit de même nature.
Le nom des Magistrats, leur nombre,
la maniere de les choisir, leurs fonctions, ni leurs pouvoirs n'étoient pas
les mêmes à Athenes & à Rome ; les
loix politiques de la France ne sont
pas celles de l'Angleterre. Ce sont
elles qui reglent les différents degrés
d'autorité des princes & des magistrats,
des devoirs & de la liberté des peuples.

On peut également appeller ces loix
conſtitutives & fondamentales. Il n'eſt
pas néceſſaire, pour leur donner ces
noms, qu'elles ayent exiſté dans le
principe, il ſuffit qu'elles ſoient la
baſe actuelle de la conſtitution ou de
l'une de ſes parties. Tout Etat a ſes loix
fondamentales, ſi on excepte le deſpotiſme ; toute autre ſouveraineté
reconnoît la propriété & le patrimoine
comme un droit des ſujets.

Ces loix peuvent être écrites ou ne
l'être point. Des uſages invétérés,
cimentés par une exécution conſtante,
ſous la foi deſquels les ſujets ont long-
temps obéi, acquierent la force de
loi, lorſque le conſentement général &
l'opinion commune les ont fixé comme
des points de regle & de certitude.

Le royaume de France appartint à
Philippe de Valois, en vertu d'une
coutume à laquelle ſon ancienneté &
le vœu général de la nation donnoient plus d'autorité que ſi elle eût
été écrite parmi les loix ſaliques; c'eſt
par elle que ce royaume eſt parvenu
juſqu'au Roi régnant.

Ces loix ſont immuables par leur
nature, le Souverain les doit reſpec-
ter; elles ſont annexées à ſa couronne;

L v

elles en forment les branches ; il doit
la rendre telle qu'il la reçue ; il ne
peut souffrir la diminution de ses droits
sans se dégrader ; il ne peut les augmenter sans faire tort à ses peuples :
c'est une substitution perpétuelle de
part & d'autre dont le titre est sacré,
qui remonte à l'origine de la monarchie, & qui ne doit avoir que la même
fin.

Les sujets n'auroient aucun droit de
changer la constitution monarchique
en républicaine, de même le Monarque ne doit pas prétendre celui de
transformer une monarchie légitime
en un Etat despotique, & Charles VI.
ne fut pas le maître de priver sa postérité masculine de sa succession. Il
est vrai que quelques Rois *jouissent de
toute l'autorité de la nation ;* mais jouir
n'est pas posséder, c'est un usufruit qui
ne permet pas de dénaturer.

C'est de ces grandes loix qui assu-
rent la constitution de la république,
l'état du prince & celui du citoyen, que
l'on doit dire : *Digna vox est majestate
regnantis, legibus alligatum se principem
profiteri.* Cependant lorsque ces loix,
comme il peut arriver, deviennent
nuisibles à l'Etat, je croirois que le

prince en peut corriger les abus pour
l'utilité publique. Si de nouvelles circonftances, des revolutions de fait ou
de fyftême les rendent entiérement
mauvaifes, il eft jufte alors de les changer, mais il eft jufte d'appeller la nation à ce changement.

Les titres qui ont fait la plûpart des
Monarques font perdus dans l'oubli
des temps ; mais qu'ils tiennent leur
pouvoir de Dieu ou du confentement
des peuples, que la conquête ou la
convention ayent fondé les royaumes,
les chofes font égales. Perfonne ne
difconviendra que le pouvoir le plus
authentique, le plus étendu, peut être
exercé d'une maniere équitable ou
abufive ; l'exercice eft légitime, fi, au
défaut des conventions, il eft appuié
fur les loix divines & fur celles de la
nature ; il eft abufif, s'il n'en connoît
aucunes.

Le droit de conquête a pu donner
celui d'affujettir les vaincus à des loix
qui furent dans ce moment arbitraires, & d'ordonner de la forme du
Gouvernement fans la participation
des peuples. Ainfi les loix qu'il a plu
au conquérant de dicter, l'efpece de
l'Etat qu'il lui a plu d'établir, font les

conditions qu'il a impofées, & fous lefquelles il a reçu le ferment des nouveaux fujets. Ce ferment a rendu volontaire la foumiffion qui étoit for- cée auparavant ; les loix font deve- nues communes au vainqueur & au vaincu. Lorfque ces loix primitiv- -, confacrées par un ancien ufage, font méprifées ou interverties, il eft évi- dent que l'on renchérit encore fur la violence qui avoit fait la loi, & que le joug eft aggravé. Si ces loix étoient originairement un accord, il eft fen- fible que la convention eft violée.

Samuel ayant facré le Roi que Dieu avoit choifi, compofa un livre des droits de la Majefté ; les Hébreux ont écrit que les Rois le fupprimerent pour étendre leur pouvoir fur leurs fujets avec plus de facilité. Mais les loix divines marquent toujours des limites à la fouveraineté la moins bornée ; eh ! qui peut méconnoître ces loix? La raifon que nous tenons de la Di- vinité nous les fait appercevoir fans peine. Que l'i'ée de la juftice foit fimple ou compofée, innée ou factice, le fentiment en eft commun à tous les hommes.

Ce feroit tromper les princes, ce

feroit les faire courir à leur perte, &
mettre l'univers en feu, fi on leur
difoit qu'ils ne font pas affujettis à des
devoirs. Lorfque Dieu s'eft mis à la
place des Rois, il a dit : » Affemblez
»tous les peuples de la terre; qu'ils
»jugent entre mon peuple, & moi, fi
»je n'ai pas fait pour lui tout ce que
»j'ai dû faire. » Le Souverain des êtres
veut reconnoître qu'il eft des devoirs
pour lui, il veut prendre un juge entre lui & fon peuple. Quel exemple
pour les Rois !

Il eft ordinaire de ne pas s'entendre, lorfqu'on parle de ce que peuvent les fouverains. Le verbe *pouvoir*
offre deux idées différentes qu'il eft
bon de ne pas confondre. Il exprime
la faculté d'agir indéfiniment par la
fupériorité des forces. C'eft dans ce
fens que Pline le jeune difoit à l'empereur Trajan : *Il eft heureux de pouvoir
tout ce qu'on veut.* Ce terme exprime
auffi cette faculté reftrainte dans les
bornes du devoir. C'eft dans cet autre
fens que le même Pline ajoute : *Il eft
magnanime de ne vouloir que ce que l'on
peut.* Le fouverain peut tout ce que fes
devoirs lui permettent : il ne peut rien
de ce qu'ils ne lui permettent pas.

Mais le doute n'eſt pas terminé, ſi on continue à demander en quoi conſiſtent ces devoirs. Ils ſont renfermés dans le ſerment que j'ai rapporté : *Gouverner, bien & dûment, & faire juſtice;* & ce n'eſt autre choſe que gouverner ſelon les loix reçues & approuvées.

Il eſt néanmoins indubitable que ce n'eſt pas aux peuples à renfermer les ſouverains dans leurs devoirs. Le caractere imprimé ſur leur front eſt auguſte & ſacré : il ne laiſſe en partage que la vénération & l'obéiſſance. Le traitement le plus rude ne peut excuſer le fils impie qui diſpute par la révolte les droits paternels. Il ſeroit heureux qu'une intelligence mutuelle pût retenir chacun dans des bornes que la raiſon preſcrit. Mais les devoirs ſont de foibles barrieres de part & d'autre. Le corps de l'hiſtoire nous repréſente ſans ceſſe ces devoirs violés de tous côtés, des Rois tyrans & des peuples révoltés. La cauſe de ces déſordres eſt dans l'oubli des loix conſtitutives.

Il n'eſt pas dans l'ordre naturel des choſes, que les peuples tranſgreſſent les premiers ce qu'ils doivent à la puiſſance ſouveraine. Il faut un concours, un concert d'un nombre infini de volontés du côté du peuple, pour lui faire franchir ce devoir. Il fuffit du côté du prince de l'égarement d'une feule volonté. Il arrive trop fouvent que c'eft l'ouvrage d'un mauvais confeil. Les Rois font deftinés à conduire les hommes autant par l'exemple que par les loix. C'eft à eux à ne donner que ceux que l'on doit fuivre. La fatisfaction ou le mécontentement des fujets eft dans leur main : ils ont le choix de l'amour ou de la haine. Le pouvoir moral dérive des loix & du jufte : il eft légitime. Le pouvoir phyfique dépend de la force : c'eft une barbarie.

Un fouverain qui borne lui-même l'activité de fon pouvoir, n'en diminue point l'étendue. Il fait dans ce moment un acte de fouveraineté. Le prince ne déroge point à fa dignité, lorfqu'il s'affujettit aux loix de l'équité. Il n'eft aucun d'eux qui ne fe glorifie de les refpecter, qui ne veuille que l'on penfe qu'il les fuit, lors même qu'il s'en éloigne, ni qui ofe l'avouer. Tibere difoit : »Il faut non-feulement »que le bon prince fe foumette aux »lumieres du fénat, il faut qu'il ferve

»au général des citoyens, & fouvent
»à chacun d'eux en particulier. » Il
prononçoit le jugement qui l'a déclaré un mauvais prince. Les loix de l'é-
quité ne font point écrites ; elles ne
paroiffent pas commander : leur joug
eft volontaire : il n'ôte pas la fouveraineté, il en rend digne.

CHAPITRE VII.

De la Monarchie tyrannique.

LE mot de Tyran n'a rien de honteux dans fon origine. Il fignifie fimplement celui qui s'eft fait fouverain
de fa patrie fans le confentement de
fes concitoyens. Les tyrans n'étoient
pas offenfés de ce titre ; ils le pre-
noient eux-mêmes. Mais comme toute
autorité, de fa nature, eft une gêne ;
lorfqu'elle eft envahie, elle en devient
plus odieufe.

Les tyrans étoient obligés par état
de fe faire dételler. Leur ufurpation
les mettoit dans un danger continuel.
Ils avoient à conferver leur vie & le
rang qu'ils avoient ufurpé. Ils devoient

bâtir des forteresses & s'y renfermer, entretenir des gardes & des troupes étrangeres. Ces dépenses indispensables de la tyrannie exigeoient de grosses charges sur les peuples. Si elles ne suffisoient pas, on cherchoit des prétextes pour perdre les citoyens dont les richesses étoient un objet. La méfiance & les besoins portoient aux excès les plus barbares. C'est ainsi que par une nécessité fatale, une démarche illégitime en amene d'autres encore plus affreuses. Tarquin le superbe rendit le nom de Roi insupportable aux Romains ; Sylla, celui de dictateur. La tyrannie, répandue dans une infinité de lieux, a rendu odieux à toute la terre celui de tyran. Il est devenu l'injure la plus atroce pour un prince.

Denis, tyran de Syracuse, pour rendre les conspirations contre sa personne plus difficiles, avoit fait des défenses de s'assembler & de manger ensemble. Il étoit permis à ses soldats de dépouiller les convives, lorsqu'ils se retiroient chez eux. Il est difficile d'imaginer une privation de liberté plus insupportable. Cependant Plutarque avoue qu'il a été un grand prince, & que peu de Rois légitimes l'ont égalé

pour la juſtice & la vertu. Combien
eſt grande la ſoif de dominer, ſi elle
peut porter à des procédés ſi étranges
un homme qui a entendu parler de la
juſtice !

Si on choiſit un côté pour juger les
hommes, il eſt peu de Rois qui n'ayent
quelque vice & qui ne puiſſent être
blâmés ; il eſt peu de tyrans qui ne
poſſedent quelque eſpece de mérite &
qui ne puiſſent être loués. On doit imi-
ter les Perſes, ils ne condamnoient à
la mort que celui qui étoit convaincu
d'avoir fait en ſa vie plus de mal que
de bien.

Si à leur exemple on balance l'un
avec l'autre pour décider de l'enſemble, il eſt poſſible qu'un tyran méritera un nom honorable dans la poſté-
rité comme un Roi pourra laiſſer une
mémoire odieuſe ou mépriſable.

Mais ſi l'on veut ſe convaincre de
l'avantage immenſe que donne un principe légitime, pour faire une réputation, on peut comparer un Roi avec
un tyran, en ne ſuppoſant à celui-ci
que les mauvaiſes qualités néceſſaires à
ſa conſervation. Le Roi ſe conforme
aux loix de la nature : le tyran eſt obligé de les fouler aux pieds. L'un tra-

vaille pour le bien de ses sujets ; il cherche à les enrichir par la liberté & la
facilité dans le commerce : l'autre ne
songe qu'à s'enrichir de leurs dépouilles. L'un venge les injures faites au
public, & pardonne celles qui regardent sa personne, l'autre est obligé de
venger cruellement celles qui l'offen-
sent ; il a des soins plus intéressants
que celui de venger celles qui blessent
le public. L'un aime à laisser jouir ses
sujets de sa présence : l'autre ne peut
se montrer à eux que comme à ses ennemis. L'un cherche à faire naître l'a-
mour dans les cœurs : l'autre doit y
répandre la terreur. L'un ne leve que
les tributs nécessaires : l'autre a deux
raisons pour en accabler ses sujets ; sa
politique veut qu'il les affoiblisse, &
il lui faut un trésor. L'un régle ses
mœurs à la mesure des loix : l'autre
fait les loix à la mesure des mœurs qui
doivent lui être propres.

Quel est aussi le sort de tous les
deux ? Le bon Roi jouit d'un repos assuré : ses sujets courent à l'obéissance ;
ils volent au-devant de ses desirs ; tous
s'empressent à l'envi pour augmenter
sa gloire ; & quand l'heure de subir le
sort commun à tous les mortels est ar-

rivée, il laisse à sa postérité les pleurs
de ses sujets, pour premier témoignage
de leur fidélité, & de sa sûreté future.
Le tyran, au contraire, effrayé par
des allarmes jamais interrompues, ne
connoît de sommeil que celui d'un
moment : il tremble sans cesse pour ses
Etats, & encore plus pour ses jours.
Le trouble, l'agitation, l'effroi lui pré-
sentent mille fois la mort devant les
yeux : il finit par être déchiré. Ce seroit fastidier le lecteur de retracer les
exemples des fins tragiques des tyrans.

On trouve cependant des conjonctures où la tyrannie a été avantageuse
aux peuples. Elle le sera toutes les fois
que la corruption les aura jettés dans
l'anarchie, le pire de tous les Etats.

Tel étoit celui de Florence, lorsf-
qu'après le meurtre du duc Alexandre,
Cofme de Médicis s'empara de la souveraineté. Il s'environna de gardes,
il construisit des forts, il exigea des
contributions. Mais les maux de cette
République étoient violents : ils de-
mandoient des remedes de même nature. La licence de ce peuple effréné
étoit montée au comble : les séditions
y étoient plus communes que les jours
de calme. Médicis y remit le bon ordre :

lorſqu'il fut rétabli , & ſon pouvoir affermi , il fut humain envers les peuples; il paſſa pour un des plus ſages princes de ſon temps.

On ne doit point s'étonner du bonheur de cette tyrannie. Le peuple avoit éprouvé les calamités qui naiſſent de la liberté extrême , & avoit eu le temps de s'en dégoûter. La corruption exceſſive de la république Romaine ne pouvoit ſe guérir par elle-même. L'eſprit & le cœur de tous les citoyens étoient infectés. Rome n'avoit d'autre reſſource que dans le Gouvernement monarchique. Elle auroit obtenu tout ce qu'elle pouvoit deſirer , ſi Auguſte avoit laiſſé des ſucceſſeurs ſemblables à lui.

CHAPITRE VIII.

Des Loix de Valerius & de Solon, ſur les Tyrans.

LES anciens ont penſé qu'il étoit permis de donner la mort au Tyran qui uſurpoit la ſouveraineté de ſa patrie: non-ſeulement ils ont cru que

cette action étoit permife, mais ils en
ont fait un devoir. Ils l'ont regardée
comme digne de tous les éloges, ils
ont nommé le meurtrier du tyran, le
libérateur de la patrie, le vengeur de
la liberté publique ; ils lui ont érigé
des ftatues. En effet, à quel homme
eft-il permis de fe rendre maître de fon
femblable fans titre. Les loix déclarent digne de mort quiconque prend
les marques & les ornements de la
royauté.

On peut demander fi, le meurtre
du tyran une fois autorifé, on peut
le commettre avant que le deffein de
l'ufurpateur ait éclatté, & s'il eft permis de prévenir la voie de fait par la
voie de fait. Les Romains & Solon
ont penfé différemment à cet égard.
Une loi publiée à la réquifition de
Valerius Publicola, permet l'homi-
cide, pourvu qu'on prouve les mauvais deffeins & la conjuration de l'homicidé. La loi de Solon défend de
tuer celui qui dans la République af-
pireroit à la fouveraineté, fi on n'y
procede par les voies de la juftice. La
décifion fera, fans doute, en faveur de
la loi de Solon, fi on confulte les

principes du Chriftianifme : mais à ne
confulter que la morale humaine & la
raifon, je crois encore que la loi de
Solon doit avoir la préférence avec
quelque modification.

La loi de Publicola entraînoit les
conféquences les plus dangereufes.
Tout homicidé, après fa mort, auroit
été nommé conjurateur. Les témoins
& les preuves deviennent faciles contre celui qui ne peut fe défendre, &
que l'on ne craint plus. On livroit
aux meurtriers les principales perfonnes de l'Etat : le danger menaçoit les
premieres têtes de plus près.

La loi de Solon mérite auffi d'être
bornée par le temps & les circonftances. Avant que celui que l'on prétend afpirer à la fouveraineté fe foit
déclaré, s'il n'a pas amaffé de forces,
s'il n'a encore faifi aucun pofte important ; celui qui croit être inftruit
de fes mauvais deffeins, ou qui l'eft
effectivement, a le temps de les découvrir au magiftrat, & ne peut tuer
que par fon ordre. Mais lorfque la
tyrannie, fans être abfolument ouverte, eft fur le point d'éclater ; que
le rapport que l'on en feroit à la

magiftrature, ne feroit que hâter le moment de l'exécution, on ne peut propofer la loi de Solon. Que peut la juftice contre les armes ? Auffi Solòn, trop rigide obfervateur de fa loi, eut la douleur de voir Pififtate s'emparer à fes yeux de la tyrannie d'Athenes.

On peut demander encore fi la mort du tyran eft jufte, lorfqu'après avoir ufurpé la domination, il a obtenu le confentement de la République. Plufieurs ont penfé que l'on pouvoit lui donner la mort. Ils ont excepté feulement le cas auquel le tyran auroit écarté fes forces, auroit dépouillé fon pouvoir, & fe feroit remis au jugement du peuple. Si, au contraire, dit-on, le confentement eft arraché comme par Sylla, & après lui par Céfar, qui firent publier les loix *Valeria & Servia* avec des puiffantes armées qui rempliffoient la ville de Rome, ce confentement n'eft pas libre : ce n'eft pas un confentement ; il ne doit pas faire changer la décifion.

Je ne faurois me ranger à cette opinion. Si le peuple entier décide de la la mort du tyran, s'il la pourſuit, alors elle eſt juſte. Le peuple ſait quelle eſt la nature du conſentement qu'il a donné. Si ſa volonté ſe réunit à le déclarer forcé, il lui eſt permis de rompre des fers que la violence lui a impoſés. La voix unanime du peuple eſt un jugement. Je demande aux lecteurs de ne point perdre de vue que je parle de celui qui a uſur-pé la ſouveraineté ſur ſes citoyens, & non de celui qui exerceroit un pou-voir légitime avec tyrannie, ſuivant l'idée que l'uſage a attaché à cette expreſſion. Je ne dirois pas que l'Etat entier fût maître de ſa vie. Je ſuis bien éloigné d'écrire ou de penſer un pareil blaſphême.

A l'égard du vrai tyran, ce n'eſt point à un particulier, à quelques conſpirateurs, à une faction, de dé-cider que la volonté du peuple n'a pas été conforme à ſon approbation. Il eſt poſſible abſolument qu'elle eût été la même indépendamment de la préſence d'une armée, ou que ce qui auroit été forcé dans ſon origine ſoit devenu volontaire dans les ſuites.

Je ne ſai s'il eſt décidé que la mul-titude en Angleterre eût pourſuivi la mort de Cromwel. Ce fameux tyran, outre l'attentat d'avoir usurpé la souveraineté, s'étoit frayé le chemin à la grandeur par des crimes réservés à lui seul; mais il avoit étouffé le cri général par un gouvernement, duquel personne ne pouvoit se plaindre comme homme privé. Il étoit détesté par toutes les factions qui avoient déchiré l'Angleterre depuis vingt ans, soit pour la politique, soit pour la Religion; cependant le peuple, qui fait le grand nombre, étoit satisfait de son administration. La facilité avec laquelle son fils Richard occupa sa place après sa mort, est une preuve du vœu commun de la nation. On ne vit pas une ombre d'opposition. L'Angleterre voyoit ce puissant génie accroître chaque jour la splendeur de la République, avec des vues aussi vastes, qu'il les avoit eues profondes pour parvenir à la gouverner : elle jouissoit d'un calme intérieur qu'elle n'avoit pas goûté depuis long-temps, & de la plus grande gloire au-dehors. Elle préféroit peut-être ces avantages à ce qu'elle devoit à ses souverains. Cet homme universel, qui réunissoit les qualités des plus grands hommes & des plus fameux fcélérats dans tous les genres, avoit porté l'orgueil au-delà de ce que les hommes l'avoient connu. On n'a pas vu encore de Roi, ni d'Etat, prendre fous fa protection un état égal au fien. Que doit-on dire d'un fimple mortel, d'un homme privé, qui prend le titre de protecteur de trois royaumes? Ce titre eft plus fuperbe que celui de Roi, que celui d'Empereur. C'eft un nom déguifé : il fignifie l'ange tutelaire.

Cependant étoit-il permis, après le Parlement de 1656, à milady Gréenwil, étoit-il permis aux Epifcopaux dont il avoit ruiné le parti, d'attenter à fa vie? Je ne le croirois pas. C'étoit à la nation de le profcrire à la pluralité des voix. On doit convenir néanmoins qu'il étoit dans des circonftances particulieres, qui auroient pu permettre à un feul homme de lui donner la mort. Charles II l'avoit condamné : il avoit pu, il avoit dû le faire. Toute perfonne qu'il auroit chargé d'exécuter fon arrêt, auroit exécuté un acte de juftice. C'eft le cas de l'exception portée par la loi de Solon.

Tous les écrivains conviennent que les succeffeurs des tyrans, en poffédant la fouveraineté pendant un efpace de temps confidérable, acquierent un titre légitime. Les jurifconfultes ont voulu fixer le terme à cent ans, comme celui de la plus longue poffeffion requife pour la prefcription : mais ce n'eft pas les principes du droit civil que l'on confulte en matiere d'Etat. Le tyran lui-même ne peut jamais prefcrire le droit de la fouveraineté, s'il ne réunit pas les fuffrages des peuples. Son attentat perfonnel crie fans ceffe contre lui : mais fi fon fucceffeur monte fur le trône fans violence, s'il l'occupe fans contradiction, il femble qu'il doit être regardé comme poffeffeur légitime. Rome portoit encore dans fon fein, du temps de Céfar, des hommes affez hardis pour contredire ouvertement la tyrannie. Deux tribuns eurent le courage de faire ôter en fa préfence la couronne que l'on pofoit fur la tête de fa ftatue. L'aigreur que ce dictateur témoigna dans la fuite contre eux, prouve plus qu'il étoit complice de cette entreprife, que ne font les autorités qui nous en font demeurées.

CHAPITRE IX.

De l'Etat Aristocratique.

ON a vu combien il est vraisem-
blable que le besoin d'une défense
commune forma la premiere société
civile. En effet, il étoit bien naturel à
plusieurs familles qui sortoient de la
même tige, dont les habitations étoient
voisines, de s'associer pour défendre
leurs possessions contre les rapines.
Pourra-t-on douter que dans cette société, quoiqu'imparfaite, chaque chef
de famille qui avoit toute l'autorité,
ne l'ait conservée, & qu'il n'ait délibéré avec les autres chefs, des mesures qu'il convenoit de prendre? C'est
l'arrangement le moins composé, &
par conséquent le premier qui s'offre
à l'esprit. Le gouvernement le plus
conforme à la nature, est que les chefs
de familles également intéressés au
bien de chacune, d'où résulte le bien
public, composent le conseil commun de la société. Mais la vicissitude
des temps a dû porter bien des changements dans cette espece de Répu-

blique. Pour peu qu'elle se soit aggrandie, le même ordre n'a pu subsister. Un Etat de mille familles ne
seroit pas fort étendu : un conseil de
mille têtes seroit trop nombreux.
D'ailleurs une infinité de circonstances ont apporté des différences dans
la condition des hommes. On n'a pas
besoin de citer la violence qui en fut
une des principales causes. Il est dans
l'ordre naturel que celui qui étoit plus
laborieux, plus industrieux, ait aug-
menté ses richesses ; & comme ces qualités ont plusieurs degrés avant que
de descendre jusqu'à l'extrême négligence & à l'inaptitude, la fortune des
hommes a dû être dans divers degrés
d'inégalité, depuis l'abondance jusqu'à la pauvreté.

Le temps encore apprit aux hommes
à raisonner. Après avoir connu l'inconvénient d'un conseil formé d'une
multitude, ils jugerent que l'intérêt
de chaque famille n'étant plus égal,
il n'étoit plus de la même justice que
chaque chef eût part au Gouvernement. Celui qui ne subsistoit que du
travail de ses bras n'avoit que l'intérêt de sa personne. Le riche avoit l'intérêt de sa personne & de ses biens.

Celui-ci frappe plus les hommes que
le premier, quoiqu'il les touche de
moins près. On peut ajouter que celui qui loue ses services est dans une
sorte de dépendance de ceux qui l'em-
ploient : il n'est pas dans l'ordre qu'ils
l'associent au Gouvernement.

Ces conjonctures ont dû former une
Aristocratie telle, à-peu-près, que
nous la connoissons. C'est une forme
de République dans laquelle une partie des citoyens commande à tous les
autres. C'est à cette portion seule qu'il
appartient de donner des loix, de délibérer & décider des affaires de l'E-
tat. C'étoit, selon les apparences,
dans l'origine, les citoyens les plus
puissants lors de la fondation. Cependant ce n'est pas, dans le fonds,
le gouvernement de la noblesse, comme on le croit communément. On
pourroit flatuer que ce seront les plus
riches, les plus forts, les plus savants,
ou tout autre genre que l'on voudroit
imaginer. On pourroit choisir un certain nombre de familles dans chaque
étage : ce seroit, ni plus ni moins,
une Aristocratie. Mais comme ceux
qui commandent forment un corps
distingué & plus relevé que le reste

des citoyens, il faut qu'ils deviennent insensiblement la premiere noblesse de l'Etat. Le plus convenable est de déférer le commandement à l'ordre dans lequel l'éducation fera présumer plus de capacité. A Gênes, le gouvernement est limité à un certain nombre de familles nobles : à Venise, il appartient à toute la noblesse d'origine Vénitienne.

Deux raisons doivent déterminer à donner le gouvernement, non aux plus riches précisément, mais à des citoyens qui le soient assez pour devoir être satisfaits de leur condition. Il est de l'intérêt des riches que la forme de l'Etat subsiste. La pauvreté est un état de souffrance, duquel on cherche toujours à sortir : on ne peut l'espérer que du désordre de l'Etat. On trouve la seconde raison dans la facilité que l'on a de corrompre ceux que le besoin presse. Ce n'est pas que l'homme riche soit incorruptible; mais ce qui sera nécessaire pour en obliger un à trahir ses devoirs, suffira pour en corrompre six qui languissent dans la médiocrité. On ne sauroit trop louer la prudence des Romains, qui avoient fixé la valeur du patrimoine

que devoit avoir & conferver un fénateur.

Ce feroit un malheur dans une Ariftocratie, fi le pouvoir fouverain étoit
renfermé dans un petit nombre de perfonnes. Moins l'autorité eft divifée,
plus elle a de poids pour opprimer.
Ce fut le vice le plus confidérable du
gouvernement établi à Athenes par
les Lacédémoniens, de trente perfonnes qu'on appella les trente tyrans.
Les anciens appelloient ce gouvernement une Oligarchie. Rome en éprou-
va le danger lorfqu'elle créa les décemvirs, quoique le pouvoir ne leur
fut confié que pour une année.

Si le pouvoir appartient au contraire à un trop grand nombre de têtes, le gouvernement péchera par
l'excès oppofé. La difficulté de tenir
la fouveraineté affemblée, la confu-
fion qui regne dans le grand nombre, feroient des défauts nuifibles à
l'Etat. Il eft effentiel alors de compofer un ou plufieurs confeils, auxquels on donne des pouvoirs limités :
les cas de la derniere importance font
réfervés au corps entier des fouverains. A Venife, on trouve les magiftrats, on trouve le confeil des dix qui

M v

eſt au-deſſus d'eux ; le conſeil des ſages, ou des trente-deux, ſupérieur à
celui-là ; le ſénat au-deſſus du conſeil des ſages ; enfin l'aſſemblée de tous
les nobles âgés de plus de vingt ans,
où réſide la ſuprême puiſſance. On
connoit par l'ordonnance rendue par
un de ces conſeils, d'où elle émane,
& quelle eſt ſa force. Elle porte : *Il
conſilio di dieci*, les dix ; *l'adgiunta*,
les trente-deux ; *in pregudi*, le ſénat ;
il conſilio magiore, la ſouveraineté. Les
différents degrés d'autorité, très-utiles
dans les Républiques, ſont de néceſſité dans les monarchies.

Rien n'empêche, & il eſt peut-être
mieux, que la puiſſance ſouveraine
appartienne à un ſénat, dont le nombre pourroit être proportionné à celui des citoyens. Alors les ſénateurs
ne pourront être pris que dans la portion qui forme l'Ariſtocratie : ſi on
pouvoit les nommer indifféremment
dans tous les ordres qui compoſent la
nation, cette République approche-
roit trop de la populaire.

Le choix des ſénateurs eſt le point
le plus important du Gouvernement
ariſtocratique. On doit poſer pour
principe, avec l'auteur de l'Eſprit des

loix, que jamais aucun corps ne doit
se repeupler lui-même. Ce seroit le
moyen, comme il le dit, d'y perpétuer les abus. Ainsi, si on se détermine pour l'élection, elle doit être
déférée à un autre ordre qu'au sénat.

L'élection a des inconvénients : on
emploie la brigue, on cherche à corrompre. Le sort est encore plus dé-
fectueux, il est aveugle. Le mieux, selon ce que je peux juger, seroit de
mêler l'un avec l'autre, & que le sort
décidât entre plusieurs élus. La brigue
aura lieu sans doute, mais la corruption sera moins à craindre. On n'est
pas prodigue pour se faire élire, lorsqu'il ne résulte pas un état certain de
l'élection, & que les dépenses peuvent
être en pure perte. L'élection flatte
tous les élus, le sort qui la suit ne décide point le mérite, ceux auxquels
il n'est point favorable ne sont ni hu-
miliés ni découragés.

Le droit d'élire ceux qui doivent
tirer au sort, doit naturellement appartenir à l'ordre qui doit remplir la
dignité pour laquelle on élit : cependant je ne vois aucun inconvénient à laisser ce choix au peuple. Il
est excellent pour juger du mérite de

ceux qui doivent occuper les emplois.
Il est rare que le public se trompe
dans ses jugements. Je ne répéterai
point ce qui est si bien dit à ce sujet
* Liv.
2. ch. 2. dans l'Esprit des Loix *. J'y ajouterai
que cette fonction, donnée au peu-
ple, pourroit être le moyen que l'auteur a cherché pour le tirer de son
* Liv.
2. ch. 3. anéantissement *. Mais s'il est bon de
l'intéresser à la République, il faut
aussi une attention extrême à modé-
rer l'influence qu'on lui donne dans
le Gouvernement. Il en auroit une
trop grande s'il avoit le droit de des-
tituer celui que le sort aura placé sur
son élection.

La maniere de nommer aux dignités, dont on usoit à Lacédémone,
est assez particuliere pour mériter d'ê-
tre rapportée : elle est propre à donner des idées sur cette matiere. Le sénat élisoit plusieurs citoyens pour remplir une place vacante ; on assembloit
ensuite le peuple dans la place publique, & on enfermoit dans une des maisons de cette place, des commissaires
qui pouvoient entendre le peuple, mais
qui ne pouvoient le voir, ni en être
vus. Les citoyens élus traversoient la
foule du peuple, à quelque distance

l'un de l'autre , & les commiſſaires
notoient les acclamations plus ou
moins grandes que chacun d'eux a-
voient reçues. Celui qui avoit attiré
les plus fortes, premier, ſecond, ou
troiſiéme, étoit nommé ſans que les
commiſſaires fuſſent inſtruits de l'ordre
qui avoit été obſervé pour les faire
traverſer ; de ſorte que le choiſi étoit
celui qui plaiſoit le plus au peuple.

Les méthodes de former & de fixer
l'autorité ſouveraine dans l'Ariſtocratie , peuvent varier à l'infini. Elles ſont
ſuſceptibles d'un nombre prodigieux
d'arrangements , qui different entre
eux , pour parvenir au même but. Le
Gouvernement de l'empire d'Allemagne, en préſente pluſieurs. Les Etats ,
où réſide la puiſſance ſouveraine, ſont
compoſés d'un chef perpétuel & électif, des électeurs & des princes de
l'Empire perpétuels & héréditaires ,
& des députés des villes impériales
électifs & amovibles. Le ſénat ne diſ-
poſe d'aucune place élective. Le chef
eſt élu par la partie la plus petite & la
plus diſtinguée ; chacune des villes
élit les autres. Le nombre des perſonnes n'y fait pas le nombre des voix.
Neuf électeurs ont une voix ; trois

cents princes, ou environ, en ont une
autre ; soixante ou soixante-dix villes
en ont une troisieme. Dans chaque
college, chaque membre a sa voix délibérative, & la pluralité décide. Dans
le sénat il n'y a que trois voix : si elles
forment trois avis différents, il ne
s'agit pas dans les débats de ramener
à une opinion le sentiment d'un particulier, il faut ramener la pluralité
de l'un des colleges. La souveraineté n'est ni entre les mains de la noblesse, ni dans celles du peuple, que
l'on prétend être représenté par les
députés des villes. La noblesse n'y
forme pas un seul corps, elle a deux
voix séparées, qui peuvent se contredire. La diete est la seule souveraine.

La raison d'une partie de ces inégalités, vient de ce que la république Germanique est double : elle est
aristocratique & fédérative. L'auteur
de l'Esprit des loix qui regarde sa
constitution comme assez imparfaite *,
pense qu'elle ne subsiste que parce
qu'elle a un chef. Il est vrai qu'un
chef peut entretenir l'union entre les
membres, mais il est encore plus vrai
que ce chef a souvent tenté de s'en
rendre souverain ; & qui sait ce qu'il

* Liv.
9. ch. 2.

pourroit encore entreprendre? Qui fait
fi fon union avec l'empire de Moſcovie,
ne pourroit pas tendre un jour à opprimer le Nord ? Peut-être ce chef au-
roit-il réuſſi autrefois, ſans les ſecours
que les membres de l'Empire ont trouvé dans la France. C'eſt à l'intérêt de
cette puiſſance voiſine, dont la politique doit s'oppoſer à leur aſſujettiſſe-
ment , que l'Allemagne doit ſa liberté
plutôt qu'à la conſtitution qui lui donne un chef.

CHAPITRE X.

De la Démocratie.

J'AI dit que le deſir déréglé de la liberté , la haine immodérée de toute
domination avoient produit la Démocratie. C'eſt un Etat où tout eſt extrême. Il n'y a point de ſouverain ,
parce que le nombre en eſt exceſſif.
Si les mœurs n'y ſont pas très-pures ,
elles tombent dans la dernière dépravation. Si un citoyen obtient la faveur de la multitude, elle ne fait lui
rien refuſer ; elle diſpenſe des loix.
Peu de temps après elle demande ſa

mort, non parce qu'il la mérite, mais parce qu'elle le hait. Le peuple oublie le Gouvernement entre les mains de ceux auxquels il l'a confié. S'il vient à se ressouvenir qu'il lui appartient, il le conduit despotiquement, sans autre regle que sa volonté.

Le peuple souverain dans la Démocratie, est un monstre à plusieurs têtes, comme disoit Horace; la plus grande partie est sans éducation, sans mœurs & sans connoissances. Dans cette République la majeure partie fait la loi. Que sera-ce, si elle veut toujours gouverner? Anacharsis, un des sept sages, étant venu à Athenes pour connoître Solon, disoit très-bien · *Ici les sages proposent, & les fous déci.. .i.* Peu de personnes ignorent ce qui arriva à Aristide. Un homme qui ne savoit pas écrire, & qui ne le connoissoit pas, le pria d'écrire le nom d'Aristide, pour être banni par l'Ostracisme : » A-t-il fait quelque chose qui » mérite de le faire bannir ? lui de- » manda-t-il. Non, répondit cet hom- » me; mais je suis ennuyé d'entendre » toujours dire qu'il est juste ». Que doit-on espérer des délibérations conduites par le caprice & la déraison ?

Il feroit abfolument néceffaire de priver du droit de fuffrage ce que l'on appelle le bas peuple. J'y comprends ceux qui exercent les arts méchaniques. C'eft dans cette caffe que regne l'ignorance la plus profonde des affaires de l'Etat, l'incapacité la plus abfolue : c'eft-là qu'eft le germe de la corruption & des féditions.

Ce Gouvernement a plus befoin qu'aucun autre d'un confeil : mais la nature du Gouvernement en fera-t-elle meilleure? Je fuppofe ce confeil rempli de citoyens les plus capables de la République ; chofe à laquelle la fageffe des loix aura de la peine à parvenir : je veux qu'il foit pour le peuple un modele de vertu. Ce confeil fage & prudent, qui verra modifier, rejetter ce qu'il propofera de plus utile, tentera pour le bien de la République, de faire exécuter ce qu'il délibérera fans le propofer au peuple. Si le peuple l'apperçoit, il penfera que ce confeil afpire à la fouveraineté. La méfiance, la divifion fe glifferont dans la République ; les meilleurs citoyens voudront foutenir ce que le fénat aura délibéré; on viendra aux armes ; le peuple plus furieux, plus nombreux, plus entêté, l'emportera.

Voilà le tableau de ce qui se passoit dans la république Romaine ; voilà comment, dès ses commencements, Coriolan fut envoyé en exil. Ce fut un combat continuel entre le sénat vertueux & éclairé, & le peuple impétueux. Les sages n'avoient d'autre moyen pour faire cesser les dissentions civiles, que de proposer une guerre : tout se réunissoit alors. Si Rome eût été pacifique au dehors, la République n'auroit pas subsisté : elle se seroit déchirée elle-même. Elle fut détruite aussi-tôt que les suffrages du peuple eurent constamment pris le dessus.

Rome est encore un exemple, que l'égalité & la frugalité, si nécessaires dans cette espece d'Etat, ne suffisent pas pour former un gouvernement tranquille, dans la démocratie. Il est vrai que les loix qui les avoient établies, lors de sa fondation, n'avoient pas pourvu à les entretenir. Mais si on réfléchit sur les difficultés d'inspirer l'amour de ces vertus gênantes, & de faire observer une pratique si contraire aux penchants naturels, on conviendra que, quelque sensés, quelque ingénieux que soient les moyens que l'on propose, ils font bien foibles, lorfqu'il s'agit de métamorphofer le cœur humain.

Il fera néceffaire, outre ces loix, que les citoyens foient naturellement fimples & bons, que la fituation du terroir y laiffe un accès difficile aux richeffes; que les rivieres n'y facilitent pas le commerce, & encore que les montagnes lui oppofent des boulevards qui le rendent peu praticable & coûteux. On ne peut vaincre la nature, que par la nature même. Il faudra auffi que la République ne foit pas étendue, & que l'on fixe un certain revenu modique pour y avoir la voix délibérative. Avec toutes ces précautions & ces circonftances la Démocratie pourra fubfifter.

CHAPITRE XI.

Réfléxions fur l'Ariftocratie & la Démocratie.

APRE's ce que je viens de dire de la Démocratie, on ne doutera point que je ne penfe que le Gouvernement des nobles ne lui doive être préféré.

Je veux que cette opinion puisse être problématique ; mais je ne comprends pas que dans l'Aristocratie, ce soit dans le peuple que l'on veuille placer la vertu, pour le faire jouir *à-peu-près du bonheur du Gouvernement populaire**. Si le corps souverain n'est pas vertueux, la seule vertu nécessaire au peuple, est la patience. Elle apprend à se faire une félicité par la force de l'esprit & de la raison : ce n'est pas le partage du peuple. Si, au contraire, la probité, la modération régnent dans la partie qui possède la souveraineté, elle fera jouir les peuples d'un bonheur raisonnable : elle fera dominer les loix & les bonnes mœurs.

* *Esprit des loix, livre 5. ch. 8.*

C'est donc dans le corps qui commande que l'on doit demander de la vertu. Je ne vois pas qu'elle ne puisse *se trouver où les fortunes des hommes sont inégales.* Je penserois, au contraire, qu'aucun Etat ne peut être bien réglé sans la subordination. Son défaut est un vice intrinsèque & irréparable de l'état populaire. Il est bien difficile de ramener à cet esprit celui qui se sent propriétaire d'une portion de la souveraineté, qui n'est soumis qu'à des loix qu'il a faites, & que son suffrage

peut détruire ; qui n'est captivé que
par un magistrat dont l'autorité est
seulement précaire, & qui ne doit pas
durer. Le bon ordre est le seul fruit de
la vertu qui intéresse la République. Je
n'imagine point de bon ordre sans
subordination , point de subordination où les conditions & les fortunes
sont égales.

Par une suite des mêmes idées, je
ne saurois accorder que la modestie
& la simplicité des nobles doivent
faire leur force , comme le faste & la splen-
deur qui environnent les Rois font une par-
tie de leur puissance. Je ne saurois accorder qu'ils doivent éviter toute distinction , *& se confondre avec le peuple.*
C'est perdre de vue que l'on parle
d'un État dont le gouvernement est
déterminé , où les loix constitutives ne sont point équivoques. En
quelque lieu que la souveraineté soit
placée , il lui convient de paroître
avec quelque espece d'éclat extérieur
qui la fasse distinguer. Les choses qu'un
philosophe méprise font une impression réelle sur les peuples. Les idées
que l'on prend de celui qui gouverne & du Gouvernement font si
liées , que tout ce qui imprime du

refpect pour l'un, ajoute à celui que l'on doit à l'autre. *Se confondre avec le peuple*, c'eft s'avilir. On peut être humain, affable, populaire fans dégrader fa dignité. Une diftinction modérée convient autant que celle qui feroit outrée mériteroit de blâme.

Le même auteur a cru voir *deux fources principales de defordre dans l'Ariftocratie*; l'inégalité des conditions entre ceux qui gouvernent & ceux qui font gouvernés, & l'inégalité trop grande des fortunes entre les membres qui gouvernent. On n'a point réfléchi pour la premiere caufe, que l'on demande l'égalité entre le fouverain & le fujet, & que les diftinctions qui étoient à Rome honteufes pour le peuple, ne le feroient point dans un Etat où le partage du peuple eft d'être commandé. Les mariages défendus entre les familles patriciennes & le peuple étoient dans des circonftances toutes oppofées. Cette défenfe étoit ignominieufe dans une République où la feule diftinction du noble & du plébéïen étoit une injuftice : elle étoit une injuftice, parce que le peuple étoit fouverain. Ces diftinctions, il eft vrai, furent la fource de la haine du

peuple Romain contre le fénat : il eſt
véritable qu'il auroit fallu fuppofer
une grande vertu dans le peuple,
pour les endurer avec patience : mais
on oublie toujours qu'à Rome le peuple étoit maître ; & que dans l'Ariſtocratie, il eſt fujet.

Il eſt naturel que ces maximes ſe
ſoient préſentées à un eſprit rempli
des troubles continuels de la république Romaine , & des cauſes de ſa
décadence : mais ce qu'il auroit fallu
ſuivre dans un Etat incertain & flotant
entre l'Ariſtocratie & la Démocratie,
ne convient pas à un Gouvernement
déja fixé par les loix.

Ces principes, quoiqu'éloignés de
l'eſprit du Gouvernement d'une Ariſtocratie que l'on doit ſuppoſer formée,
ſont excellents en eux-mêmes, & conviennent aux circonſtances qui en ont
donné les idées. Le fénat de Rome ne
pouvoit en embraſſer de meilleurs,
non, s'il eût fallu aſſurer une Ariſtocratie décidée , mais pour arriver à
conduire ariſtocratiquement une Démocratie. Je conviendrai que c'eſt le
plus grand bonheur qui puiſſe arriver
à un Etat populaire. Si on lit *les moyens
de favoriſer le principe de la Démocra-*

tie, on verra qu'ils se réduisent à la rapprocher, autant qu'il est possible, du gouvernement aristocratique.

Il est vrai que pour réussir dans ce dessein, le sénat devoit ménager son maître; oublier qu'il avoit été autrefois son supérieur; bannir le terme de praticien; se mêler, s'allier avec le peuple, lui donner des distinctions, bien loin d'en affecter. Lorsqu'on entreprend de gouverner un souverain, il faut lui cacher avec adresse la supériorité que l'on gagne sur lui; il faut le laisser jouir de toutes les apparences de la grandeur, en rendre, s'il est possible, le fantôme encore plus brillant. Mais celui qui est le vrai souverain, quoiqu'il ne doive faire sentir son autorité qu'aux infracteurs des loix, doit en présenter l'éclat à tous les yeux.

A l'égard de l'inégalité extrême entre les fortunes de ceux qui composent le corps souverain, il est convenable de l'éviter. Ce n'est pas que *les haines & les jalousies* que cette différence peut exciter, méritent une grande considération: c'est un objet bien au-dessous des grandes vues du législateur. Il est dangereux qu'une fortune immense n'ambitionne n'ambitionne la souveraineté : il est à craindre que des gens ruinés ne cherchent à bouleverser la République : Voilà les considérations qui doivent attirer les regards.

Je vois avec la même surprise proposer pour remede à ces dangers la suppression du droit d'aînesse, des substitutions, des retraits, & l'attention d'obliger de bonne heure les nobles à payer leurs dettes. On n'a point encore vu les successions seules former une fortune capable de faire trembler pour la liberté d'une République. Si les richesses du pere de famille ne sont pas parvenues à ce point, comment le droit d'aînesse du fils sera-t-il à craindre pour l'État ? Les craintes étoient légitimes, lorsqu'un consul Romain dévastoit des provinces, & s'enrichissoit des dépouilles des Rois. Fermez ces sources de richesses exorbitantes ; interdisez le commerce aux sénateurs, on n'aura point à craindre le droit d'aînesse.

Ce n'est pas assez de dire que le droit d'aînesse n'est pas dangereux dans l'Aristocratie, on doit dire qu'il convient à cette nature d'État plus qu'à toute autre ; l'espece de ce privilege ne doit pas être favorisé dans la Démocratie ,. l'égalité y est la baze de la constitution. C'est là que *les haines* , *les jalousies* peuvent être préjudiciables à l'Etat , parce que ces passions sont à craindre lorsqu'elles entrent dans l'ame de la multitude.

Quoi qu'il soit de l'essence de la monarchie de renfermer un corps de noblesse , il n'importe pas absolument que ce soit toujours les mêmes familles qui le composent. Il y a dans cette sorte d'Etat une infinité de maximes, peut-être trop pour parvenir à ce rang ; le droit d'aînesse y est utile, mais il n'y est pas d'une nécessité absolue.

Dans l'Aristocratie au contraire, une maxime importante doit être celle de soutenir les familles qui ont part à la souveraineté. Il est avantageux, il est conforme à la raison de ne point en admettre de nouvelles dans le sénat, qu'autant qu'une des anciennes s'éteint ou déroge. Ici l'emploi de la noblesse est de gouverner l'État ; les familles versées dans l'usage du gouvernement sont précieuses ; c'est parmi elles que les anciennes maximes s'entretiennent, elles sont presque toujours les meilleures, ce sont celles de la fondation. Formez un corps d'hommes nouveaux, vous introduirez de nouveaux principes qui s'éloignent des premieres vues.

Les priviléges dont nous parlons sont les moyens les plus innocents de conserver les familles dans leur lustre : les supprimer c'est bannir de l'Aristocratie ce qui tend le plus à entretenir son état, c'est changer souvent & sans raison le conseil qui gouverne chez un Prince.

C'est courir d'ailleurs à la pauvreté, second écueil aussi dangereux que les richesses extrêmes. Il ne faut que deux divisions arithmétiques pour démontrer que par le partage égal une fortune considérable est réduite, on le peut dire, à rien, à la seconde génération. L'expérience plus décisive encore que le calcul le prouve de même : par-tout où les graces du prince, où les mariages avec les plébéiennes ne soutiennent pas les anciennes familles, l'égalité dans les partages les fait tomber bien-tôt dans l'indigence.

Le remede d'une loi pour faire payer promptement les dettes est une imagination peu susceptible d'être réalisée,

Combien les nobles trouveront-ils de reſſources pour l'éluder ; la maxime des Romains eſt ſuffiſante contre l'inconvénient de la pauvreté. Le Sénateur, le Chevalier qui ne conſervoient pas la quantité de biens fixée pour ſon rang en étoit dégradé. Faites obſerver cette loi.

Une coutume encore qui ne ſeroit pas à mépriſer, eſt celle qui eſt en uſage dans le pays de Galles & dans la petite contrée des Baſques. Jamais une héritiere n'y épouſe un héritier. Cette coutume ſeroit merveilleuſe dans les deux objets. Deux fortunes puiſſantes ne pourroient ſe réunir pour en former une diſproportionnée avec les autres. Les familles déchues pourroient ſe relever. Hypodamus, légiſlateur, avoit établi à Milet que les pauvres épouſeroient les riches.

Je ne peux me refuſer encore une réflexion ſur ce même chapitre de l'Eſprit des Loix. Ce n'eſt point pour contenir les nobles vis-à-vis du peuple ; ce n'eſt point pour corriger les mœurs , que les magiſtratures *qui font trembler les nobles*, comme celles des Ephores & des inquiſiteurs d'Etat furent établies. J'oſe

dire que de le penfer, ce feroit mé·
connoître leur efprit.

Les inquifiteurs d'État ont pour objet les efprits ambitieux qui afpire-
roient à la tyrannie, & les efprits tur-
bulents ou corrompus, capables de
confpirer contre la patrie & de la
vendre. L'invention de cette bouche
qui reçoit & rend les délations eft
de la plus grande utilité. Celui qui
a des coupables à dénoncer n'eft ar-
rêté par aucune crainte : celui qui dé·
nonce à faux ne fait de tort réel à perfonne. Le témoignage de cette bouche ne doit point fervir à convaincre : il doit avertir feulement l'inqui-
fiteur de veiller à la conduite de la
perfonne foupçonnée. Ni ce trone,
ni ces magiftratures ne peuvent être
appellés *des remedes violents*. Ils tendent à maintenir chacun dans fes devoirs ; à punir ceux qui voudroient
les enfreindre, non avec une autorité
defpotique, mais fuivant les regles
de la juftice. La liberté des accufations a toujours été regardée comme
une partie effentielle au repos des Républiques ; elle ne mérite point d'épi-
thete odieufe : elle aide à foutenir la
liberté politique & l'État. La magif-

N iij

trature des Ephores, ne fut point la cause de la durée du Gouvernement de Lacédémone : leur unique devoir étoit de veiller sur la conduite des Rois. Aussi tôt que le desir des richesses eut percé , aussi-tôt que l'or de la Perse eût pénétré , Sparte ne fut plus la République de Licurgue.

CHAPITRE XII.

De la République composée ou mixte.

C'EST une pure question de grammaire de discuter si on doit compter plus de trois sortes de Républiques, & si chacune doit prendre son nom de la forme du Gouvernement qui y aura le plus d'influence. La question intéressante pour le droit politique est de savoir si l'assemblage de deux ou de trois peut être avantageux, & mériter le nom de République bien gouvernée. Que l'on me permette ici de paroître moi-même. Il n'est pas juste de combattre l'opinion & les raisons de Bodin , & de se couvrir de son manteau.

Bodin, d'après Hérodote, appelle le

mêlange de trois Gouvernements une
corruption de République. Cela peut
être dans le cas d'une mauvaise composition : mais est-il assuré qu'on n'en
peut faire que de mauvaises ? Je ne
saurois nier que plus on mêlera de
corps ensemble, plus les qualités ap-
parentes & sensibles seront défigu-
rées, & que ce qui est composé, que
l'ouvrage fait avec des liaisons, n'a
jamais le solide de l'unité. On sait
encore que les opérations de la nature
plus multipliées que celles des plus
grands Gouvernements, sont la suite
des voies les plus simples. Doit-on
dire de même qu'un seul des Gouvernements vaudra mieux que celui qui
sera mêlé des deux, & que le composé des trois, sera le plus sujet à se
dissoudre ?

Les œuvres des hommes ne peuvent
se comparer avec celles de la nature ;
leur simplicité seroit trop fragile, &
l'imperfection d'un Gouvernement
peut être corrigée par ce qu'il emprun-
tera d'un autre. Le faisceau de fle-
ches est plus difficile à rompre que le
javelot.

Bodin tire sa plus forte raison de
ce que les marques de la souveraineté

font indivifibles. Je crois avoir dé-
montré contre fon fentiment l'erreur
de ce principe *. Il donne enfuite pour

* Liv.
1. c. 23.

exemple un Etat, où le peuple nom-
meroit aux charges, difpoferoit de la
caiffe publique, & auroit le droit d'abfoudre de la peine impofée aux crimes ; où la nobleffe auroit la puiffance légiflative, ordonneroit de la paix &
de la guerre, & fixeroit les impofi-
tions, & dans lequel enfin un Roi
rendroit fouverainement la juftice, &
recevroit le ferment de fidélité des fujets. Une pareille République, ajoute-
t-il, ne peut *s'exécuter ni s'imaginer*.
Tout le monde en fera d'accord avec
lui; les pouvoirs y font trop mal dé-
partis, les proportions trop peu ba-
lancées. Mais faire un mauvais mêlange des pouvoirs, ce n'eft pas prouver
qu'ils ne peuvent être mêlés avec plus
d'intelligence & de fuccès.

Puffendorf cite Bodin & embraffe
fon avis. Il ne s'éloigne pas de la poffibilité de divifer la fouveraineté; mais
il penfe qu'il y a une liaifon indiffoluble entre fes parties ; que fi l'on en
fépare quelqu'une, *il en réfulte un corps
irrégulier*. Il dit que fi l'un a le pouvoir
légiflatif, & l'autre le coactif, il faut

que le premier foit inutile , ou que le fecond ne foit que fon miniftre. C'eft raifonner très-jufte fur la fuppofition. Il propofe enfuite » le pouvoir de faire » la guerre donné au prince , le judi-» ciaire à un fénat , le droit d'établir » les fubfides au peuple. Si , dit-il , le » citoyen refufe de prendre les armes » fur l'ordre du prince , il faudra qu'il » le faffe juger par l'ordre du fénat. Si » celui-ci connoît de l'accufation , il » faut qu'il puiffe examiner s'il eft » avantageux ou non de faire prendre » les armes , & le droit de Roi fe ré-» duit à rien. Si le peuple ne peut pas » examiner la juftice de la guerre , il » ne lui refte que l'emploi pénible de » régler les taxes & de lever les im-» pôts ».

Il eft facile d'appercevoir le défaut de ces raifonnements. Le pouvoir ju-diciaire du fénat ne lui donne point le droit, & ne l'engage pas d'exami-ner s'il eft avantageux que l'on prenne les armes. Dès-lors qu'il eft accordé au prince de décider quand il faut les prendre, la fonction du fénat fe bor-ne à juger le citoyen comme réfrac-taire à des ordres auxquels il doit obéir. On voit encore que Puffendorf n'a pas

N v

pouſſé aſſez loin la poſſibilité de la diviſion : il n'a pas ſenti que le pouvoir légiſlatif, comme le coactif, pouvoient être diviſés en eux-mêmes, &
que ſelon ce ſyſtême que j'ai établi
ailleurs, ce ſeroit au prince à juger,
ſelon les loix, le ſujet qui ſe refuſeroit
à ſes ordres dans les choſes ſur leſquelles il a droit d'ordonner.

On peut ſéparer de la ſouveraineté,
un pouvoir, un attribut ; on peut encore diviſer ce pouvoir détaché, & en
attribuer une portion à chacun de ceux
qui partagent la ſouveraineté univerſelle. C'eſt pour avoir ſéparé un pouvoir, ſans l'avoir enſuite diviſé, dans
les ſuppoſitions que l'on a préſentées,
qu'il s'y rencontre des inconvénients,
même des abſurdités. Il eſt des parties
que l'on peut ſeulement déſunir de la
maſſe, & les diſtribuer en différentes
mains. Ces attributs ainſi ſéparés ne
doivent jamais l'être ſans qu'on y joigne le pouvoir légiſlatif & coactif de
leur genre, lorſqu'on voudra compoſer un Gouvernement raiſonnable des
deux ou des trois que l'on appelle ſimples. Cette obſervation a échappé à
Grotius & aux autres qui ſont d'avis
que la ſouveraineté peut être partagée.

Elle auroit prévenu les arguments que l'on a employé contr'eux.

Je ne comprends pas que le régulier consiste » dans une union par la- » quelle tout ce qui est nécessaire au » Gouvernement est conduit par une » même ame ». Si on entend par ces derniers termes un même esprit, un plan général dont les diverses parties conduisent à une fin proposée, j'en tombe d'accord : mais si, comme il est vrai, on entend une seule volonté, une seule personne, je ne trouve plus la définition vraie *du régulier*. La constitution d'un Etat, ses loix fondamentales font ce plan général qui doivent mener au but que les hommes ont eu en v c en formant des sociétés civiles. J'appelle *régulier* tout arrangement raisonné qui produira le bon ordre. Ainsi la maniere la plus assurée de faire exécuter le plan, sera la plus réguliere. Je ne disconviendrai pas qu'on peut y parvenir en plaçant tous les pouvoirs dans une seule main : mais en même temps cette réunion donne des facilités plus grandes de négliger la constitution, & de s'écarter entiérement de son esprit. Si, au contraire, les attributs de la souveraineté font

N vj

défunis & divifés avec prudence, il devient plus difficile de gouverner dans un efprit contraire aux loix conftitutives. Un pouvoir en arrête un autre & le ramene. On trouve des obftacles à fe fouftraire aux loix du Gouvernement.

La comparaifon du corps humain, qui veut être dirigé *par une feule ame*, & où il feroit abfurde de divifer *l'entendement de la volonté*, me paroît tout-à-fait méprifable. Cette divifion des facultés de l'ame ne répond point à l'idée qu'on a donné du partage de la fouveraineté; & le corps moral de l'État ne peut être comparé à un être phyfique. Les membres de celui-ci n'ont qu'un intérêt, qu'une maniere d'aller. L'intérêt de la tête eft celui des pieds, l'avantage des pieds eft celui de la tête. Mais on conçoit dans un corps moral, outre le nombre des êtres phyfiques, une divifion de plufieurs corps moraux qui font membres dans un fens, & corps entier dans un autre. Alors leurs intérêts peuvent n'être pas les mêmes. L'union des volontés particulieres dans une feule volonté, donne, à la vérité, l'exiftence au grand corps; dans ce fens il n'y a qu'une ame, dont l'objet unique eft la

liberté politique & la sûreté commune;
mais une portion détachée qui exerceroit le Gouvernement d'une maniere
indépendante, seroit un de ces corps
moraux, membre, & corps séparé tout à
la fois. Il peut donc en cette derniere
qualité avoir un intérêt ou réel ou de
fantaisie nuisible aux autres : c'est une
irrégularité. Il sera plus selon la regle
d'associer au pouvoir plusieurs ames,
dont l'intérêt général sera qu'aucune
d'elles ne se rende supérieure, & ne
s'écarte du plan convenu.

Si on est parvenu à détruire les objections formées contre le mèlange des
Gouvernements, c'est avoir prouvé
qu'il n'est point *une corruption de République*, qu'il ne forme point *un corps
irrégulier*, & c'est avoir établi, à peu
de chose près, qu'il peut être utile.
L'inconvenient de séparer le droit de
la guerre, de celui sur les impôts, est
l'exemple familier de ceux qui n'ad-
mettent point la séparation des pouvoirs. Est-il utile à l'État que le premier droit dépende d'un seul? Ne pourroit-on point penser qu'il seroit peut-
être avantageux qu'il appartînt conjointement au prince, au sénat &
au peuple? On lit dans l'Esprit des

loix un principe bien judicieux , &
bien conforme à l'humanité. » Le droit
» de guerre, dit l'auteur de cet ou-
» vrage *, dérive de la néceſſité & du
» juſte rigide... Lorſqu'on ſe fondera
» ſur des principes arbitraires de gloire,
» de bienſéance, d'utilité , des flots de
» ſang innonderont la terre. Que l'on
» ne parle pas ſur-tout de la gloire du
» prince : ſa gloire ſeroit ſon orgueil ».
Si les paſſions, ſi des intérêts aſſez
indifférents à la nation peuvent ame-
ner le fléau de la guerre, ce danger ſera moins à craindre, lorſqu'il ne dé-
pendra pas d'une ſeule volonté : &
ſi on ſuppoſe qu'on laiſſe ce droit en
entier au prince , le droit ſur les ſubſides donné aux véritables intéreſ-
ſés , ſera un frein qui arrétera ſon
impétuoſité.

* Liv. 20, ch. 2.

Lorſqu'un prince ne ſe laiſſera pas
emporter par un eſprit d'ambition fa-
tàl à ſes peuples, tel qu'on l'a vu dans
Charles XII, roi de Suede ; lorſqu'il
n'entreprendra la guerre que pour la
conſervation de ſes Etats, pour l'utilité réelle de ſes ſujets, pour venger
des inſultes faites au corps de la République , il trouvera un conſentement
& des reſſources aſſurées dans le

cœur de ſes ſujets. Ces ſecours ſeront encore plus grands chez un peuple maître de ſes impôts, parce qu'il
ne ſera pas épuiſé dans la paix. Nous
voyons dans ce ſiecle un royaume,
où la nation regle ſes ſubſides, fournir aux frais de la guerre pour une
bonne partie de l'Europe.

Chaque gouvernement ſimple a des
inconvénients eſſentiels. La monarchie
touche de trop près le Deſpotiſme, la
douceur préſente des Gouvernements
de l'Europe policée rend, il eſt vrai,
cette crainte chimérique, mais qui
peut raſſurer ceux qui ſont intimidés
par la ſeule poſſibilité? L'Ariſtocratie
menace à peu près des mêmes dangers;
la liberté & la fortune des particuliers
y dépendent d'un corps ordinairement
fier & mépriſant : l'Etat uniquement
populaire eſt l'empire de la confuſion
& de l'inconſéquence.

Mais ſi l'on ſuppoſe un Gouvernement dans lequel un pouvoir quelconque ſera une barriere à un autre
pouvoir qui voudroit ſe rendre illimité; où par de ſages tempéraments, ce
contre-poids ne pourra nuire à celui
qui ſe contiendra dans les bornes
preſcrites, où les fougues du peuple

ne feront pas la loi ; j'ofe dire que le gros des inconvéniens eft écarté, & que cet arrangement ne peut fe trouver que dans les Républiques compofées.

Que l'on ne m'accufe pas d'imaginer l'exiftence réelle d'un Gouvernement parfait. Une conftitution portée au point de perfection, feroit celle qui n'admettroit pas la poffibilité d'un mauvais Gouvernement ; ce feroit celle qui rendroit tous les hommes parfaits, & s'ils l'étoient, toute conftitution feroit bonne. Ce n'eft point l'ouvrage des hommes.

Entre les différens pouvoirs que l'on peut imaginer, il fera toujours vrai que celui qui difpofera des forces militaires fera le maître des hommes & des loix. Ce danger eft inévitable dans les Gouvernements fimples, & ce mal néceffaire eft la fource de tous ceux que l'on reffent, & de ceux que l'on peut appréhender. Il paroît qu'il doit être le même dans le compofé, & que rien ne peut empêcher le pouvoir fur les armes d'affujettir les autres pouvoirs.

On trouve dans l'Esprit des loix * * Liv.
10. c. 6.
deux expédiens pour mettre là liberté, en quelque maniere, à l'abri de
cette crainte : le premier, » que les
» soldats soient assez riches pour que
» leurs biens répondent de leur
» conduite, & qu'ils ne soient enrôlés
» que pour un an : le second, que si
» on suppose un corps de troupes per-
» manent, & composé de personnes
» viles, ils soient citoyens, qu'ils
» habitent avec les citoyens pour en
» conserver l'esprit, & qu'ils n'ayent
» ni camp séparé, ni casernes. »

S'il est permis d'examiner ces deux
moyens, je crois qu'on ne peut être
satisfait ni de l'un ni de l'autre. Pour
rendre le premier proposable, on devroit supposer un accord exactement
observé entre les puissances de ne
point entretenir de troupes réglées.
Que seroit une armée de gens riches
& enrôlés pour un an vis-à-vis des
soldats disciplinés & aguerris ? il ne
faut, pour la proscrire, que jetter les
yeux sur le ban & l'arriere-ban.

Il faut méconnoître l'espece du soldat & sa licence pour proposer le
second, mêlé avec le citoyen il trou-

blera son repos pendant la paix ; il
ne sera pas plus patriote, il devien-
dra moins guerrier. Le séjour de Capoue énerva l'armée d'Annibal. Les
casernes sont d'une nécessité absolue
dans les villes qui n'ont point de
citadelles ; la séparation du soldat &
du citoyen, peut seule faire la tranquillité de l'un & maintenir l'autre
dans sa discipline.

J'oserai proposer l'idée d'un autre
système. On ne contestera pas que
le véritable maître du corps militaire
sera celui qui disposera des dignités,
& duquel il recevra sa solde. Il ne
faut pas en dire davantage pour faire sentir que cette autorité est divi-
sible, comme les autres pouvoirs. Il
en appartiendra une partie à chacune
des puissances que l'on voudra faire
servir de contrepoids mutuel : chacune
tiendra l'autre en respect, chacune aura de quoi se défendre contre celle
qui voudroit brouiller. L'égalité des
forces forme un équilibre ; l'équilibre
procure un repos respectif. C'est un
avantage du Gouvernement composé,
& de la division du même pouvoir.

CHAPITRE XIII.

De la conftitution du Gouvernement de l'Angleterre.

DE tous les Gouvernements que nous connoiffons , celui d'Angleterre eft le feul que l'on peut appeller compofé. La fouveraineté univerfelle y eft partagée entre le Roi, la nobleffe & le peuple. Quelques pouvoirs y font détachés : celui d'impofer les fubfides appartient à la nation , privativement à l'autorité royale. Le Roi , par fa prérogative , à des droits privativement à la nation. Il a le pouvoir légiflatif quant à l'exercice de ces droits : par conféquent ce pouvoir eft divifé. Cet exemple eft fuffifant pour autorifer ce que j'ai avancé fur la divifion d'un même attribut de la fouveraineté.

- J'ignore fi ce beau fyftême *a été trouvé dans les bois* : mais il me paroît avoir plus de rapport aujourd'hui au

Gouvernement de Rome fous les Rois,
qu'à ce qu'il étoit lorfqu'il fortit des
forêts de l'Allemagne. Les Plébifci-
tes n'avoient alors de force, qu'autant qu'ils étoient approuvés par le
fénat : le confentement des deux corps
fe rapportoit à l'autorité royale. C'eft
le fonds du gouvernement d'Angleterre.

L'Europe entiere admire, & peut-
être une partie envie la conftitution
de l'Angleterre : mais eft-elle parfaite ? Contient-elle les plus excellents principes qui puiffent fonder
la liberté politique ? Le fameux auteur de l'Efprit des loix lui donne
cette louange : *Si*, dit-il, *ces principes font bons, la liberté y paroîtra
comme dans un miroir. Si on la peut
voir où elle eft, fi on l'a trouvée, pourquoi la chercher** ? Il emploie pour le
perfuader, tout l'efprit poffible : rien
n'égale la fineffe de l'art avec lequel
il tourne fes propofitions. Il y auroit
de la témérité à avancer un fentiment
contraire, mais il eft permis de propofer des doutes ; ils fervent à affermir la vérité, lorfqu'ils fe trouvent
mal-fondés.

* *Liv.*
XI. c. 5.

Il me paroît qu'il réfulte de tout le cours de ce qu'expofe l'auteur * une idée de ce Gouvernement différente en plufieurs chofes de ce qu'il eft en effet. J'y cherche un Roi, j'y cherche celui que les peuples appellent fans ceffe leur fouverain, & dont ils fe qualifient les très-humbles fujets. Je ne trouve qu'une *puiffance exécutrice*, c'eft-à-dire, un être qui ne peut rien de lui-même, qui eft chargé de faire exécuter ce que le pouvoir légiflatif ordonne ; en un mot, qui reçoit les ordres d'autrui ; qui n'en donne que de fubordonnés, & qui doit lui-même obéir. Ou ces qualités de Roi, de fouverain, & de fujets très-foumis, font une ironie de la nation, ou bien le Roi eft mal défigné par le feul nom de *puiffance exécutrice*. Il me femble que le dernier membre de l'alternative eft le véritable : il fuffit de parcourir quelques-unes des prérogatives royales pour s'en convaincre.

Je conviendrai que le droit de déclarer la guerre n'eft qu'un vain honneur : fi l'une des deux chambres refufe le fubfide, il devient inutile. Celui de faire la paix n'eft pas de même,

* Liv. II. ch. 6.

& quoique je fente que la nation peut abfolument continuer une guerre étrangere après que la paix aura été convenue avec fon Roi ; ce font de ces poffibilités idéales, dont on ne verra jamais l'exécution , & qui choque-roient directement la prérogative, telle qu'elle eft donnée & convenue. Cet article eft bien féparé du fimple pou-voir d'exécuter.

Le Roi, par la conftitution, confere les grands titres ; il nomme aux em-plois militaires , aux places eccléfiaf-tiques , aux grandes charges de l'E-tat , & à toutes celles de judicature. De la même maniere qu'il nomme aux charges, il peut en deftituer. C'eft là une puiffance active par elle-même ; ce feroit improprement, & par un fens forcé, que l'on pourroit l'appeller *exé-cutrice*. Par là le Roi compofe une partie de la chambre haute, il atta-che le corps militaire à fa perfonne ; il a une influence fur le clergé ; il ré-gle la juftice. C'eft encore à lui feul de commuer les peines, & d'accorder le pardon. Je fai qu'en quelques-unes de ces chofes il exécute les loix de l'Etat. Il eft en cela, comme tout au-tre fouverain, foumis aux loix conf-

titutives ; mais dans les autres, com-
prises dans ce détail, on ne peut lui
refuser la législation. Il est, à la vérité, *la puissance exécutrice* ; mais ne
présenter jamais le souverain que sous
ce titre, c'est diminuer l'idée que l'on
doit en avoir; c'est peindre un bâti-
ment superbe par le côté de ses basse-
cours.

Je trouve la dignité royale encore
plus dégradée, lorsque je la vois réduite à la seule *faculté d'empêcher*.
Je croirois que l'on s'écarte du vrai
dans cette proposition présentée avec
l'adresse la plus capable de séduire.
Celui qui n'a que la *faculté d'empêcher* n'a besoin d'agir que lorsqu'il
veut la faire valoir. Mais il peut garder le silence : il est dès-lors présu-
mé consentir. Telles sont les bornes
où se renferme le seul *droit d'empêcher* dans son sens naturel. Ce n'est
pas là le droit des Rois en Angleterre.
Il est nécessaire qu'ils parlent, qu'ils
approuvent, qu'ils confirment. Ils vo-
tent, pour ainsi dire, comme les deux
chambres : une loi des deux chambres n'est pas une loi, si les Rois se
taisent. Il faut qu'ils l'autorisent, qu'ils
y appliquent le sceau du Royaume,

dont ils font les maîtres. Ce n'eſt plus la *faculté d'empêcher* qui ne doit par- ler que lorſqu'elle s'oppoſe, & qui n'a qu'à ſe taire pour approuver. Le Roi donne la force aux bills par ces ter- mes que l'uſage a conſacrés : *le Roi il veut*. Si c'eſt une ſimple faculté d'em- pêcher, elle eſt bien déguiſée.

Il paroit, comme une ſuite natu- relle de cette réflexion, que c'eſt une erreur d'avoir placé la puiſſance lé- giſlative dans les deux chambres ſeu- lement. Comme on peut propoſer une loi dans l'une ou dans l'autre, le Roi en peut faire propoſer une à ſon par- lement par ſes meſſages. Comme il faut que la volonté de la chambre des ſeigneurs ſe joigne à celle des com- munes, de même il faut que la vo- lonté du Roi ſe réuniſſe aux deux au- tres volontés. Il a ſa voix dans la dé- libération, & ſa voix a le même poids que celle de chaque chambre. Le par- lement n'a pas plus la faculté de ſta- tuer que le Roi, & le Roi ne l'a pas plus que le parlement. On auroit pu réduire chacune des chambres à la *fa- culté d'empêcher*, avec autant de rai- ſon qu'on a voulu y réduire la pré- rogative royale. Je penſerois que l'on
doit

doit regarder le pouvoir des uns &
des autres, comme égal, par rapport
aux loix & aux réglements. En général, on voit par-tout, où plusieurs
volontés ont le droit de se faire entendre, que la pluralité décide. Ce
n'est pas de même en Angleterre. Il y
faut, pour opérer une détermination,
le concert, l'unanimité des trois pouvoirs : je ferois mieux de dire, des
trois membres qui partagent le même
pouvoir.

C'est une méthode admirable pour
faire impression, de présenter une opinion comme un axiome. *La puissance exécutrice*, dit-on, *ne faisant partie de la législative que par la faculté d'empêcher, elle ne sauroit entrer
dans le débat des affaires.* Si la premiere partie de la proposition a été
contredite avec quelque fondement,
la seconde tombe d'elle-même ; & si
la seconde est encore une erreur, elle
acheve de décréditer la premiere. Le
Roi n'entre pas personnellement dans
le débat des affaires, il est vrai : ce
feroit avilir sa majesté. Mais il les fait
débattre, quand il le juge à propos,
par ses messages, & quelquefois en sa
présence, dans son palais, par le Gar-

de du grand fceau. S'il a plus que la faculté d'empêcher, il peut débattre : s'il peut débattre, il n'eſt pas reſtraint à la faculté d'empêcher.

On doit convenir que la matiere des ſubſides n'eſt pas du nombre de celles dans leſquelles l'objet de la loi a voulu donner de l'influence au monarque. Il ne peut ſtatuer ſur cet article : il n'y employera jamais la faculté d'empêcher. C'eſt, à la vérité, le principal intérêt qui peut diviſer le Roi & les peuples ; mais j'aurois de la peine à le caractériſer *le principal de la légiſlation*. Le tau du ſubſide n'eſt pas proprement une loi, & chaque parlement, outre le bill du ſubſide, fait éclore un grand nombre de loix & de réglements. La ſûreté du citoyen, le commerce général & particulier ſont des objets auſſi intéreſſants que les impôts.

Il eſt encore plus permis de douter que le Roi ſoit auſſi étranger à la légiſlation qu'on a voulu le prétendre, lorſqu'on conſidere la qualité des droits qu'on ne lui conteſte pas. Il a celui d'ériger de nouveaux tribunaux, & de fixer leur juriſdiction, de la changer, de leur en attribuer une nou-

velle : & fi la nation a jamais mis l'é-
rection d'un tribunal parmi les griefs,
ce n'est pas eu égard à l'érection en
elle-même, mais autant qu'elle a cru
l'efpece du tribunal préjudiciable au
public.

On a accordé encore à la prérogative royale le droit d'agir & d'ordonner dans tout ce qui n'est pas contraire aux loix, & dans ce qu'elles
n'ont pas prévu. Il publie des pro-
clamations que l'on appelle *Leges tem-
poris*. Je ne retrouve pas dans ces traits
le portrait d'une puiffance purement
exécutrice. Le monarque a lui feul la
puiffance légiflative durant la vacance du parlement : il est naturel qu'il
la partage durant la féance.

Je douterois encore de la vérité de
cet autre axiome : *le corps repréfen-
tant ne doit pas être choifi pour prendre quelque réfolution active, mais pour
faire des loix*. Il femble que faire des
loix, corriger des abus, ordonner
des chofes nouvelles, impofer des
peines, c'est exercer la faculté d'agir.
C'est l'occupation du corps repréfen-
tant. Il prend toutes les réfolutions
actives. Peut-être on a entendu *par
réfolution active*, l'exécution même de

la réfolution ; mais fi on prend cette
expreffion dans le fens qu'elle préfente, la chofe qu'elle exprime doit être
mife au nombre des diffemblances que
j'ai cru trouver entre l'original & le
tableau.

CHAPITRE XIV.

De quelques imperfeƈtions dans la conƒtitution du Gouvernement de l'Angleterre.

Mon intention n'eſt pas de fouil-
ler dans l'intérieur de la conſtitution
de l'Angleterre, pour y chercher des
défauts. Bien loin que je fois ennemi
de fes principes, ils me paroiſſent dignes d'admiration : mais je n'en ſuis
pas partiſan aſſez outré pour n'y rien
trouver que de très-bien. Ce n'eſt ici
que la difcuſſion du fentiment d'un
auteur : difcuſſion autoriſée dans la
République des lettres : ce n'eſt pas
l'examen d'un Gouvernement. Je me
renferme dans ce qui réfulte, felon
moi, de ce qu'en a dit l'Efprit des
loix.

Lorfque le concours unanime des

puissances est nécessaire pour fixer une loi, il est facile de confondre la faculté de statuer & celle d'empêcher, parce que celle-ci résultera toujours de la liberté de chaque puissance d'être d'un avis différent des deux autres, & de la nécessité de leur accord. Ce seront les autres circonstances qui pourront seules faire décider de la nature du droit. Mais, quelque nom que l'on veuille donner à la faculté dont jouissent les Rois & les deux chambres du parlement en Angleterre, la nécessité du concours sera toujours un défaut dans le Gouvernement. La raison & l'expérience ont conduit également à faire connoître, que la pluralité des voix réunies dans un même sentiment lui donne un avantage réel, affectif sur le sentiment du moindre nombre. La plus grande quantité de rayons perce mieux l'obscurité. Cette vérité aura encore plus de force, si l'on suppose que ceux qui délibèrent ne sont pas pris au hazard, mais choisis comme personnes capables de réfléchir & de discuter la matière de la délibération. Ce sera toujours un défaut que la plus petite partie réduise la plus grande à l'inaction.

Lorfque trois parties ont un intérêt égal à un même tout, il eft évident que l'intérêt de deux réuni, devient plus confidérable que celui du troifieme. La raifon & la juftice veulent donc que leur fentiment prédomine. Cette juftice eft encore plus fenfible, fi les parties peuvent avoir des intérêts féparés, qui ne concourent pas au bien général, & qui peuvent fe combattre réciproquement. Le Roi, outre d'autres intérêts, a celui de fa prérogative, la chambre haute le fien à part, comme nobleffe : la chambre des communes regarde avec envie la prééminence des nobles, & avec crainte l'autorité royale. On s'éloigne du bien commun fur le fimple foupçon de donner atteinte à fon droit particulier : on agit & on refufe par des raifons de mécontentement, de part ou d'autre, au préjudice de l'État.

Je fens bien que fi deux voix l'emportoient fur l'autre, deux puiffances pourroient opprimer la troifieme. Cette réflexion ne fait pas que le Gouvernement foit parfait, tel qu'il eft. En général, tout autant que les trois confentements font néceffaires, &

qu'un feul peut arrêter la légiflation, on doit craindre une anarchie, ou des guerres civiles. Ce font les maladies les plus dangereufes d'un Etat. Plus la conftitution en eft fufceptible, plus elle a de foibleffe. Une conftitution n'eft pas moins bonne, lorfqu'une portion du corps politique ne peut être opprimée fans une guerre civile; elle eft mauvaife lorfque, par fa nature, elle en rend les occafions fréquentes. Ce vice n'eft pas dans une des branches, il eft dans la racine.

Les députés des villes & des bourgs repréfentent le peuple, ou, pour mieux dire, le gros de la nation. Leur devoir, leur intérêt eft de maintenir les anciennes loix, d'en propofer de nouvelles pour de nouveaux befoins; d'examiner quelle a été l'exécution des loix précédentes, de relever les abus qu'on auroit pu y commettre, & encore plus les tranfgreffions; de veiller à ce que la puiffance exécutrice n'étende pas fa prérogative au préjudice de la liberté; en un mot, d'avoir l'œil au bon ordre, & de faire redreffer les griefs. Comment pourrai-je penfer que M. Sidney dit très-bien, que des députés refponfables au public de tant de foins, & fi importants, ne doivent pas rendre compte à ceux qui les ont commis. Je n'ai pu m'empêcher de regarder ce défaut comme effentiel, fur-tout lorfque j'ai lu, vers la fin, que cet Etat *périra lorfque la puiffance légiflative fera plus corrompue que l'exécutrice.* Si c'eft là l'écueil que l'Etat doit appréhender, il doit prendre toutes les précautions poffibles pour l'éviter. On ne doutera point que celui qui fe trouve à l'abri de la recherche, qui n'a pas de compte à rendre, ne foit infiniment plus facile à féduire, que celui qui devroit fubir un examen de fa conduite. L'ordre le plus fimple veut que le commis rende compte au commettant. Devroit-on en difpenfer dans des cas de la plus grande conféquence?

On ne cherchera pas à féduire des membres de la chambre des communes, pour n'y rien opérer. Lorfqu'on agite des matieres qui regardent l'intérêt, la liberté d'un peuple, il eft bien difficile que l'opinion ne décele la féduction. Si les villes avoient un droit fur leurs députés, fi elles étoient dans l'ufage de recevoir ces accufations, la corruption ne pénétreroit

qu'avec beaucoup plus de difficulté.
Lorsque je vois que l'on a saisi le prétexte du droit d'examiner la puissance
exécutrice, pour élever ce Gouvernement au-dessus de celui de *guide*, où
le peuple ne pouvoit se faire rendre
raison par les *amymones*, & que je
vois approuver que les députés n'en
rendent pas, je dis qu'il faut rejetter
les fautes de l'esprit sur les préjugés
du cœur.

Je croirois encore que c'est pour
justifier tout, pour tout applaudir,
que l'on a écrit : *Que le corps législa-*
tif ne doit pas s'assembler lui-même......
qu'il faut que ce soit la puissance exé-
cutrice qui règle le temps de la tenue
& de la durée de ces assemblées. C'est
ici, je crois, un des plus grands
défauts du gouvernement Anglois.
On ne doit point chercher hors du
chapitre sur lequel je souleve des doutes, les réflexions qui doivent conduire à le penser. On y lit : *Si le corps*
législatif étoit un temps considérable sans
être assemblé, il n'y auroit plus de li-
berté.... les résolutions seroient prises par
la puissance exécutrice, & elle devien-
droit absolue. Il me semble qu'il suffit de rapprocher ces deux maxi-

O v

mes , pour faire appercevoir leur
contradiction. Si la liberté dépend de
la tenue des parlements, fi la puiffance exécutrice peut affembler, ou
ne point affembler, la liberté dépend
de la puiffance exécutrice. Si en effet
on fuppofe un Roi qui aura d'ailleurs
des forces, des Etats, des tréfors,
comme il peut être abfolument, s'il
peut fe paffer des parlements un certain nombre d'années, elles lui fuffi-
ront pour acquérir un pouvoir affez
abfolu, pour qu'il s'en paffe toujours,
& pour réparer ce qui lui en aura coûté
pour l'attendre.

Le pouvoir de proroger & de diffoudre eft, à-peu-près, auffi dangereux. L'hiftoire d'Angleterre fournit
par-tout des exemples de parlements
affemblés fans fruit. Si on y propofe
des délibérations contraires à l'efprit
du miniftere, fi on ne peut réuffir à
les faire évanouir par la négociation,
le parlement diffous, fans avoir pu
travailler au bien public, fait voir au
royaume le vice de fa conftitution.
Je pourrois réduire cette vérité en
axiome, & dire : *Si la puiffance exé-*
cutrice peut fufpendre la puiffance lé-
giflative pour autant de temps qu'il lui

plaira, il n'y a plus de liberté.

Ce n'eſt pas à moi à indiquer les moyens propres à remédier à ces inconvénients. Ils ne ſont ni uniques ni difficiles : mais c'eſt y avoir apporté un foible remede, que d'avoir ſtatué que le parlement ſeroit convoqué tous les trois ans. On a vu ſi ſouvent leurs Rois tranſgreſſer les loix eſſentielles : cette derniere n'eſt pas plus à l'abri de l'infraction que les autres. Et ſans l'enfraindre, le Roi ne peut-il pas diſſoudre le parlement auſſi-tôt qu'il eſt aſſemblé ? Je ne ſerois point touché de ce que l'on dit, qu'un corps ne peut pas s'aſſembler lui-même : *Car,* dit-on, *un corps n'eſt cenſé avoir de volontés que lorſqu'il eſt aſſemblé.* Les dogmes de l'école figurent mal avec les maximes d'Etat.

On ne connoît dans les corps politiques que deux natures de puiſſances ; l'une de droit, l'autre de fait. La puiſſance légiſlative eſt la ſeule ſouveraine. Elle preſcrit à l'exécutrice ce qu'elle doit exécuter, & la maniere de l'exécuter. Elle dicte à la puiſſance de juger ce qu'elle doit prononcer : voilà les vérités du droit. Mais dans le fait, la puiſſance qui aura dans ſa main les forces pour exécuter , fera tôt ou tard la feule abfolue. Elle re-fufera d'exécuter ce que la légiflative aura réfolu : elle forcera le corps des juges de répondre felon fes vues, pour exécuter felon fes intérêts. L'expérience appuie ces principes. Charles I leva les droits de *tonnage & pondage* & le *Shipmoney* malgré le parlement ; & il eut, pour s'autorifer, la décifion de tous les juges d'Angleterre, qui la fignerent par corruption, par complaifance, ou par crainte.

Si, malgré le danger qui menace la liberté en Angleterre, comme ailleurs, & auquel fa conftitution ne remédie pas : fi, dis-je, elle a confervé de la liberté, c'eft par des moyens tout-à-fait étrangers à fa conftitution. Si ce n'eft pas dans fes loix qu'elle a trouvé ces moyens, ce n'eft pas à fa conftitution qu'elle en eft redevable ; & dès-lors fon imperfection, à cet égard, paroît à découvert. Il ne fuffit pas que les loix du Gouvernement, lorfqu'elles feront bien obfervées, procurent la liberté ; il faut, pour que la conftitution foit parfaite, qu'elle porte avec elle les moyens de les faire obferver.

On a laiffé l'ouvrage imparfait, lorfqu'on a obtenu ou les chartes ou leur renouvellement, & qu'on n'a pas affuré la tenue des parlements, & fixé le temps de leur moindre durée. Dans cette fituation, la liberté eft plus en fûreté fous un prince qui ne peut avoir d'autres reffources que celles que lui fournit la nation. Il vaut mieux encore qu'il foit diffipateur, que s'il théfaurife : fes befoins continuels entretiendront une correfpondance néceffaire entre le monarque & les fujets.

On prétend que le fondement du fyftème dépend de la gène réciproque dans laquelle les trois puiffances fe contiennent ; que de cette compreffion mutuelle, qui naturellement devroit opérer l'inaction, il en réfulte, par la néceffité du mouvement, qu'elles doivent aller enfemble & de concert. Cette idée eft grande, elle eft belle, elle eft vraie en elle-même. Convient-elle à la conftitution à laquelle elle eft appliquée ? L'expérience de plus de quatre fiecles a fait voir, au contraire, que la liberté ne s'eft foutenue que par des remedes violents. Si celui des trois refforts qui a, voulu s'écarter, avoit été contraint par la preſſion des deux autres, aucun des reſſorts n'auroit pu ſortir de ſa place. La machine n'eſt pas ſi bien proportionnée qu'on l'a prétendu.

Si la vacance de ce qu'on nomme la puiſſance légiſlative, peut donner à l'exécutrice, comme on en convient, les temps & les facilités d'opprimer la liberté, & que d'un autre côté ſa préſence continuelle ſoit capable d'anéantir le pouvoir de la puiſſance exécutrice, ce ſera encore une défectuoſité intrinſeque de la conſtitution. Si le corps légiſlatif étoit toujours aſſemblé, *la puiſſance exécutrice*, dit l'Eſprit des loix, *ne penſeroit plus à exécuter: elle ne ſeroit occupée qu'à défendre ſes prérogatives.* Sa reſſource eſt à la fin de diſſoudre le parlement. Mais ſi le pouvoir arbitraire qui lui en eſt donné, eſt lui-même un défaut de la conſtitution, il eſt donc vrai qu'un vice eſt pallié par un autre vice.

On peut appercevoir encore que dès-lors qu'il arrive un temps où la puiſſance exécutrice a la ſupériorité, & un autre où elle ſe trouve du côté de la puiſſance légiſlative, ces inégalités ne peuvent compoſer une machine bien réglée. Les ressorts n'ont point, comme on a prétendu, cette force de compression & de résistance toujours égale de l'une à l'autre, qui les retient dans leur place, & d'où doit résulter l'ensemble & le concert absolument nécessaires. Les mouvements doivent être des secousses. L'absence ou l'inégalité des contrepoids doivent naturellement opérer des choses entre les puissances dont le seul équilibre entretient la liberté.

CHAPITRE XV.

De la Liberté dans la constitution de l'Angleterre.

JE ne confondrai point la liberté politique avec l'indépendance ; mais je demanderai qu'elle se fasse appercevoir & sentir aux citoyens. Il n'en est pas de la liberté comme du bonheur. Celui-ci ne consiste que dans l'opinion. Dans quelque situation que l'on imagine un homme, il est heureux si-tôt qu'il croit l'être. Au contraire, la liberté doit être réelle. Celui que l'on retient dans les fers, peut, par la force de fa raifon & de l'habitude', être content de fon fort, mais il n'eft pas libre.

Le ftatut du *Tailliagio non concedendo*, fait fous Edouard I, porte qu'aucune taille ni ayde ne feront levées fans le confentement des feigneurs & des communes. On ne peut rien ftatuer de mieux, ni de plus pofitif. Les Anglois ont encore un autre privilege bien précieux. On l'appelle l'acte de *Habeas corpus*. Tout homme qui peut fournir une caution de fa conduite, ne peut être retenu dans les prifons, lorfqu'il ne s'agit pas de trahifon contre l'Etat, ou d'autre crime dont le titre puiffe mériter la mort. Il eft conftant que fans cette précaution il n'y a point de liberté. Il eft incompatible avec les loix de la juftice, qu'un citoyen foit mis dans les fers fans connoître fon crime. Ce n'eft pas même affez de le lui faire connoître, s'il n'eft pas accufé: s'il n'eft pas préfenté devant le juge, fi l'on n'inftruit pas fon procès; c'eft l'oppreffion & la force qui enchaînent la liberté.

Mais il ne fuffit pas à une conftitution de prevoir; elle doit pouvoir. Si elle n'eft pas affez forte pour que

le citoyen se repose à l'abri des loix,
il est égal qu'elles soient faites, ou
qu'elles ne le soient pas. Si l'on ouvre
les annales d'Angleterre, on verra
sans cesse ces deux loix fondamentales violées. Entre mille exemples, j'en
choisirai un seul. J'ai dit que Charles
I leva une infinité de droits d'aydes
sans le consentement, même après les
défenses du parlement. Le lecteur qui
ne voudra pas se donner la peine de
s'instruire dans l'histoire, ne doit pas
croire que ce soit après sa rupture avec
le parlement : c'étoit dans les commencements de son regne. Il fit plus :
il contraignit les particuliers à lui
prêter, & chacun fut taxé. Ceux qui
refuserent furent mis dans les prisons:
ils demanderent le privilege de l'*Habeas corpus*; il leur fut refusé. Le chevalier Elliot porta la cause aux cours
de Westminster : elle fut plaidée avec
apparat pendant plusieurs séances. Le
chevalier fut condamné & demeura
dans les prisons.

Que l'on jette le coup d'œil le plus
simple sur ces faits : on verra le statut d'Edouard méprisé, comme s'il n'é-
xistoit pas ; on verra des citoyens libres mis aux fers, pour avoir refusé

de se soumettre au renversement d'un statut sacré : on verra que la puissance de juger refuse une caution que la loi ordonne de recevoir ; que le citoyen injustement emprisonné ne jouit pas du privilege de *Habeas corpus* , qui est dû à celui qui seroit mis en prison avec justice. Je regarde avec attention *le miroir* qu'on m'a présenté , je n'y vois point l'image de la liberté : il faut qu'elle n'y soit point.

L'auteur de l'Esprit des loix veut , *que pour avoir la liberté, le Gouvernement soit tel qu'un citoyen ne puisse pas craindre un citoyen.* Ce n'est pas dire assez , à beaucoup près ; on jouit de cet avantage par-tout où il y a une ombre de loi. Il faut , pour avoir la liberté politique , qu'un citoyen enveloppé dans la loi , ne puisse pas craindre l'abus du pouvoir : il faut , comme il le dit ailleurs , *n'être pas contraint à faire ce qu'on ne doit pas vouloir.* Que l'on compare l'état du chevalier Elliot avec cette explication.

J'ai pris les exemples que j'ai cités dans l'histoire de Charles I , parce qu'elle étoit plus présente à ma mémoire : plusieurs autres regnes m'en auroient fournis de semblables , & celui de Henri VIII de plus forts encore. Les malheurs de Charles n'ont été que pour lui seul. Ils ne font pas une suite de la bonté de la constitution, mais plutôt de sa foiblesse. Si elle avoit pourvu à la liberté par sa propre force, cet événement n'auroit jamais étonné l'Europe; & Henri VIII n'auroit pas régné & terminé sa carriere tranquillement, & plus despotiquement que Charles n'avoit commencé la sienne. Ceux qui pensent que sa catastrophe intimidera les Rois à l'avenir, ne songent pas qu'elle n'a pas étonné ses propres enfants. Charles II, vécut toujours au-dessus des loix; Jacques, quoique plus borné, eût vécu de même, s'il eût été protestant. Ces exemples, ceux d'Henri & de Cromwel ont assez prouvé aux Anglois combien leur constitution est impuissante pour les empêcher d'être asservis.

S'ils jouissent depuis quelque temps d'une liberté plus continuée qu'ils ne l'avoient fait encore, ils ne la doivent ni à l'autorité de leur constitution, ni à la crainte qu'ont pu inspirer les revers de Charles & de Jacques; elle est due à l'état précaire du monar-

que. Le Prétendant assure l'observation de la constitution, & ne cons-
pire pas contr'elle, comme l'a dit un
auteur anonyme. Ce sera un malheur
pour l'Angleterre, lorsque sa branche
s'éteindra ; son existence fait respecter les loix. La Maison régnante peut
devenir prétendante à son tour ; elle
inspirera à son tour de la prudence à
celle qui sera sur le trône. Cette situation politique est étrangere à sa
constitution.

On dit que *la liberté politique dans
un citoyen , est cette tranquillité d'esprit qui provient de l'opinion que chacun a de sa sureté.* Si on cherche dans
les annales d'Angleterre, son état le
plus fréquent, on n'y trouvera point
ce caractere de la liberté. Elle l'a souvent perdue , souvent recouvrée. Cette
alternative si réitérée éloigne tout
sentiment de sécurité. Aucune histoire
ne présente un aussi grand nombre
d'événements qui ont dû faire trembler
le citoyen pour sa sûreté. On pourroit marquer cent époques pendant
lesquelles un homme sage auroit eu
bien de la peine à déterminer , s'il ai-
moit mieux être citoyen en Angleterre, que sujet sous la domination

d'un defpote. La liberté idéale eft une chimere : la liberté réelle ne fe trouve que dans la faculté de vivre dans le repos & l'affurance de conferver paifiblement ce qui appartient légitimement : *Petit placida cum libertate quietem*, dit le plus zélé partifan de la liberté Angloife *.

Je ne m'amuferai point à parler des enrôlements forcés ; je ne fais fi c'eft une néceffité qu'exige le bien de la patrie. Le bien de la patrie alors exigeroit un acte contraire à la liberté. On doit convenir que les Anglois ont des ufages, des loix écrites, plus favorables à la liberté qu'aucune autre monarchie. Celles dont j'ai parlé paroiffent mettre en fûreté les perfonnes & les biens ; mais elles ne le font point. Les loix qu'ils ont fous les yeux, les droits dont ils font imbus, leur rendent l'idée de la liberté plus préfente, & portent fans ceffe leur attention vers elle : mais malheurement cette attention les fait vivre dans les allarmes. Le monarque craint fans ceffe pour fa prérogative, & la nation pour fes privileges. Machiavel a remarqué que la crainte fait chercher les moyens de fe défendre ; que pour se défendre, il faut des partisans ; que ceux-ci forment les factions, & que les factions entraînent la ruine de la République. Ici la méfiance est juste de tous les côtés. La constitution peche en ce qu'elle n'assure l'État ni des uns ni des autres. Tandis qu'elle exige le parfait accord des trois pouvoirs, les intérêts différents qu'elle leur donne, y déposent le germe de la mésintelligence.

S'il faut acheter l'avantage d'être libre par des incertitudes, des frayeurs, des agitations qui ne cessent point, cet état précieux a bien de l'amertume. On dit que l'Anglois *est toujours mécontent*, il n'est donc jamais heureux. Je n'envie point ce haut dégré de liberté qui me trouble & qui m'afflige. Si ce n'est point le sentiment d'un cœur que les hommes appellent élevé, c'est celui d'un esprit philosophe.

Dans toute constitution où les pouvoirs & leur exercice n'appartiennent point en entier à la nation, la liberté ne peut être assurée, qu'autant qu'ils seront partagés, en sorte que leur équilibre soit parfait. Il faut que la liberté ait une action de résistance dans sa

main , égale à l'action qui tendroit à
l'opprimer. Il m'a paru que cette balance ne se trouve pas dans la constitu-
tution de l'Angleterre , & par conséquent, qu'elle n'est pas parfaite. Je
ne connois point le livre d'Arringh-
ton ; mais s'il a voulu bâtir une ville
pour la liberté , je ne vois pas que
celle qu'il avoit devant les yeux , ait
dû le détourner d'entreprendre cet
ouvrage.

Ce que l'Angleterre a de grand ,
n'est pas sa constitution ; ce sont les
idées politiques de Gouvernement intérieur que le génie de la nation ré-
pand dans la chambre des communes ; c'est le sentiment de liberté
gravé dans les cœurs ; c'est la constitution des esprits plutôt que celle
de l'Etat. Il a été facile de s'y méprendre.

Une partie de ces réflexions sur le livre de l'Esprit des loix & de celles qu'on
trouvera répandues dans cet abrégé ,
étoient faites pour être communiquées
à son Auteur. Elles n'avoient d'autre
objet, dans leur principe , que l'usage
qu'il en auroit voulu faire lui-même.
La mort , toujours prématurée pour des
génies aussi rares , l'a enlevé aux Let-

tres & à la société , & a fait changer cette destination.

CHAPITRE XVI.

De la République fœdérative.

LORSQUE plusieurs Républiques
s'unissent & se lient entr'elles par
une aillance offensive & défensive,
envers & contre tous à perpétuité , il
se forme un corps qu'on appelle République fœdérative. Ce n'est pas
une quatrieme espece. Elle ne peut
être gouvernée que sur les principes
de l'Aristocratie. On peut voir dans
l'Esprit des loix * ce que l'on doit
penser des avantages de ce Gouvernement. Il peut être composé de Princes ou de Républiques, ou des uns &
des autres. L'Allemagne est un exemple de confédération de Princes &
de Républiques, la Suisse de Républiques seulement.

Chaque province , ville ou district
conserve sa souveraineté particuliere ,
& se régit , pour son intérieur , par
son conseil & suivant ses coutumes.
Celui qui déposeroit sa souveraineté
ne

ne feroit plus affocié : il feroit partie d'un des corps confédérés , ou bien il feroit fujet. L'intérêt commun & général eft dirigé par un confeil compofé des députés de chaque Etat. Chacun les nomme en nombre égal , ou relativement à fon étendue , à fa puiffance , de forte qu'un Etat aura plus de voix qu'un autre. Il eft facile de garder les proportions. On pourroit refufer le nom de République fœdérative aux villes de Lycie, que l'Efprit des loix cite pour un exemple de la différence du nombre des voix. Les ligues Grifes en fourniffent un plus rapproché & plus récent. Une de leurs Républiques envoie vingt-huit députés ; la feconde vingt-quatre, & la troifieme quatorze. On fent qu'il eft jufte que les charges foient réparties relativement au nombre des voix.

On ne compte pas la République fœdérative par fes fujets : on compte les villes, les provinces qui la compofent. Chacun demeure fujet de fon premier fouverain. Cependant chacun eft affujetti aux loix générales , foit politiques , foit de police , qui émanent du confeil général pour l'intérêt commun , & aux loix particulieres de son pays. Il n'y a rien d'incompatible. Est-on sujet de deux souverains ? La subjection est-elle divisée ? C'est disputer des termes.

Une République fœdérative doit ressembler à une famille unie & bien gouvernée. Si le pere distribue des portions de son domaine à ses enfants, pour leur en donner la direction, chacun régira la sienne, suivant la forme qu'il croira convenable à son terrein & à ses fruits. L'autorité paternelle & ses avis l'empêcheront de la gouverner mal & de la dissiper. L'union qu'elle entretiendra entre les freres les obligera de s'aider mutuellement : tout se rapportera à la masse commune. Si les parties qui composent un tout veulent faire leur intérêt particulier de l'intérêt général, le corps aura une force infinie. La douceur, la bonne intelligence régneront plus que le commandement.

On sent assez qu'il est du bon ordre que l'un des membres ne puisse faire d'alliance particuliere avec qui que ce soit, que de l'avis de l'association. Il seroit encore mieux de la rendre commune à tous. Il seroit bien rare que des corps unis ainsi eussent entr'eux des différends. Le conseil supérieur créé pour régir, l'est aussi pour terminer les querelles, & rétablir l'ordre troublé. La différence des religions est seule capable d'y faire naître des dissentions sérieuses. C'est la seule cause qui ait soulevé en Suisse des animosités assez fortes pour faire prendre les armes, & craindre une division qui seroit suivie de la perte de la liberté.

Douze villes de la Grece formerent d'abord une association de cette nature, & fonderent le célebre conseil des Amphictions. D'autres villes en grand nombre se joignirent à celle-ci. Ce conseil jugeoit définitivement les différends des villes particulieres. Il imposoit des peines & des amendes à celles qui osoient insulter les autres. Ceux qui se refusoient à l'exécution de ses jugements, attiroient sur eux l'indignation & les forces de la Grece entiere. Ce conseil fit une faute : il plaça un Roi parmi les Amphictions. Cette faute perdit le conseil & la liberté.

Quel nom donnera-t-on à un Etat, lorsque les villes d'une ligue se réunissent sous une même souveraineté, qui participe de toutes & absorbe les

P ij

particulieres ? La fameufe ligue des
Achéens fut de cette efpece. Elle n'é-
toit, dans fon origine, que de trois petites villes, fans force & fans nom.
Aratus y joignit la ville de Sicyone fa
patrie, après l'avoir délivré du joug
des tyrans. La ligue s'accrût bien-tôt
fous la conduite de ce grand homme,
elle attira les villes de l'Achaïe, &
un grand nombre de celle du Pélopo-
nefe. Il trouva le moyen de ne faire
de ces différents corps qu'une République d'un genre particulier. Elle
n'avoit point de métropole : la métropole étoit par-tout ; le lieu où le
confeil s'affembloit fuivant les circonftances, étoit le chef lieu.

Les fouverainetés particulieres s'é-
clipferent. Cette révolution fut l'ouvrage de deux délibérations. Il fut
réfolu d'élire un capitaine général ;
mais il n'étoit pas à vie, encore moins
héréditaire : il étoit annuel. La feconde délibération tranfporta le pouvoir
de décider à dix citoyens élus parmi
le nombre des députés. On ne laiffa
aux autres que la voix confultative.
Chaque ville fut comme obligée de
prendre les mêmes loix & les mêmes
coutumes. Tout y fut femblable juf-

qu'aux poids & mesures. Chaque ville,
sans être sujette, cessa d'être souveraine.
Cette faute causa la perte du corps
entier. Les Romains craignirent d'attaquer cette puissance, ils chercherent
à la diviser. Le proconsul Gallus eut
ordre d'en trouver les moyens. Il séduisit quelques-unes des villes confédérées : il leur persuada qu'elles n'étoient
plus libres, parce qu'elles n'avoient
plus de résolutions particulieres à
prendre. Elles se plaignirent aux Etats
que, sous l'ombre d'une alliance égale,
on leur avoit ôté leurs usages & leur
souveraineté. Assurées de la protection
des Romains, elles se séparerent de
la communauté des Achéens ; & la
fausse lueur d'une souveraineté idéale
leur fit tendre les mains aux fers que
Rome leur préparoit.

Si, profitant des fautes des Amphictions & des Achéens, on fondoit
une République fœdérative, uniforme
dans sa religion, ou décidée pour la
tolérance, on formeroit un corps dont
la puissance & la félicité seroient telles que les hommes le peuvent desirer. La Grece fut la victime de la politique adroite de Philippe. Si elle eût
persévéré dans sa confédération, elle

P iij

n'auroit fuccombé fous les forces de la Macédoine : elle auroit été enfuite la barriere où fe feroient brifés les vaftes projets des Romains. Nous n'aurions peut-être jamais entendu parler des victoires d'Alexandre, de la grandeur de la République Romaine, ni de l'ambition de Céfar.

Une République fimple ne doit pas être auffi grande qu'une monarchie. Une République fœdérative peut être plus étendue que la plus puiffante monarchie ne doit l'être. Plus le centre où réfide la force motrice eft éloigné, plus elle arrive languiffante aux extrêmités. C'eft le défaut des grands Etats régis par une feule autorité. Mais fi la circonférence eft compofée de divers corps, qui ont par eux-mêmes une force agiffante qui leur appartient, l'action & la réfiftance y auront leur activité naturelle. Si Rome, qui s'étoit aggrandie par les affociations, n'avoit pas changé de fyftême ; fi elle n'avoit eu dàns fon fein & pour fes frontieres, que des Républiques confédérées, dont elle eût été le centre d'unité, elle auroit été impénétrable aux Barbares. Chaque côté auroit eu fes propres intérêts à défendre, fes forces particulieres à oppofer. Les forces générales auroient eu le temps de s'affembler & d'arriver ; elle n'auroit jamais fubi le joug monarchique : on ne fauroit prévoir comment cet Etat auroit péri.

On dit que Henri IV, roi de France, méditoit de former de l'Europe chrétienne une feule République fœdérative, & d'y ériger un confeil fuprême dans le goût, à peu près, de celui des Amphictions. Ce projet étonne par fa grandeur, il frappe par fa beauté. La feule exécution pouvoit faire juger s'il étoit poffible dans la combinaifon des moyens mis en œuvre, & des réfiftances à vaincre, & fi le fuccés en eût été durable. Henri IV, grand capitaine, politique judicieux, ami de l'équité, pere de fon peuple, mérita les larmes de fes fujets. Il mériteroit les regrets éternels de l'Europe, fi fa mort eût été le feul obftacle à l'accompliffement de ce deffein.

Fin du fecond Livre.

LIVRE III.

CHAPITRE PREMIER.

Du Sénat ou des Conseils.

Toute espece de Gouvernement a besoin de conseils ; le peuple ne peut pas être toujours assemblé, & la multitude ne peut vaquer à des détails. L'Aristocratie, quoique pouvant consister dans un sénat, doit avoir des conseils pour les choses qui demandent du secret & de l'expédition. Il faudroit à un monarque les yeux de la tête d'Argus, autant d'oreilles & de langues qu'on en donne à la Renommée, s'il vouloit conduire un grand royaume sans conseil. L'ancienne mythologie faisoit sentir la nécessité des conseils, en plaçant toujours Minerve aux côtés de Jupiter.

César, Louis XI, & quelqu'autres grands hommes que l'on pourroit citer, se sont rarement servis de leurs conseils dans les affaires importantes,

& ils ont exécuté de grandes chofes.
Ils en auroient exécuté de plus grandes, ils auroient fait moins de fautes,
s'ils avoient confulté plus fouvent.
J'aimerois autant dire que l'efprit de
l'homme n'a pas de bornes, que de
dire qu'il n'a pas befoin de confeil. Si
Céfar n'avoit pas écouté un amour
propre mal réglé, il auroit évité une
fin tragique : il n'auroit pas ambition-
né le titre de Roi lorfqu'il en avoit la
puiffance : il n'auroit pas méprifé le
fénat ouvertement, au point de ne pas
fe lever en fa préfence. C'eft à ce mépris ouvert que le grand nombre des
hiftoriens attribue fa mort. Cette faute
avoit déja été funefte au premier & au
dernier des Rois de Rome. Le fondateur difparut pour être mis au rang des
dieux, parce qu'il commençoit à ne
plus confulter le fénat : Tarquin n'auroit pas été chaffé, s'il n'avoit pas
voulu le détruire.

Louis XI, fe repentit de la confiance qu'il avoit eu dans fes propres lumieres : il avoua à fes confi-
dents que cette faute l'avoit mis plus
d'une fois fur le bord du précipice.
Cette perfuafion le détermina à faire élever fon fils dans une profonde

P v

ignorance, pour l'obliger, difoit-il, à prendre des confeils. Ce n'étoit pas fe corriger lui-même : c'étoit continuer à fe mal conduire. Un fouverain qui fait faire ufage des connoiffances acquifes, fait mieux qu'un autre qu'il a befoin de confeil. Le défaut de favoir n'exclut pas la préfomption ; elle eft dans l'efprit & dans le cœur. Du moins, lorfqu'elle eft jointe à de l'acquis, elle eft moins aveugle que celle qui eft nourrie dans les ténebres.

Plus un prince a d'éducation, plus on doit efpérer de fon Gouvernement. Neron & Trajan font cependant des exemples contraires à cette maxime. Néron étoit favant pour un prince ; Trajan ne connoiffoit que l'art militaire. Ce font des exceptions à la regle. Les caracteres entiérement décidés percent toujours.

En général, celui qui néglige les confeils, fera plutôt regardé comme orgueilleux que comme fage. Quelques efprits font capables de donner des confeils ; d'autres favent les écouter, même les choifir : malheur à l'Etat qui fera dirigé par celui qui ne fait ni les donner ni les prendre ; c'eft la claffe des hommes la plus ordinaire.

Cromwel n'eût point de conseils ; ses projets étoient d'une nature à ne pouvoir être communiqués. Quels sont les siecles qui produisent des génies comparables, pour leur étendue, à celui de Cromwel ?

La fonction ordinaire des conseils, est de discuter & de digérer les matieres, de les exposer à la puissance souveraine & lui proposer des avis. C'est des conseils que dépendent la fortune des Etats, la gloire des princes, le bonheur des peuples ; & les qualités du conseil dépendent de celles du souverain.

Il est aussi difficile qu'un prince foible puisse avoir des bons conseils, qu'il est difficile que l'homme, livré à lui-même, quitte la route des passions pour suivre celle de la vertu : si le prince n'éclaire pas lui-même ses conseils, si le conseil ne craint pas les lumieres du prince, l'ambition, la jalousie, les inimitiés, les intérêts privés diviseront le conseil & le feront mépriser. Il faut, ou que le prince, par sa pénétration & sa fermeté conduise son conseil dans le chemin de la justice, ou que ses ministres lui communiquent leurs passions.

Il eſt de la derniere importance qu'un Rôi qui cherche le bien, aſſiſte aux délibérations de ſes conſeils; il y trouvera toujours l'avantage de connoître les caractères de ceux qui les compoſent, pour les conſerver ou les changer. Il eſt néceſſaire que ſa préſence impoſe ſouvent; il faut que l'on puiſſe le croire préſent lorſqu'il eſt éloigné. L'appartement du Sultan eſt terminé par une tribune qui domine ſur la ſalle du Divan.

Il eſt naturel que dans la République on trouve un meilleur conſeil que dans la monarchie. Les intérêts publics & particuliers n'y ſont pas ſéparés; l'avantage principal du ſénateur, eſt l'avantage de l'Etat. Un homme appellé au conſeil des Rois, pourra ſe faire, dès ce moment, des intérêts ſéparés de ceux de la nation; il peut oublier qu'il eſt citoyen. Ce ne ſera pas ſouvent pour être occupé de la gloire de ſon maître, mais pour ne ſonger qu'à conſerver ce qu'il a de faveur & l'accroître. Il peut dans cette vue étudier les goûts du prince pour s'y prêter; chercher à lui en donner, s'il n'en a pas; à l'amuſer de frivolités, pour le détourner des ſoins du

Gouvernement ; en un mot, à le perdre : c'est sa propre grandeur qui le touche, lorsqu'il travaille pour la grandeur abusive du souverain. L'autorité royale élève assez au-dessus du reste des hommes pour satisfaire l'ambition d'un mortel ; les Rois n'ont point besoin de l'étendre pour être très-grands. Il en est même peu qui voudroient se fatiguer à l'augmenter, si un mauvais conseil ne cherchoit à les flatter, à les séduire, pour s'insinuer & se faire valoir. Il est difficile que ce conseil ne sente pas que le prince a assez de la grandeur qui lui est propre. C'est pour lui-même qu'il agit. Le maître est satisfait d'être Roi, le ministre veut être despote. On a trouvé des hommes qui ont perdu de vue leurs enfants, leurs proches, leur patrie, pour un éclat présent qui les éblouit, & qui n'a peut-être que des heures à durer.

Les conseils doivent être ou très-nombreux, ou très-bornés. La qualité de l'Etat ou la nature des affaires qui les occupent, doivent déterminer l'un ou l'autre. Dans l'Aristocratie, le sénat souverain doit être composé de toute la souveraineté ; & la souveraineté doit être nombreuse. Elle aura plus de force pour se soutenir elle-même, & plus elle sera répandue, moins elle aura de poids pour accabler le peuple.

La Démocratie doit aussi confier son autorité à un sénat composé de beaucoup de têtes. Il approchera davantage de la nature de la République. On pourroit encore, pour augmenter le nombre, & lui donner plus de ressemblance avec le peuple, donner l'entrée au sénat à plusieurs citoyens qui pourroient opiner, mais qui, pour éviter la confusion, ne seroient pas du nombre des délibérants. Ce moyen fourniroit des sujets propres aux affaires, il en résulteroit dans la suite de très-grandes utilités. Ce seroit un rang distingué, un honneur pour ceux qui seroient appellés, & il est nécessaire, dans tous les Gouvernements républicains, de faire part des honneurs avec toute l'étendue possible. L'honneur est moindre sur la tête de chacun, lorsqu'il est répandu sur plusieurs, & par conséquent, moins à craindre, & ce moyen attache un plus grand nombre de personnes à la République.

La monarchie ne demande pas d'aussi grands conseils. Il ne faut pas que le monarque qui décide, se trouve embarrassé par la multitude des avis. Il convient mieux à cet Etat d'avoir un très-grand nombre de conseils, un pour chaque nature d'affaires, & que chacun soit moins nombreux. Le monarque doit à sa politique de consulter tous les conseils sur les loix qu'il doit donner, & que ses peuples ne l'ignorent point. Il ne faut rien omettre de ce qui peut faire estimer les loix, & pour prévenir en leur faveur.

Les conseils composés de beaucoup de personnes ont toujours fatigué les princes; ils ont cherché les moyens les plus honnêtes pour s'en débarrasser. Tibere amusa le sénat en lui renvoyant le jugement des affaires considérables des particuliers. Néron ordonna qu'à l'avenir il connoîtroit des appels qui se portoient auparavant devant l'Empereur; c'est ainsi qu'on lui fit oublier peu-à-peu la connoissance des affaires de l'Etat. Ce ne sont point ces traits qui ont rendu ces princes odieux à la postérité.

Le parlement de Paris (*a*) a été
autrefois le sénat du royaume, con‑
seil originaire des Rois; il porte en‑
core le titre de parlement de France,
par celui de la *cour des Pairs.* Les Pairs
ont été institués par les Rois, disoit
Charles le Sage, pour leur donner
aide & conseil. Philippe le Bel rendit
le parlement sédentaire à Paris, &
dès-lors il ne put être le conseil des
Rois que par occasion. Ils érigerent à
la place le *Grand Conseil* qui ne fut
occupé d'abord que des affaires de
l'Etat. Insensiblement il subit le sort
du parlement; on l'occupa de procès
qu'il fallut attirer d'ailleurs pour lui
donner quelqu'emploi. Enfin Charles
VIII en fit une cour ordinaire. Il en
est de même des conseillers d'Etat
dont les fonctions ne répondent point
au titre, si l'on entend par affaires d'E‑
tat, celles du Gouvernement politi‑
que.

Outre les conseils généraux ou sé‑
nat des Républiques, il est nécessaire
qu'un plus petit nombre, & plus capa‑
ble, forme un conseil étroit ou privé,

(*a*) Comme j'ai ajouté plusieurs choses au texte de
Bodin, je suis bien aise d'avertir que ce qui est dit ici du
Parlement & du Grand Conseil, est entiérement de lui.

où l'on traite les affaires qui demandent le secret ; où se prennent les résolutions qui, étant éventées, ne pourroient s'exécuter. Tel étoit à Athènes le fameux Aréopage : il étoit le centre de la politique Athénienne. Périclès voulant attirer à lui seul le Gouvernement, engagea le peuple à ôter sa confiance à ce conseil : il est aussi facile dans la Démocratie, de persuader à la multitude ce qui tend à sa ruine, que ce qui fait son avantage ; Périclès réussit ; la gloire ni la liberté d'Athènes ne survécurent pas long-temps à l'Aréopage.

Les Romains n'ont jamais eu de ces privés conseils ; mais quelles Républiques ont pu se vanter d'avoir des sénateurs comme les Romains, jusqu'à la prise de Carthage ? Le secret étoit plus assuré entre quatre cents personnes qu'il ne l'est aujourd'hui entre cinq ou six. L'amour de la patrie porté au dernier période, inspiroit les grands sentiments : l'office des censeurs contribuoit encore à l'exacte discipline du sénat : la faute la plus légere, si elle pouvoit tourner, quoiqu'indirectement, au préjudice de l'Etat, étoit punie par la radiation du nom

de celui qui l'avoit commife. Cette
excellente inftitution tourna dans la
fuite en abus.

La raifon & l'expérience autorifent
les confeils fecrets. Il n'eft point aujourd'hui de République qui n'en ait
établi. Ils font devenus indifpenfables.
Le commerce rendu plus familier, la
facilité introduite de parcourir la terre avec plus de commodités & de vîteffe, & la facilité de converfer, pour
ainfi dire, à deux cents lieues de dif-
tance par des correfpondances régu-
lieres, rendent l'obfervation du fecret
plus difficile qu'autrefois. Il fe divul-
gueroit plus aifément fans que l'on dût
en conclure une plus grande légéreté
chez les hommes. Quand on auroit
voulu apprendre à Carthage ce qui fe
paffoit à Rome, il eût été difficile d'y
parvenir en affez peu de temps pour
rendre un projet inutile.

Cicéron appelle très-bien le fénat,
l'ame, la raifon, l'intelligene des
Républiques. Les forces militaires ni
les tréfors ne feront rien fi on manque
d'un bon confeil. C'eft Darius qui va
livrer fes armes, fes richeffes, fon empire à Alexandre, en négligeant l'a-
vis de Memnon. Les grandes actions

font la fuite d'un fage confeil. Il faut le compofer avec toutes les précautions imaginables. Sa foibleffe donnera du mépris, fa dureté de la crainte, fon orgueil infpirera de la haine, le vrai mérite pourra feul faire naître le refpect.

Il importe dans tous les Etats, & fur-tout dans les monarchies, que les peuples conçoivent une haute opinion de la capacité des confeils. Les monarques doivent l'imprimer par leur attention dans le choix, & par leur facilité à fe corriger, lorfqu'ils s'y font mépris. Leur autorité, leur fûreté le demandent. La réputation des Rois, au dedans, au dehors & dans l'hiftoire, n'eft fouvent que la réputation de leurs miniftres.

CHAPITRE II.

Des qualités convenables pour être admis aux Confeils.

AVANT que de paffer aux qualités naturelles & acquifes, propres pour entrer dans les confeils, il faut faire attention à des caufes indépendantes du mérite perfonnel, qui doivent en exclure. Celui qui a des propriétés de fond dans l'étendue d'une domination étrangere; celui qui y a contracté des alliances, qui y auroit des liaifons avec un autre prince; qui, par des rapports même éloignés, pourroit lui devoir quelque chofe de plus que le refpect que l'on doit à tous, doit être banni des confeils. Mettre cette vérité en queftion, ce feroit demander fi l'attachement du miniftre de l'Etat ne peut pas être trop pur & trop vif.

Il fuit naturellement de cette maxime politique, qu'un étranger ne doit que dans des cas finguliers être placé dans les confeils: il y a du danger; c'eft une injure faite aux naturels: il eft rare que la néceffité l'exige. Il feroit plus pardonnable de choifir hors de l'Etat un capitaine général. L'art de conduire une armée, eft un art particulier; le métier des armes eft une profeffion à part, dans laquelle les talents fupérieurs font très-rares, & ne laiffent pas toujours la liberté du choix, On trouvera toujours dans une nation, un bon ambaffadeur, un bon miniftre.

La république de Venise, toujours sage, ne souffre point dans son sénat ceux qui sont engagés dans les ordres sacrés. Ils doivent à la cour de Rome une soumission d'un caractere distingué de celle du général des peuples ; ils peuvent en espérer des récompenses ; il leur est permis d'en recevoir des graces. L'ignorance antique força les Etats à se servir du clergé dans les affaires civiles & politiques. Cette nécessité n'est plus. On pense à Venise que c'est faire tort à l'ecclesiastique lorsqu'on l'enleve aux fonctions de son Etat, pour le rappeller au siecle qu'il doit quitter, & on croiroit blesser en même temps la politique.

Le sénat, les conseils doivent être composés de personnes d'un âge mûr. De tous les temps, les anciens du peuple ont attiré le respect & la vénération. Lorsqu'on veut parler des sages, des prudents, l'on ne voit par-tout que le terme de *Seniores.* Lorsque les Hébreux voulurent établir un conseil, le Prophete leur dit : »Assemblez soi- »xante-dix des anciens, gens sages & »craignants Dieu ». A Athenes, le hérault appelloit les citoyens au-dessus de cinquante ans, pour opiner les

premiers ; il étoit néceffaire, de préfenter des avis raifonné & réfléchis
à un peuple évaporé. Si les confeillers
étoient jeunes, le refte des jeunes croiroit valoir autant que ceux qui le
compofent ; les anciens croiroient valoir mieux.

L'expérience ajoute aux lumieres
naturelles ; elle eft une fuite de l'âge.
L'homme de génie verra mieux à vingt-
cinq ans , qu'un autre dans un âge
plus avancé ; mais il verra mieux à
quarante ans & avec plus de réflexion.
Il fe perfectionnera encore jufqu'à foixante : il ne verra plus au travers du
voile des paffions.

On demandoit à Rome que le fénat-
teur eût exercé les charges publiques.
L'*Edilité*, la *Quefture* étoient des degrés par lefquels il étoit néceffaire de
paffer pour monter au fénat. On y ac-
quéroit l'expérience , & le peuple ne
voyoit affeoir parmi les fénateurs, que
ceux que fes fuffrages avoient déja
élevés aux chaires curules. Solon, pour
remplir deux objets, avoit fait ftatuer
que perfonne ne pourroit être élu
Aréopagite qu'il n'eût rempli les poftes les plus importants , les plus dé-
licats , fans effuyer aucun reproche.

On peut alors , outre la capacité , compter fur la probité & le définté-reffement , qualités eſſentielles. Lorſqu'on n'a pas chancelé dans les oc-cafions, le caractere eſt décidé, il eſt connu, du moins autant que les hom-mes peuvent ſe flatter de le connoître.

On n'accordoit pas les ſurvivances des places d'Aréopagite.

On ne doit point choiſir les mem-bres des conſeils parmi les indigents ; je crois en avoir dit les raiſons ail-leurs, lorſque j'ai parlé des inconvé-nients de la pauvreté dans la partie ſouveraine de l'Ariſtocratie. Lorſqu'un ſujet fait paroître des talents & un mérite ſupérieur, dont l'emploi eſt un avantage pour le public, il faut com-mencer par établir ſa fortune, enſuite le placer dans les conſeils.

L'énumération des qualités perſon-nelles deſirables dans ceux auxquels le ſort des hommes eſt confié, ſeroit infinie. Il n'en eſt aucune des bonnes qu'ils ne duſſent avoir , aucune des mauvaiſes dont on ne les voulût exempts ; mais exiger cette perfec-tion, ce ſeroit donner dans le ridicu-le de la République de Platon.

Il faut cependant des qualités diſtinguées & dans le cœur & dans l'esprit ; que l'amour du bien fasse leur principal objet ; que cet amour soit assez fort pour marcher avant l'amitié, la haine, & l'intérêt personnel ; que du moins il fasse taire ces sentiments lorsque leurs mouvements sont déréglés ; c'est l'essentiel des qualités du cœur.

L'écueil le plus fatal des conseils du monarque est le désir désordonné de lui plaire, que l'on confond avec le désir de lui être utile. Un prince n'a pas besoin d'un conseil pour faire ce qu'il lui plaît ; il en a besoin pour lui conseiller ce qui doit le conduire à sa véritable gloire, à son solide bonheur. Si le conseil songe à sa propre fortune, de ce point de vue partiront la complaisance dans l'approbation, & la flatterie poussée jusqu'à la basse adulation. » J'ai vu, disoit Salluste, » que les empires ont prospéré, qu'ils » ont eu d'heureux succès, tandis que » la vérité a dominé dans les conseils ; » aussi-tôt que la crainte ou le désir » de se rendre agréables les a corrompus, j'ai vu arriver leur décadence ». Si l'amour du bien étoit gravé dans les cœurs, il ne fait pas

déguiser

déguiser la vérité, il sauveroit le prince, le peuple, & le conseil.

Celui qui conseille l'avantage apparent du monarque au préjudice des
peuples, se fait illusion s'il croit aimer le monarque ; il n'aime que lui-
même : on ne peut véritablement aimer le prince sans aimer son Etat.

L'amour propre & l'obstination sont
des défauts essentiels à celui que l'on
appelleroit dans les conseils. L'amour
du vrai modere le premier & bannit
le second. L'attachement à la patrie
fait que l'on se dépouille de ses propres sentiments pour n'avoir que ses
intérêts devant les yeux. Le Lacédé-
monien qui avoit le plus fortement
combattu une opinion dans le sénat,
la défendoit avec opiniâtreté en public, lorsque le sénat l'avoit adoptée.

Outre les qualités du cœur, les
conseils veulent de la capacité & des
lumieres ; le Gouvernement intérieur
ne les exige pas aussi vastes que la politique du dehors, & demande plus
de détail. En général, le jugement
droit & juste est préférable au brillant de l'esprit ; la solidité du raisonnement à l'éloquence. Il faut discer-

ner le vrai ; il faut convaincre ; il ne faut pas séduire.

Les grands génies sont nécessaires pour faire les loix ; ils sont à craindre lorsqu'elles sont faites. La Providence favorise les Etats auxquels elle les donne dans les temps de crise ; elle les desert lorsqu'elle les envoie dans les temps ordinaires. Un grand génie ne s'arrête pas à perfectionner ; il change, il bouleverse, il veut créer.

Autant que l'esprit ferme est désirable dans les conseils, autant l'esprit hardi, entreprenant y est dangereux. On ne doit rien donner au hazard dans les affaires d'Etat, que lorsqu'il faut un hazard pour le sauver. Les anciens avoient banni la fortune du conseil des dieux.

CHAPITRE III.

Du pouvoir des Conseils & de leurs fonctions.

LES pouvoirs & les fonctions des conseils sont différents selon les différentes sortes de constitutions. En général, comme conseils, ils n'ont

aucun pouvoir, & leurs fonctions font
uniquement de débrouiller les difficultés, d'expofer les queftions & les
différents avis, dont ils les croyent
fufceptibles ; mais, dans les Républiques fur-tout, il faut que le fénat
ou confeil ait quelque pouvoir de
déterminer fans communiquer à la fouveraineté : ces pouvoirs doivent être
plus étendus, fi elle eft nombreufe ;
plus referrés, fi elle peut s'affembler
facilement. On peut juger combien
ils doivent être limités dans la monarchie.

Le fénat Romain difpofoit des finances, ordonnoit de la Religion,
décernoit les triomphes, nommoit des
lieutenants aux gouverneurs des provinces, entendoit & congédioit les
ambaffadeurs. Un peuple ne peut guere exercer fa fouveraineté que par
commiffion ; mais les décrets du fénat
fur ces affaires ne portoient pas ce que
nous appellons un mandement, un ordre d'exécuter ; il expédioit pour le
peuple. Tel eft le caractere des pouvoirs des confeils lorfqu'ils en ont.
Cet exemple peut fuffire pour faire
comprendre quelle eft leur nature.

Pour fe repréfenter plus clairement

la composition des Gouvernements, il faut distinguer les sénats ou conseils, des magistrats dont je parlerai dans la suite. Les conseils s'occupent des affaires de l'Etat ; ils disposent les réglements généraux : les magistrats appliquent les loix, & les regles générales aux cas particuliers, & décident entre les sujets. Ce seroit blâmer les empereurs Romains & les rois de France, dont j'ai cité l'exemple, si on employoit les conseils à juger les affaires des particuliers : s'ils ont ôté aux anciens sénats la connoissance des affaires d'Etat, sous le prétexte de cette occupation, comment pourroit-on en embarrasser les conseils d'aujourd'hui ? Ce seroit sans nécessité renverser un ordre établi ; ce seroit obliger les conseils de suspendre une nature d'affaires, ou de régler l'une & l'autre avec précipitation. Plus l'Etat est étendu, plus cet ordre doit être inviolablement observé.

Lorsque le souverain est présent à la tenue des conseils, il entend la discussion, & se détermine, non selon la pluralité des voix, mais suivant ce qu'il juge le meilleur. Ce se-

roit un pouvoir bien exhorbitant dans
le conſeil, ſi le prince devoit ſe rendre à la pluralité; le conſeil ſeroit le
ſouverain : il eſt le flambeau qui montre les routes; le prince ſuit celle qu'il
juge à propos. Mais c'eſt dans ce moment que ſon attention doit être extrême; ce n'eſt qu'après de mûres
réflexions, & bien pénétré de la clarté
de ſes lumieres propres, qu'il doit embraſſer l'avis qui n'eſt pas le dominant
dans le conſeil.

Tous les hommes naiſſent avec des
penchants qui les portent avec plus
ou moins de rapidité vers des objets
qui les attirent, ſans que l'on puiſſe
connoître la cauſe de cette ſympathie.
Celui qui dans les conſeils ſonge plus
à ſon élévation, qu'au bien du prince
& de l'Etat, étudie les goûts du ſouverain, ils lui ſervent de guide pour
former ſes avis : le prince embraſſe,
ſans le ſavoir, une façon de penſer que
ſes goûts ont dictée plutôt que la raiſon. C'eſt un écueil difficile à éviter;
s'il y échoue une fois, il n'aura plus
dans ſon conſeil les avis de la vérité;
il n'aura que ceux de ſon inclination.
Il y a beaucoup plus de prudence à
ſe défier de ſoi-même & à ſuivre l'a-

Q iij

vis général des perſonnes choiſies qui
forment le conſeil d'un Etat. Cette
regle, que le prince pourroit ſe faire,
ſouffriroit peu d'exceptions.

Lorſque le ſouverain eſt abſent de
ſes conſeils, on doit lui faire le rapport de ce qui s'y eſt paſſé; & lorſque les avis ont été partagés ou à-peu-
près, il ſeroit bon que le rapport en
fût fait par deux conſeillers d'avis différents.

Dans les conſeils des Républiques
la pluralité décide. Alors les manieres
de propoſer, la méthode d'opiner,
peuvent être ſujettes à des diverſités
de quelque conſéquence. A Rome, les
conſuls propoſoient, & en leur abſence, celui qui préſidoit au ſénat. Les
ambaſſadeurs & toutes les perſonnes
qui vouloient communiquer des demandes ou des plaintes, ne pouvoient
s'adreſſer qu'à lui. Cette méthode n'é-
toit pas bonne. Le chef d'une compagnie ne doit pas être le maître de
lui céler les avis qu'on veut lui donner, les demandes que l'on veut lui
faire.

L'expérience apprend tous les jours
les dommages qu'en reſſent l'ordre public. Si on ſuppoſe que rien ne ſera

caché; la maniere d'expofer des demandes, conduite par un homme habile, doit la plûpart du temps décider du fuccès ou du refus. Outre les intentions des hommes contre lefquelles il eft bon de prendre des précautions, on doit craindre que le chef d'un corps confidérable ne puiffe fuffire à tant d'occupations. Des raifons, des circonftances omifes ou rendues fous une autre forme, par négligence ou préoccupations, défigurent l'état d'une queftion: c'eft donner à un feul homme trop de charge & d'autorité.

Chez les Grecs, on demandoit fi perfonne n'avoit rien à propofer. Les Étoliens avoient encore renchéri fur cette regle. Celui qui propofoit n'avoit point de voix délibérative fur l'article propofé. Lorfqu'il s'agit de quelque grace ou de quelque projet qui peut tourner à l'avantage de tout autre que de la République, il eft encore mieux que le propofant fe retire de l'affemblée; il eft moins dangereux que fon pouvoir, fon crédit influent fur la délibération; on ne fauroit affez favorifer la liberté des fuffrages.

On peut encore faire attention à

l'ordre dans lequel on recueille les voix. On commençoit à Rome par le prince du sénat, les désignés consuls, & les personnes qui avoient le plus de réputation. Cette méthode est très-bonne dans les corps où on décide les procès des particuliers. Les anciens instruisent les nouveaux, ils leur apprennent les principes & règlent l'état de la question. L'usage en est indifférent dans les affaires d'État; celles-ci sont, pour la plûpart, arbitraires, & ne se décident pas par le savoir & la doctrine. Les princes peuvent ouvrir des avis bons à suivre, & les appuyer de bonnes raisons. On n'a pas à craindre que leur autorité en impose, on n'apperçoit aucun inconvénient à commencer par eux. Les Romains ont réussi avec l'usage contraire de proposer & d'opiner, mais les Romains n'avoient devant les yeux que l'utilité de la patrie. Lorsqu'après la destruction de Carthage, leurs mœurs eurent changé, les mêmes méthodes avec lesquelles la République avoit prospéré, servirent à hâter sa ruine.

Les conseils, à prendre le terme à la rigueur, n'ont aucun pouvoir, ils ne doivent ni commander ni exécuter; cependant c'est d'eux que dépendent & le commandement & l'exécution. Le parlement d'Angleterre n'accuse jamais le Roi des maux de la République; il fait le procès à ses ministres. On ne doit pas penser que ce soit une voie indirecte d'accuser le Roi lui-même; le plus ordinairement c'est avec raison que l'accusation porte directement sur les conseils. Semblables à ceux qui indiquent la route que doit observer celui qui tient le gouvernail, ils précipitent le vaisseau dans les écueils, ou lui font faire une heureuse course.

CHAPITRE IV.

Des Officiers.

LA fonction des conseils étant bornée à disposer, & faire connoître les loix de la souveraineté, il faut d'autres personnes pour commander aux particuliers en conséquence de ces loix, & d'autres encore pour veiller plus immédiatement à leur exécution. Il a été nécessaire de préposer à ces fonctions des personnes certaines que

Q v

le public puiſſe reconnoître pour en
être chargées, & dont l'office eſt de
faire circuler, ſi j'oſe me ſervir de
cette expreſſion, la volonté ſouveraine : on a appellé leur état, des
charges, & on les connoît ſous le
nom d'officiers.

On doit donc entendre par officier, celui qui a une charge ordinaire, dont les devoirs & les attributs ſont fixés par un édit. On compte
deux eſpeces d'officiers : ceux qui ont
le pouvoir de commander, on les appelle magiſtrats ; & ceux à qui s'a-
dreſſent les mandements des magiſtrats pour les faire exécuter, ils ſont
ſimples officiers : les uns & les autres
ſont perſonnes publiques. On entend
par ce terme, toute perſonne dont le
miniſtere eſt conſacré au public, qui
lui doit ſes ſervices & ſes ſecours dans
la ſphere du devoir auquel il eſt pré-
poſé. Il eſt juſte par reconnoiſſance
qu'il ſoit conſidéré par le public.

On ne doit pas dire cependant de
toutes les perſonnes publiques qu'ils
ſont officiers. De ce nombre ſont ceux
qui poſſedent certaines dignités ec-
cléſiaſtiques. Ceux-ci ſont établis pour
les choſes divines ; les officiers pour

les temporelles. Il en est de même des médecins, des professeurs, qui doivent leurs services au public; ils sont au rang des personnes publiques & ne sont pas officiers.

Les offices sont perpétuels & les officiers ne le sont pas toujours: on peut les confier à la personne pour un an plus ou moins; mais le changement des personnes n'empêche pas que la fonction érigée en titre d'office ne dure jusqu'à ce qu'un autre édit la supprime.

On peut demander, 1°. à qui il appartient de créer les officiers. 2°. Parmi quelles personnes on doit prendre les officiers. 3°. Quelle est la meilleure maniere de les nommer : ces trois choses ne doivent pas être semblables dans les différentes Républiques.

Dans tous les Gouvernements, il appartient toujours à la souveraineté de fixer les états & les fonctions nécessaires au service public. Pour la seconde question, on doit distinguer la nature des Républiques. Dans l'Aristocratie, la premiere espece des officiers que j'ai dit avoir le droit de commandement, se doit prendre par

Q vj

mi les perfonnes qui participent à la fouveraineté. Ce choix de la feconde efpece pourroit être indifférent ; mais il convient mieux de le donner au peuple pour l'attacher à la République ; c'eft une attention que l'on ne doit pas perdre de vue. Dans la Démocratie fondée fur l'égalité, tout citoyen eft d'un rang propre à faire un officier du premier ordre ; perfonne ne devroit y être au-deffus du fecond. Si dans la république Romaine les Plébéïens etoient exclus des grandes charges, c'étoit un refte de l'ufage du temps des Rois, où le peuple n'avoit aucune forte de fouveraité. Le fénat qui lui en laiffa prendre le moins qu'il lui fut poffible, ne fouffrit pas volontiers les changements qui pouvoient lui donner de l'autorité. Ce fut un des fujets de difpute des plus vifs. Les tribuns ne céderent ce droit que par un accommodement, & le reprirent dans la fuite.

Dans la monarchie, il eft de principe que le monarque difpofe en faveur de qui bon lui femble des charges & des emplois. Mais comme il eft de l'effence d'un royaume que différents ordres y forment des étages entre les Rois & ce qu'on y appelle le peuple, ce feroit confondre les rangs néceſſaires, que de prendre, pour remplir de hautes charges, des ſujets dans des étages trop inférieurs. L'honneur qui, comme l'a très-bien remarqué l'auteur de l'Eſprit des loix, eſt le reſſort principal qui fait mouvoir les monarchies, s'effarouche de voir les premieres places occupées par des gens de bas lieu. La perſonne qui commande, contribue beaucoup à la facilité de l'obéiſſance ; elle ne ſera ni prompte ni volontaire, ſi l'honneur répugne à plier ſous celui qui porte le commandement. L'Etat & le monarque ne feront pas ſi bien ſervis. La nomination aux places de dignités, ſans aucun égard à la naiſſance, ne convient qu'à l'Etat deſpotique.

Quant à la maniere de nommer aux charges, on connoît dans les Républiques, l'élection, le ſort, & le mêlange de tous les deux. J'ai dit ailleurs les raiſons qui doivent déterminer pour la troiſieme forme. Dans la monarchie, on ne connoît guere dans l'uſage que le choix du ſouverain. Il eſt de ſon intérêt & de celui de ſes peuples que ce choix ſoit bon. C'eſt peut-être là partie la plus essentielle du Gouvernement. Mais comment le prince, dans un royaume de quelque étendue, pourroit-il connoître le mérite de ses sujets? Il ne le peut que sur les rapports de ses ministres. C'est donc au choix de ces derniers qu'il doit mettre toute son étude ; de celui-là dépendent tous les autres.

Un prince qui sait connoître les hommes, pénétrer & discerner leurs caracteres & placer leurs talents, est par cela seul un grand prince. L'histoire donne à François I le plus grand éloge, à mon sens, que puisse mériter un prince qui a des peuples à gouverner. Elle rapporte que dans ses malheurs, il avoit appris à connoître parfaitement les hommes, & qu'il n'employoit, dans ses derniers temps, que ceux en qui il découvroit une inclination sincere pour le bien & la gloire de la patrie.

CHAPITRE V.

Des Commissaires.

LE Commissaire est celui qui a une charge publique extraordinaire, établie & limitée par une commission. On ne trouvera pas ailleurs les définitions & les distinctions véritables des officiers commissaires & magistrats. Cependant il est essentiel de les bien connoître : ils forment une partie considérable de la République. Aristote, Govean, Cujas & Sigonius qui en ont parlé, sont tombés dans de grandes erreurs : leurs contradictions & leurs omissions en donnent une preuve bien facile à appercevoir.

J'ai dit que l'officier est une personne publique, c'est ce qui le distingue du particulier. J'ai dit qu'il exerce une charge ordinaire fixée par un édit ; c'est ce qui fait sa différence d'avec le commissaire, dont la charge est extraordinaire ; elle commence & finit avec l'occasion qui lui a donné l'être. Le dictateur, à Rome, étoit le commissaire de la souveraineté.

Les commissions ne font pas perpétuelles comme les charges ; elles ne seroient plus extraordinaires ; leur nature est d'expirer lorsqu'elles font exécutées, & de pouvoir être révoquées avant leur entiere exécution. Les grandes commissions des Républiques font nécessairement accompagnées de grands pouvoirs. Le commissaire est intéressé d'en prolonger la durée. On doit par cette raison en limiter le terme. La longueur du temps apprend & donne les moyens de malverser. Cette raison est égale dans les Républiques & la monarchie. On fixa à Pompée le temps de ses commissions pour la guerre des Pirates & pour celle de Mithridate.

Une pareille précaution ne devroit jamais s'oublier, si on avoit des généraux à choisir. Si celui qui commande les armées étoit assuré qu'il seroit succédé par un autre dans un temps marqué, quelque fût le fort de la guerre, elle ne dureroit pas si long-temps.

On a connu trop souvent le dessein de les prolonger, au peu de fruit que l'on a retiré des victoires remportées. La rapidité des conquêtes des Romains est due en partie au desir qu'a-

voit le conful de triompher, & de ne
point laiffer à fon fucceffeur la gloire
d'achever la guerre. Limiter le temps
pendant lequel le général occupera
ce pofte brillant, c'eft lui donner
d'auffi puiffantes raifons pour abréger
le cours de la guerre, qu'il en avoit
auparavant de la faire durer.

Il y a des commiffions auxquelles
on attache de fi grands pouvoirs,
qu'elles font ceffer l'exercice des charges. Lorfqu'on créa à Rome les décemvirs pour colliger les loix & en faire
un corps, on leur donna une autorité fans bornes ; on ne voulut pas qu'aucune magiftrature pût troubler leur
opération : les magiftrats furent fuf-
pens, & leurs fonctions dévolues aux
décemvirs pour un an. Leur conduite équitable & populaire ; & l'omif-
fion préméditée de quelques loix, fit
proroger le décemvirat pour une autre année ; mais cette continuation
leur donna le temps de prendre affez de pouvoir pour fe proroger eux-
mêmes après ce terme. Les violences
& les indignités d'Appius fur-tout, ex-
citerent un foulevement général ; les
armées quitterent leur camp, & revin-
rent à Rome ; on extermina les dé-

cemvirs, & il fut ordonné par une loi, qu'aucune commiffion, même celle de dictateur, ne pourroit à l'avenir fufpendre la puiffance tribunitienne.

Pendant la régence de Charles, dauphin de France, on nomma, à la requête des États tenus à Paris, cinquante commiffaires pour parcourir la France, & informer des abus qu'avoient pu commettre les officiers. Leur pouvoir ceffa durant cet examen. Cet ufage feroit louable & utile fi l'exécution répondoit à fon efprit; mais il pourroit fe tourner comme les mercuriales, que la politeffe Françoife a métamorphofées en éloges.

Les commiffions, fans fufpendre entiérement les fonctions des officiers, peuvent en arrêter une partie. Bodin, commiffaire en 1570 pour la réformation des eaux & forêts en Normandie, où le domaine du Roi avoit été envahi, obtint une interdiction au parlement de connoître des caufes de fa commiffion. Le parlement réfifta à fe dépouiller de fa jurifdiction; il fe rendit enfin, lorfque Bodin eût fait voir que le premier préfident, vingt-deux confeillers & le corps de ville étoient intéreffés dans les de-

mandes qu'il avoit à faire en conséquence de sa commission.

Tandis que les Romains bornerent
leurs conquêtes dans le sein de l'Italie, les pays ajoutés à la République
furent gouvernés par ses officiers,
consuls, préteurs, &c. mais dès qu'elle
eut conquis dans l'éloignement, elle
envoya des commissaires, proconsuls
& préteurs. Cette politique étoit très-
sensée. L'homme en charge peut prendre plus d'autorité que le commissaire,
& ne se révoque pas avec autant de
facilité. Lorsque la nature des fonctions est de devoir subsister, & qu'on
en charge un commissaire pour un
temps fixe, ce sont, à la différence
des commissions extraordinaires, des
charges exercées par commission.

Il conviendroit très-fort dans les
Etats d'une étendue considérable,
d'établir de ces sortes de commissaires, des préfets de province, dont
le devoir fût de veiller sur la conduite des officiers de justice, de ceux
commis aux finances, & de tous en
général. Mais si, par malheur pour
l'Etat, ces commissaires changeoient
leur inspection en jurisdiction; s'ils
vouloient connoître de tout, & en

décider, leur autorité deviendroit, pour ainsi dire, despotique. Ils pourroient eux-mêmes commettre les malverfations auxquelles ils feroient chargés de veiller ; les abus de ceux qu'ils délégueroient dans les différents districts, feroient énormes : les plaintes des malheureux ne fauroient percer jufqu'à eux, elles feroient écartées & étouffées par les auteurs mêmes de l'injuftice. Ce qui auroit été établi pour l'entretien de l'ordre & pour le bien des peuples, deviendroit pour eux le comble de l'oppreffion, & porteroit le plus grand préjudice au fouverain ; le mécontentement feroit univerfel.

Pour éviter ces maux qui réfulteroient d'un grand bien, les commiffions ne devroient être données qu'à des perfonnes capables, & qui ont acquis de l'expérience. On devroit les choifir dans tous les corps ; fi on les tire d'un feul, on eft obligé d'y prendre ce qu'on y trouve. Il faudroit les changer fouvent, & plus fouvent encore ceux qu'ils commettent fous eux ; empêcher fur-tout, qu'ils ne puiffent s'arroger aucune jurifdiction ; & fi ces expédients ne fuffifoient pas, la propo-

fition de leur établiſſement doit être
rejettée. Ajoûter une juriſdiction ſu-
périeure, ou tirer de pluſieurs pour attribuer à une nouvelle, c'eſt uniquement
ment faire paſſer les abus dans cette
derniere : ſi on la rend peu nombreuſe,
c'eſt les multiplier ; ſi on en revêtit
une ſeule tête, c'eſt les porter à l'excès. La ſimple inſpection n'a pas ces
inconvénients.

Les mauvais effets qu'ont produit
les grandes commiſſions, ne ſont pas
nouveaux. Le déſordre étoit grand
dans la république de Florence ; il
devint affreux lorſqu'on eut nommé
dix commiſſaires pour trois ou quatre
ans , avec un pouvoir entier d'ordonner de la République. On cherchoit à
corriger les abus ; c'étoit en introduire un plus grand , ſous prétexte de
faire ceſſer les autres.

Les commiſſions émanent ou directement de l'autorité ſouveraine , ou
des commiſſaires qu'elle a députés. Ils
ont le pouvoir de commettre en leur
place entiérement , mais en ſous-or-
dre. Les magiſtrats auſſi ont le droit
de donner des commiſſions ; ils peuvent nommer les commiſſaires dans
leurs colleges , ou les choiſir ailleurs.

Si un officier reçoit un ordre pour
exercer les mêmes fonctions de la
charge dont il est revêtu, dans un
lieu différent de celui où sa charge
est attachée, & que ce soit pour un
temps limité, il n'exerce plus comme
officier, mais comme commissaire.

La commission ne peut s'étendre au-
delà des choses portées par le refcrit
qui la contient. Si le commissaire excede ses pouvoirs, ce qu'il a fait est
nul, quand il feroit bien. On dit communément qu'il n'est pas de plus grand
défaut, que le défaut du pouvoir. Mais
lorfqu'un magiftrat commissaire juge
au-delà de ce qui est porté par fa commiffion; fi ce qu'il juge est du reffort
de fa charge & dans le lieu de fa jurifdiction, il est cenfé avoir jugé comme magiftrat, & le jugement est vala-
ble.

Le pouvoir compris dans les commiffions est fufceptible de plufieurs
gradations : il peut être borné à entendre & examiner; il peut comprendre le droit de juger. Le jugement
qu'il est permis de rendre, peut être
fujet à un appel ; il peut être défini-
tif. Toutes les diftinctions que l'on
trouve ici, s'étendent à tous les com-

miſſaires pour le Gouvernement civil, politique ou militaire, pour la juſtice ou les finances, & ſont communes à toutes ſortes de Républiques.

Généralement, les commiſſions prennent fin au moment que la mort de celui qui les a données eſt connue. Le pouvoir des ambaſſadeurs ceſſe ; les plénipotentiaires aſſemblés diſcontinuent leurs conférences, s'ils apprennent la mort du prince qui les a députés ; ils demandent & attendent de nouveaux pouvoirs. Il n'en eſt pas de même des charges ; c'eſt la différence de l'ordinaire & de l'extraordinaire, de ce qui eſt érigé par un édit, ou qui n'exiſte que par un ſimple mandat.

CHAPITRE VI.

Du Magiſtrat.

LES premieres Républiques gouvernées par une main ſouveraine, étoient ſans loix écrites. La volonté du prince donnoit & ôtoit les emplois. L'hiſtorien Joſeph a remarqué que l'on ne trouve pas une fois le terme de *loi* dans tout Homere. Elles étoient

cependant connues des Hébreux long-
temps auparavant. On fait qu'Homere
vivoit à-peu-près du temps de Salo-
mon. Ce feroit une raifon pour croire que lorfqu'il écrivoit fes poëmes,
on ne connoiffoit pas dans la Grece
ce que nous appellons des charges.
L'officier ne peut être établi fans une
loi qui l'autorife, & qui fixe les chofes auxquelles il doit s'employer. On
ne connoiffoit alors chez les Grecs
que les commiffions.

On doit remarquer que c'eft ici une
des grandes différences qui diftingue
la monarchie royale du defpotifme.
Les charges forment des degrés par
lefquels l'autorité defcend à pas réglés, & qui l'empêchent de tomber
fur les peuples avec la violence de la
chûte.

Le magiftrat, comme on l'a vu,
eft celui auquel fon office donne le
droit de commander dans fes fonctions.
Il eft néceffaire pour l'intelligence
des différentes efpeces de magiftrature,
de favoir ce que l'on doit entendre
par les termes de commandement &
de jurifdiction. Le commandement ne
confifte pas dans l'action d'ordonner
une chofe ou une autre à des perfonnes

nes subordonnées ; mais dans le droit
que l'on a d'obliger par des peines
juridiques à l'exécution de ce que l'on
peut commander. La moindre des peines juridiques qui caractérise le magistrat, est l'amende pécuniaire : celui
auquel il est permis d'infliger quelque
peine depuis celle-là jusqu'à la plus
grande, est magistrat. La jurisdiction
est le droit simple de faire appeller
devant soi les sujets pour leur donner
un jugement auquel ils doivent obéir.

Il est sensible que tout magistrat est
officier; mais comme l'on peut avoir
la charge de remplir telles ou telles
fonctions, de veiller à ce que telle
ou telle chose se fasse, sans avoir le
droit de contraindre, tel qu'il vient
d'être expliqué, il en résulte que tout
officier n'est pas magistrat : le commandement est ce qui le caractérise.

On entend communément en Fran-
par le terme d'officier, celui qui
t revêtu d'une dignité militaire;
magistrature une dignité dans
robe. Ce sont des idées d'accident,
elles ne sont pas de principe. Le terme
de magistrat que nous avons pris des
Latins, exprime quelque degré de commandement; il dérive du verbe *Magis-*

trare, que nous rendons par celui de *Maîtriser*. On ne faisoit à Rome aucune distinction de l'homme de robe d'avec l'homme d'épée ; les consuls créés pour commander les armées plutôt qu'à toute autre fin, étoient des magistrats ; de sorte que dans la vérité de l'expression, l'homme de robe est officier, comme l'homme d'épée est magistrat lorsque sa charge emporte le commandement.

La jurisdiction & l'autorité de commander peuvent exister séparément. Le juge d'église, par exemple, a la jurisdiction, le droit de *jurisdicendi*, & n'a pas le commandement, j'entends dans les affaires temporelles. Il ne peut donner ni mandement, ni commission pour faire exécuter ses jugements. Cette fonction appartient au juge séculier. Ainsi le juge d'église n'est pas magistrat dans cette partie.

De même le commandement existe sans jurisdiction. C'est l'état de la plus grande partie des charges militaires. En France, les parlements, lorsqu'ils enregistrent les lettres des gouverneurs & commandants des provinces, sont dans l'usage de faire mettre sur le repli, que ceux à qui elles sont données n'auront point de jurifdiction. On ne comprend fous ce terme que la jurifdiction contentieufe; il eft permis à chacun de recevoir la décifion d'un arbitre & de s'y foumettre.

En général, la jurifdiction & le commandement ne fe trouvent réunis que fur la tête de ceux dont la profeffion principale eft de rendre la juftice; ils font fondés en jurifdiction & en autorité générale; c'eft vraifemblablement ce qui les a fait nommer magiftrats par préférence aux charges d'épée. Celles-ci n'ont de jurifdiction que comme une exception à la regle, & limitée pour un certain genre. On connoît, par exemple, en France, le tribunal refpectable des maréchaux de France, & on voit les officiers juger leurs foldats au confeil de guerre, pour les cas marqués au criminel. Ils peuvent, à jufte titre, porter le nom de magiftrats.

Il eft particulier à la nobleffe Françoife de dédaigner de rendre la juftice ; les autres nations ne penfent pas de même. Elle veut ignorer que c'étoit fon ancienne fonction. Non-feulement c'étoit la fienne, mais elle feule en avoit le droit : elle compo-

foit le feul parlement lorfqu'il étoit à
la fuite des Rois. Elle fe plaint d'être
obligée, pour des affaires fubites &
dont l'expédition eft preffante, de recourir à des magiftrats municipaux,
qu'elle regarde avec dédain : la jurifdiction n'eft plus entre fes mains parce qu'elle l'a abandonnée. Pourquoi
ne veut-elle pas la reprendre ? Par quel
préjugé un gentilhomme ne voudra-
t-il point remplir une premiere charge
royale dans une ville, dans un bourg
où il fait le plus fouvent fa réfiden-
ce ? Il eft toujours noble de maîtri-
fer : la perfonne qui maîtrife peut être
vile ; la place ne peut jamais l'être.
Rien n'eft fi beau, rien n'eft fi grand
fur la terre que d'affurer la tranquillité
publique, de calmer les défordres,
de faire jouir chacun de ce qui lui
eft dû. C'eft le devoir des Rois, la
juftice eft un attribut de Dieu même. La nobleffe Françoife court à la
gloire qui fuit le danger. Elle fait
une occupation appliquée & féden-
taire, quoique glorieufe. Quelles
idées ont pu rendre l'honneur & la
gloire inféparables de la profeffion
de s'entre-tuer. Je les placerois dans
celle qui ...oit la plus utile à l'humanité.

La jurifdiction, proprement dite *Jurifdictio*, fe divife en publique & particuliere. Celle qui eft publique regarde la police; elle feroit inutile, fi elle n'étoit accompagnée de l'autorité. Ceux qui en font dépofitaires ont le pouvoir de faire exécuter les ordonnances qui font néceffaires pour fon exercice. La jurifdiction particuliere ou contentieufe appartient privativement aux charges de judicature. Le droit de commander en eft de même une fuite néceffaire.

On connoît des charges publiques qui n'ont ni commandement, ni jurifdiction : telles font dans les finances, celles des receveurs généraux & particuliers, les notaires & tout ce qu'on appelle officiers à la fuite de la juftice, chargés de l'inftruire, de la faire connoître, & de fon exécution.

L'homme privé n'a befoin que de favoir obéir. Le magiftrat en doit donner l'exemple ; mais il doit encore favoir commander aux fujets, défendre les foibles, réfifter aux entreprifes injuftes des grands, & rendre à tous une juftice égale. Les anciens difoient que le magiftrat découvre l'homme ; l'homme de même fait connoître

R iij

ce que doit être le magiſtrat. Celui
qui eſt digne d'en remplir les fonctions,
montre à tous l'éclat propre à la magiſtrature : celui qui manque des talents qui lui ſont néceſſaires ou des
qualités du cœur , la ternit & rabaiſſe
ſa majeſté. En acquérant la magiſtrature , il n'acquiert point l'honneur
qui l'accompagne , & avilit celui de
la dignité qu'il occupe.

CHAPITRE VII.

De l'obéiſſance du Magiſtrat aux Loix & au Souverain.

LES Magiſtrats tels que je les ai dé-
finis, je veux dire les perſonnes auxquelles le commandement eſt déféré,
ſont, après le ſouverain , les principales perſonnes dans le Gouvernement
civil de la République. C'eſt ſur eux
que la ſouveraineté ſe repoſe , elle leur
communique ſon autorité & la force
de commander ; leur premier devoir ,
par conſéquent , eſt de ſoumettre la
portion qu'ils en exercent à la volonté du ſouverain , puiſqu'ils ne diſpo-
ſent que de ce qui lui appartient. Le

magiſtrat doit lui ſavoir obéir, céder au pouvoir des magiſtrats ſes ſupérieurs, & honorer ſes égaux.

Cependant l'obéiſſance du magiſtrat a ſes degrés, elle a même ſes bornes ; ſi elle étoit aveugle & ſervile, il ſeroit eſclave, & ne ſeroit pas magiſtrat. Il ignoreroit les devoirs qui lui ſont tracés par la même main, à laquelle il doit obéir. La même ſageſſe qui a impoſé la ſoumiſſion, en a dicté les régles par la bouche des ſouverains.

On diviſe les ordres qui partent de la ſouveraineté en trois claſſes. Ou ce ſont des lettres de forme de juſtice, ou bien ce ſont des privileges, des diſpenſes de quelques loix, accordées à des particuliers, à des communautés ; ou enfin, ce ſont des loix deſtinées à être perpétuelles & générales pour un Etat. La premiere eſpece laiſſe au magiſtrat ſon entiere liberté. Les lettres en contiennent ordinairement la clauſe ; elles n'obligent qu'autant que l'expoſé ſe trouve conforme à la vérité des faits. C'eſt cette vérité qui détermine le juge ; en rejettant les lettres du prince il ſe conforme à ſa volonté (a).

(a) En France quoique l'expoſé des Lettres de grace ne ſe trouve pas conforme à la vérité, on ne prononce pas la peine, on en inſtruit le prince & on attend ſes ordres.

La seconde espece n'oblige pas aussi le magistrat étroitement , & l'on y peut faire plusieurs distinctions , si , comme dans les précédentes , le prince a été surpris dans ce qui lui a été exposé : si son ordonnance est appuyée sur des faits , la connoissance de ces faits appartient au juge. Le sort des Rois seroit à plaindre , si ceux qu'ils honorent de leur confiance, les laissoient exposés à des méprises dans lesquelles il est facile de les engager. On dit qu'il y avoit autrefois à Rome *au Campofiori* , des témoins toujours prêts à déposer de la probité ou du savoir d'un homme qu'ils entendoient nommer pour la premiere fois.

Mais lorsque le magistrat n'auroit à opposer à la grace du prince que des faits que le prince ne peut ignorer ; s'il lui a plû de donner, comme on l'a vu , les premieres dignités de la Justice à un homme élevé dans les finances , & la direction des finances à celui qui a été nourri dans la judicature ; si encore le souverain motive son ordre par des raisons à lui connues , le magistrat ne doit point examiner les faits , ni s'informer quelles sont ses raisons & leur solidité : il ne peut dans ces cas se refuser à l'obéissance.

Il n'en feroit pas de même, s'il ré-
fultoit du privilege ou de la difpen-
fe un préjudice gréveux à d'autres
citoyens. Le magiſtrat alors n'eſt pas
aſtreint à y avoir égard. Cette clauſe
ſe voit ſouvent dans des patentes de
cette nature ; & ſi elle eſt omiſe, des
loix générales y ont pourvu. Les Rois
de France ont ſouvent expliqué leur
volonté à cet égard ; ils ont ordonné
aux cours, que l'on appelle ſouverai-
nes, de ne point s'arrêter à ces graces arrachées de la faveur, & dues
ſouvent à l'importunité. Les Rois d'E-
gypte exigeoient de leurs magiſtrats
de ne point déférer à leurs ordres,
s'ils étoient injuſtes. Il n'eſt point de
ſouverain qui voulût penſer autrement.
Cependant le magiſtrat ne doit pas
agir au contraire ; il doit s'arrêter &
communiquer ſes réflexions.

Lorſqu'on adreſſe au magiſtrat une
loi générale, un ordre qui doit former
un réglement perpétuel pour l'Etat, ſon
premier devoir eſt d'obéir. On ne peut
cependant lui refuſer la faculté d'examiner ce qui doit faire la regle de ſa
conduite à l'avenir, ce qu'il doit obſerver le premier pour le faire obſerver aux ſujets ſoumis à ſon reſſort. S'il

R v

s'apperçoit que l'édit contienne des choses contraires à la Religion, aux loix de la nature, aux mœurs, le magistrat doit refuser son consentement, mais toujours avec respect. Il seroit une injure à son souverain, s'il pensoit que l'iniquité, l'injustice fussent sa volonté. Plusieurs magistrats refuserent d'obéir à l'ordre du célebre massacre de la Saint Barthelemi ; ils en seront à jamais loués.

Mais si un édit ne fait que changer des loix civiles, même un certain droit des gens ; quand il révoqueroit une loi utile pour en substituer une autre qui le seroit moins, le magistrat ne peut que surseoir, représenter & finir par se soumettre. Le bon ordre exige que les jugements du magistrat, lorsqu'ils sont devenus définitifs, attirent le respect & la soumission du citoyen. Il se peut cependant qu'il s'y glisse des inattentions, peut-être même quelqu'injustice. De même le magistrat doit respecter la volonté réitérée du souverain. S'il en échappe quelqu'une qui ne soit pas avantageuse à l'E-tat, ce sont des inconvénients inévi-tables, comme ceux des arrêts peu judicieux. Une maxime contraire entraîneroit de plus grands maux. On ne doit rien fouffrir qui puiffe avoir l'ombre du mépris, lorfqu'il s'agit des ordres de la fouveraineté & de la décifion de ceux qui font chargés de diftribuer la juftice ; l'excès de l'abus peut feul faire excufer les refus.

On peut demander fi le magiftrat doit remettre fa charge plutôt que de de donner fon confentement à un édit qu'il croiroit bleffer fa confcience. La décifion feroit moins délicate pour le magiftrat unique que pour un college. un feul homme fe peut remplacer ; mais un fénat verfé dans fes fonctions, cauferoit des maux infinis à la République s'il l'abandonnoit avant qu'on eût raffemblé affez de membres pour former un nouveau corps ; avant que ce corps encore enfant fût marcher & fe conduire, bien des défordres affligeroient le public.

Si l'édit étoit véritablement contraire à l'honneur, à la religion, on pourroit décider, dans le cas forcé, d'approuver ou de fe démettre. Mais outre que le fait en lui-même & fes circonftances font trop difficiles à préfuppofer, je fens qu'il eft dangereux de donner des maximes dans des matieres où

l'arbitraire de l'opinion fe peut introduire.

Tous les hommes font fujets à fe
prévenir & à fe méprendre ; la crainte
de trahir l'honneur ou la religion eft
impérieufe , elle défigure les objets,
elle porte dans l'ame un trouble qui
offufque fa lumiere lorfqu'elle ne devroit marcher qu'avec l'évidence : le
dirai-je, on y peut puifer des prétextes d'autant plus à craindre qu'ils font
plus plaufibles. La regle la plus générale eft qu'un corps ne doit point
donner fa démiffion , il doit attendre
qu'elle foit ordonnée.

A plus forte raifon , il ne feroit pas
bien à quelques membres , dont l'opinion ne prévaudroit pas , de quitter
les charges dont ils font revêtus, leur
confcience n'eft point chargée d'un
événement auquel ils ont oppofé leur
voix. Il y auroit un excès d'amour propre , même de l'entêtement, à croire
qu'ils auroient mieux penfé que le général. Il fe peut cependant que le petit
nombre aura pour lui la vérité, il doit
alors fe conferver pour des temps plus
favorables , & ne point abandonner la
juftice à ceux qui feroient dans l'erreur.

Il eft des occafions où le magiftrat

doit favoir plier & céder à l'injuftice
pour éviter de plus grands maux.
La gravité ou la légéreté de l'injuftice doivent en régler les occafions.
Cette maxime eft encore plus forte
pour le magiftrat unique, le premier
après le fouverain, & lorfque le mal
part de la propre volonté du prince,
plutôt que de celle de fon confeil.

Le fameux jurifconfulte Papinien
ne fuivit pas cette regle. Il avoit été
nommé par l'empereur Sévere, tuteur
des princes fes fils. Caracalla, ayant
tué fon frere Geta, il fit prier Papinien de colorer le meurtre de quelque raifon plaufible devant le fénat;
Papinien le refufa, & répondit
qu'il n'étoit pas fi facile d'excufer le
crime que de le commettre. Cette
réponfe lui coûta la vie; c'étoit peu
de chofe en foi, mais cette vie auroit
pû être d'une grande utilité à l'Etat.
Elle étoit le feul frein qui pût mo-
dérer le mauvais naturel de Caracalla.
La condefcendance raifonnée peut
adoucir; il eft affuré que l'infléxibi-
lité ne peut qu'aigrir. Papinien fut blâ-
mable, parce qu'il ne s'agiffoit point
d'empêcher une injuftice, elle étoit
faite, il falloit fonger à l'avenir. Il

n'appartient qu'aux grands génies de
favoir quand il faut plier ou fe roi-
dir.

On demande encore fi le magiftrat
ou le commiffaire qui ont commencé
à exécuter les ordres qu'ils ont reçus,
doivent en arrêter l'exécution, s'ils
apprennent le changement de la volonté du fouverain : il eft des cas
dans lefquels il fert le prince en ne
lui obéiffant pas. Si cette exécution
commencée, a donné aux chofes un
mouvement qu'il feroit dangereux d'arrêter ; fi le contre-ordre porte un préjudice réel à l'Etat dans les circonftances du temps, il doit juger qu'il
vient du prince mal inftruit. Lorfque Philippe, duc d'Orléans, affiégeoit
Lérida, il reçut un ordre de Louis
XIV de lever le fiege. Le duc d'Orléans emporta la ville d'affaut le len-
demain en préfence de l'envoyé qui
avoit porté la dépêche. Il n'y a que
le defpotifme qui puiffe blâmer une
pareille conduite d'un magiftrat. Il
eft ici queftion des regles, la nature
du defpotifme eft de n'en avoir point.

C'eft encore au magiftrat qu'il eft
remis de difcerner quel a été l'objet
de la loi dans les peines qu'elle a éta-

blies. Il eſt à ſon arbitrage de diminuer les peines pécuniaires, il ne peut
pas les augmenter, il peut en abſou-
dre après les avoir prononcées, en les
déclarant comminatoires. Il juge même ſi les peines corporelles ſont de
rigueur, ou ſi elles ſont publiées ſeulement dans la vue de détourner du
crime & le prévenir. Un édit d'Henri
II prononce la peine de mort contre les filles qui n'auront pas déclaré
leur propre honte au magiſtrat. Les
juges auxquels cet édit a été envoyé,
n'en ont jamais exécuté la lettre, que
lorſque le fruit a péri: Ce n'eſt pas ſe
refuſer à la loi; c'eſt connoître ſon
eſprit.

Le magiſtrat qui paſſe au-delà des
ordres du ſouverain eſt auſſi coupable que celui qui déſobéiroit réellement; cependant on a vu des ames
aſſez corrompues, aſſez baſſes, pour
lever ſur les peuples des impôts plus
forts que ceux qui leur étoient de-
mandés. Tibere, quoique Tibere, re-
prit aigrement le préfet d'Egypte coupable de cette indignité, il lui dit:
*Je veux bien que l'on tonde mes brebis,
je ne veux pas qu'on leur enleve la peau.*

CHAPITRE VIII.

De la puiſſance des Magiſtrats ſur les Particuliers.

IL eſt naturel que celui qui exerce le commandement dans une République puiſſe contraindre & punir ceux qui voudroient déſobéir à ſes ordres, ou à ſes défenſes : ſi les loix ont la force de commander, défendre, permettre & châtier, c'eſt par la bouche des magiſtrats. La loi eſt muette, le magiſtrat eſt la loi vivante, il doit parler pour elle & ne parler que par elle.

Le droit de commander du magiſtrat n'eſt point une autorité générale. Elle eſt diviſée par les matieres, les perſonnes & les lieux. Les fonctions des charges ſont renfermées dans le territoire, dans le ſiege, dans le genre des faits & la claſſe des citoyens pour leſquels la juriſdiction eſt donnée. Les édits qui créent les charges, expriment & réglent tous ces points. Le pouvoir, par conſéquent, n'eſt point inhérent à la perſonne du magiſtrat, mais à l'office suivant sa qualité; & le commandement peut appartenir à une charge seule, ou conjointement à plusieurs qui forment un corps.

Les moyens de contraindre, comme suite du droit de commander, consistent à prononcer des amendes, & à saisir les biens ou les personnes pour obliger à l'exécution de la chose commandée. Quelques charges n'ont qu'une partie de ces pouvoirs, quelques autres ont tous les trois. Quelques-unes les possèdent définitivement, dans d'autres ils peuvent être suspendus par l'appel au supérieur. Ces divisions & ces gradations sont utiles au bien du public.

Il est encore avantageux pour les peuples que la réunion des pouvoirs en dernier ressort appartienne à un college plutôt qu'à un seul; ils auroient, au lieu d'un magistrat, un maître superbe, peut-être corrompu. Il est convenable cependant à leur intérêt, que quelquefois un seul exerce le pouvoir de tous, mais jamais dans toute son étendue, ni pour long-temps. En France, par exemple, un procureur du Roi, un des magistrats du college de police, peuvent saisir des effets, ordonner un emprisonnement, pour arrêter un désordre présent ; mais c'est à tout le corps à prononcer sur les suites. Ce pouvoir particulier ne dure qu'un instant, parce que l'utilité publique qui l'exige, ne demande pas qu'il dure plus d'un instant.

La magistrature est sacrée, & par conséquent la personne qui l'exerce l'est aussi dans le temps de son exercice. Si le magistrat use de violence dans cette qualité, il est défendu de lui opposer la résistance ; si c'est hors de son siege, hors de ses fonctions, il n'a pas de loi particuliere en sa faveur. De même s'il sort des bornes de son pouvoir, s'il ordonne dans des choses qui ne sont pas de sa compétence, ses ordres n'ont pas plus de force que ceux de tout autre citoyen. Il n'est magistrat que dans la partie confiée à son ministere.

C'est une conséquence du respect dû au magistrat, qu'il puisse lui-même venger les injures qui lui sont faites, lorsqu'il est dans ses fonctions. Ce n'est point le cas de la maxime qui défend de se faire justice à soi-même. Ce n'est pas l'offense faite à sa perfonne que le magiftrat punit, c'eft celle qui eft faite à la fouveraineté qui lui a confié fon pouvoir, & qu'il repréfente dans ce moment & dans cette partie. Mais comme l'homme pourroit agir fous le manteau du magiftrat, la punition eft bornée à une amende, & au plus fort à une prifon momentanée. Si l'injure peut mériter une peine plus grave, ou un autre genre de fatisfaction, il doit dépouiller la perfonne publique, & attendre la juftice de fes collegues ou de fes fupérieurs.

Mais quoique le magiftrat ne fût point occupé dans l'exercice de fes fonctions, l'outrage qui lui feroit fait, eft un délit plus grave que s'il étoit fait à un particulier. Les perfonnes publiques portent dans tous les temps un caractere qui les diftingue du commun des hommes : *Qui tribunis plebis, ædilibus, judicibus nocuerit, ejus caput jovi facrum eft*; ainfi parloit la loi des Romains. Il eft du bon ordre que celui qui eft néceffaire au public, qui s'expofe tous les jours à des haines particulieres pour le fervir, ait une fauve-garde pour fa perfonne. Elle confifte dans un châtiment plus marqué des injures qui lui font faites. Si

les punitions étoient légeres, les af-
fronts deviendroient communs & les
charges abandonnées.

Nous lifons que les cenfeurs dé-
graderent un citoyen Romain de fon
rang, pour avoir bâillé avec indé-
cence à leur tribunal. Lorfque ces maximes ne font plus refpectées, lorfque les hiérarchies font confondues,
la fubordination méprifée, ce feront
autant de préfages d'un changement
inévitable & prochain dans un État.

CHAPITRE IX.

De la puiffance du Glaive.

ON doit diftinguer entre le droit
de contraindre, & les châtiments;
l'un oblige à l'entretien de l'ordre,
l'autre venge le bon ordre violé. C'eft
le plus haut degré d'autorité du magiftrat fur le particulier; il s'étend
jufqu'à le condamner à la mort. Ce
pouvoir furnaturel eft encore plus particuliérement emprunté de la majefté
fouveraine, qui en fe dépouillant de
ce droit funefte, a toujours réfervé à
elle feule celui de donner la vie.

On a long-temps disputé pour savoir si la puissance du glaive étoit in-
séparable de la souveraineté ; si les
magistrats avoient seulement l'exécution de la haute justice, ou si ce pouvoir leur étoit propre. Lothaire &
Azon, les deux plus grands jurifconfultes de leur siécle, étoient de deux
opinions différentes. Ils s'en remirent
à la décision d'Henri VII sous la ga-
geure d'un cheval. Si Azon, qui donnoit la puissance du glaive aux magistrats, ne raifonnoit pas mieux dans
le fonds de la question, qu'il ne se
déterminoit pour le choix de son juge,
il étoit assurément mal fondé. L'empereur qui, comme souverain, étoit juge
dans sa propre cause, décida pour Lothaire qui ne donnoit aux magistrats
que l'exécution. Les jurifconfultes tenoient presque tous pour Azon. Je rapporterai les raisons principales que l'on
peut alléguer des deux côtés.

Pendant la durée de la république
de Rome, ni aucun magistrat particulier, ni tous ensemble ne possé-
doient la puissance du glaive ; il ne
leur appartenoit même point de prononcer aucune peine. Le préteur, après
avoir pris au sort un certain nombre

de juges, & recueilli leurs avis par les
tablettes, difoit : *Il paroît que l'accufé*
n'a pas agi felon le droit ; il paroît que
l'accufé a dépouillé la province ; ou bien,
il paroît que l'accufé n'eſt point coupable.
Alors il étoit abſous ; au premier cas,
il fubiſſoit la peine portée par la loi,
que le préteur ne prononçoit pas. On
ne connoiſſoit alors que trois manieres
de juger, abfoudre, déclarer coupable, ou ordonner une information plus
ample. Il eſt évident que les juges n'é-
toient que les exécuteurs de la loi,
juges du fait & point de la peine : cela
fe pratique de même en Angleterre
aujourd'hui, & cet uſage confirme ce
que j'ai dit de la conformité de fon
Gouvernement avec celui de l'ancienne Rome. Mais lorſque le peuple
jugeoit, il prononçoit l'exil, il in-
terdifoit le feu & l'eau ; il condamnoit à la mort, lorſque le coupable
étoit aſſez peu aviſé pour attendre un
jugement. Le peuple feul avoit donc
alors la puiſſance du glaive, & par
conféquent il n'appartient qu'au fouverain. C'étoit là-deſſus que rouloit
une partie des raiſonnements de Lothaire.

On ne difputoit pas les faits, mais on

prétendoit qu'ils ne prouvoient point
fi on les ramenoit à leurs circonftances. Le peuple romain n'avoit en feul
la puiffance du glaive que dans Rome ;
dans l'origine encore le conful la par-
tageoit avec lui : il avoit le droit de
faire frapper de verges un citoyen dans
la ville : ce pouvoir ne fut abrogé que
par la loi *Porcia*. Cette loi n'ôta pas le
droit du glaive au conful , hors des
portes de la ville il reprenoit les ha-
ches avec les faifceaux & l'exerçoit
par-tout. Le droit du peuple renfermé
dans l'enceinte des murailles n'eft
qu'une exception au droit général.

Azon auroit pu ajouter à cette réflexion que l'exemple du peuple romain
n'étoit d'aucune force pour la décifion ; ce peuple étoit en même temps
le fouverain & la nation : auquel des
deux appartient le droit du glaive lorfque ces qualités viennent à fe diftinguer ? c'eft la queftion.

Azon prétendoit encore que les
changements furvenus dans les fuites,
l'avoient transféré indubitablement
fur la tête des magiftrats.

L'ufurpation des Empereurs plutôt
qu'un droit légitime avoit réuni dans
leur perfonne le pouvoir des confuls

Tome I.   *

& celui du peuple. On ne fauroit
même trop obferver qu'alors le droit
du glaive n'appartenoit, pour ainfi
dire, qu'à la loi. C'étoit uniquement
fon texte, fes termes pofitifs qui dé-
cidoient & prononçoient la peine du
coupable; mais lorfque les Empereurs,
fur l'avis des plus fages jurifconfultes,
fe furent apperçus de l'injuftice extrême, on peut dire du ridicule, que la
peine fut égale dans toutes les circonftances qui peuvent varier les degrés
du même crime, qu'il n'y eut point de
milieu entre un fupplice toujours femblable ou l'abfolution, ils créérent des
magiftrats auxquels il fut permis d'a-
doucir ou d'aggraver la peine, même
d'en changer l'efpece fuivant la différence des conjonctures.

On a donné la puiffance du glaive
lorfqu'on a donné le pouvoir de juger,
condamner, abfoudre & modifier.

Lothaire répondoit que les magiftrats étant nommés par le fouverain,
c'étoit de lui qu'ils tenoient leur pouvoir, que leur autorité par conféquent
étoit une émanation de la fienne, &
que le prince, en leur confiant l'exercice, retenoit la propriété.

C'étoit, felon Azon, une pétition
de

de principes qui embrouilloit la question , qui se réduisoit à savoir si le
prince pouvoit séparer le droit du
glaive de la magistrature.

Ce n'étoit point du peuple que les
consuls tenoient leur autorité quoiqu'ils lui dussent le consulat ; elle
étoit jointe à leur dignité par les loix
constitutives. Ce ne sont point les titres de capitaine général, de maréchal,
de connétable qui attribuent le droit
du glaive , il n'appartient qu'à celui
d'entr'eux qui est en fonctions, à celui
qui commande les armées. Les commissions que le prince fait expédier ne
l'expriment point ; c'est la raison & la
nécessité du bien public qui le lui donnent. Le consentement & l'usage uniforme de toutes les nations l'ont attaché à ce genre de commandement, il
naît de la nature de la chose.

Les généraux des armées , encore
aujourd'hui, imposent à l'exécution de
leurs ordonnances la perte de la vie :
s'ils ont par leur seule qualité cette prérogative commune avec le souverain,
on en peut conclure que la puissance
du glaive réside où le bien de l'Etat a
besoin qu'elle se trouve. On n'entend
point que ce droit soit propre au ma-

giftrat , mais à la magiftrature ; de même que l'autorité accordée à l'office, lors de fon érection , n'eft pas propre à la perfonne de l'officier.

La queftion de la propriété des charges n'eft point étrangere à celle-ci. Il paroît naturel que les charges publiques appartiennent au public , & que le prince n'en a que la difpofition. Il lui doit être loifible d'en diminuer ou d'en augmenter le nombre ; d'en changer le nom & d'en créer de nouvelles ; mais le fonds en fera toujours propre à la République. Il eft dû au peuple des magiftrats quelconques , pour les conduire , les contenir & pour affurer leur tranquillité. La puiffance du glaive eft néceffaire à ces objets, & il eft hors de la poffibilité que le prince l'exerce lui-même. On peut dire que nous avons un droit réel & affectif, fur ce que nous pouvons revendiquer, & qu'il n'eft pas permis de refufer avec juftice à notre demande.

On peut croire, fans prétendre diminuer le pouvoir des Gouvernements modérés & légitimes , qu'il eft des efpeces de charges auxquelles le confentement des fouverains , celui de tous les Etats & la plus longue poffeffion

ont donné une confiftance auffi iné-
branlable que la nature même du Gouvernement. On en peut faire une comparaifon affez jufte avec les jurifdictions féodales. Dans les lieux où l'ufage de plufieurs fiecles, joint à l'aveu
des Rois, les a rendus héréditaires, on
doit dire que la propriété en appartient
à ceux qui les poffedent. On reconnoît
cependant le droit d'hommage & de
reffort dû à la fouveraineté. Il en eft de
même des magiftratures permanentes
& néceffaires. Si la magiftrature & le
droit du glaive font dûs au peuple, le
droit du glaive paroît annexé à une
magiftrature quelconque.

La même comparaifon des fiefs conduit à ne pas confondre la magiftrature avec les individus qui l'exercent, de
même que le fouverain accepte le vaffal, il faut qu'il agrée la perfonne de
l'officier. Dans les États où la vénalité
a rendu les charges héréditaires, ce
n'eft pas la charge, c'eft le prix qui eft
patrimonial.

Les Maréchaux de France préten-
dirent autrefois le droit de faire paffer
leurs dignités à leurs fucceffeurs. Il
fallut un arrêt pour les obliger à fe dé-
fifter de leurs prétentions. Le parle-

S ij

ment le prononça le 22 Janvier 1361,
& déclara leurs charges appartenir au
domaine de la couronne. Il semble
que cette décision applanit toutes les
difficultés. Elle déclare que les charges
principales tiennent en quelque maniere à la constitution de l'Etat. Les
Rois ne se regardent pas comme plei-
nement propriétaires du domaine de
la couronne : ni le souverain, ni l'Etat
ne le peuvent aliéner séparément. Ils
le pourroient tous les deux ensemble,
comme ils pourroient changer la nature du Gouvernement. De même que
le souverain a la jouissance de son domaine, il dispose de l'exercice du droit
du glaive, sans en avoir l'entiere propriété. La République est le point de
centre où tout se réunit. C'est la mer
où les ruisseaux, les rivieres, les fleuves viennent aboutir par une pente
naturelle.

CHAPITRE X.

De la puissance que les Magistrats ont les uns sur les autres.

ON trouve ordinairement dans une
République bien réglée, trois ordres
principaux de magistrats : le premier

eſt de ceux que l'on appelle improprement ſouverains. Ce terme qu'un
mauvais uſage a établi, veut dire ſimplement ceux qui, par leur rang, ſont
au-deſſus de tous les autres. Aucun
magiſtrat ne leur commande, ils commandent à des magiſtrats au-deſſous
d'eux. La ſeconde claſſe reçoit les
ordres des premiers, & en donne
à de plus ſubalternes. Enfin la troiſiéme n'a point de magiſtrats au-deſſous d'elle, & n'exerce ſon pouvoir
que ſur des particuliers ſujets à ſon
reſſort.

On a vu le premier ordre des magiſtrats réduit à une ſeule tête. Sous
les empereurs Romains, le préfet du
prétoire commandoit à tous. On appelloit devant lui des jugements des
gouverneurs des provinces ; telle a
été dans la France la dignité de
Maire du palais. Jamais une République ne doit donner un pouvoir
auſſi immenſe à un ſeul homme, qu'a-
vec les précautions que l'on prenoit
à Rome contre le dictateur : le prince doit toujours être lui-même le
premier magiſtrat de ſon royaume,
le magiſtrat des magiſtrats, celui qui
commande ſeul à ceux qui commandent aux autres.   S iij

En cette qualité, il eſt dans l'ordre que le pouvoir des magiſtrats du premier rang s'éclipſe par la préſence du ſouverain. A Rome, les conſuls baiſſoient les maſſes & les faiſceaux devant le peuple, & lui parloient debout. En France, dans les lits de juſtice, celui qui parle aux pieds du Roi, & pour lui, prononce : *Le Roi vous dit*, on n'y dit pas *ſon procureur ce requérant*; mais, *oui ſur ce, ſon procureur*. Perſonne ne requiert, le ſouverain préſent fait entendre ſa volonté.

Tel eſt l'effet de la préſence de la majeſté royale : on ne ſauroit douter alors que ce ne ſoit ſa véritable volonté qui eſt annoncée ; on n'a pas le même degré de certitude dans ſon abſence. Un des chefs d'accuſation contre le chancelier Poyet, fut de s'être ſervi de ces termes, en l'abſence du Roi : *Le Roi vous dit*. Cette préſence qui ſuſpend le pouvoir de commander des magiſtrats, laiſſe cependant ſubſiſter entr'eux les dignités & les préſéances.

Quelquefois les mêmes magiſtrats ſont les juges des intérêts du prince, il les ſoumet à leur déciſion. Les ſou-

verains de l'Europe en général, ont
connu combien cet ufage eft conforme à la juftice, & combien il eft digne d'eux de montrer à leurs fujets,
par leur exemple, qu'il n'appartient
à perfonne de fe juger foi-même. Ils
ne plaident pas en leur nom, mais
par celui de leur procureur. Au
moyen de ce fage tempéramment, la
majefté ne diminue rien de fa grandeur, & l'éclat du nom n'éblouit pas
les juges. Si le prince choififfoit fes
juges felon fon intérêt, ce feroit, à
peu de chofe près, fe faire juftice à
foi-même. Lorfqu'il laiffe la décifion
au corps de magiftrature, juges naturels des matieres & du territoire,
fon défintéreffement eft entier : ceux
qui font condamnés, n'ont pas la
douleur de l'être par des juges de
choix.

La magiftrature vraiment fouveraine, garde toujours fa diftinction;
elle conferve des caracteres qui ne fe
communiquent point ; fes ordres feuls
expriment qu'ils émanent de fa *volonté*:
les ordonnances du refte des magiftrats ne portent pas ces termes ni
d'équivalents. Elle demande encore
de la part de ceux-ci des égards qui

ne font que pour elle. On ne peut détailler jufqu'où vont la déférence, le refpeɕt qui lui font dûs. Je rapporterai un exemple pour me faire entendre. Le magiɛrat qui bannit un coupable de fon reɛort, le bannit de la cour du fouverain, lorfque le territoire, où il fait fa demeure ordinaire, eɛ enclavé dans ce reɛort ; mais il ne lui conviendroit pas de prononcer qu'il le bannit de la cour. La faute ne feroit pas dans le fonds de la chofe, elle feroit dans l'expreɛion.

A l'exemple de ce qui fe paɛe en préfence du fouverain, l'autorité du magiɛrat inférieur eɛ fufpendue par la préfence du magiɛrat fupérieur de la même claɛe & du même reɛort. Le fupérieur a le droit de prendre le fiege fubalterne & de le préfider. Un moindre pouvoir cede au plus grand dans la même jurifdiɕtion. Il faut fuppofer cependant que les deux pouvoirs partent de la même main. En France, un baillif ne pourroit prendre la place d'un juge de feigneur.

En concours de puiɛance égale, le collegue peut arrêter fon collegue, & l'un & l'autre pouvoir doit ceɛer, comme le choc de deux corps égaux à tous égards, & qui fe rencontrent avec le même degré de vîteffe, les rendra tous les deux immobiles.

On peut donner pour regle certaines que dans tous les colleges des magiftrats, le plus grand nombre a le pouvoir fur le moindre, & que l'avis de la pluralité forme une décifion qui a la même force que fi elle étoit unanime. La circonftance de trois avis a donné bien de l'embarras & formé une infinité de queftions. Il eft étonnant de voir une loi du digefte qui décide que lorfqu'un avis condamne à vingt écus, l'autre à dix & un troifiéme à cinq, ce dernier doit prévaloir, parceque, dit le jurifconfulte Julianus, c'eft la fomme en laquelle ils font tous d'accord : c'eft un vrai fophifme.

Il eft plus furprenant encore de voir Grotius & Puffendorff partagés fur cette loi, & raifonner long-temps fur le parti que l'on doit embraffer entre l'avis de dix & celui de cinq. Un ufage introduit en France par une ordonnance de l'un de fes rois a terminé cette queftion. Tous les avis fe réduifent à deux ; ceux qui en foutiennent un troifieme en moindre nombre, font obligés de choifir l'un des

S v.

deux dominants. Cette méthode eft
dans l'ordre de la juftice , parce que
le petit avis ne pouvant fe foutenir
contre aucun des deux adopté par un
plus grand nombre , il doit être regardé comme non exiftant ; & fi l'on
fuppofe que les trois avis aient chacun un nombre de voix égal , ce qui
eft plus précifément le cas de cette
loi , c'eft aux plus jeunes de l'un des
avis à embraffer l'un des deux autres.
Cette pratique a paru fi judicieufe,
qu'elle a été fuivie, pour ainfi dire ,
par-tout.

La regle de la pluralité n'étoit pas
ufitée à Rome parmi les tribuns ; la
volonté d'un feul arrêtoit les volontés de tous les autres : telle eft la nature du droit d'empêcher , droit
capable de gâter les conftitutions
qui d'ailleurs feroient les meilleures.
Je penferois que le fénat influa beaucoup dans cette irrégularité. Le peuple, toujours extrême & infenfé, crut
ne pouvoir donner trop d'étendue à
l'autorité de fes tribuns ; il penfa qu'un
feul d'entr'eux pourroit défendre fa liberté , fi tous les autres venoient à l'a-
bandonner. Il ne s'appercevoit pas qu'il
ôtoit la liberté d'agir à fes défenfeurs.

Le sénat approuva & se prêta à cette imprudence : il ne lui falloit qu'un tribun pour arrêter le pouvoir des tribuns qu'il accordoit au peuple avec tant de regret. Il étoit difficile que dans leur nombre il n'en trouvât un qu'il pût détacher des autres. Il se servoit souvent de cet expédient.

Le lieutenant, *locum tenens*, n'a pas autant de pouvoir que le magistrat dans son absence ; il ne peut ordonner qu'au nom du magistrat : quoique les choses aient souffert quelques changements en France à l'égard des lieutenants des magistrats , les baillifs & sénéchaux intitulent leurs jugements du nom du grand baillif ou grand sénéchal. Le lieutenant ne peut pas faire appeller devant lui toutes les mêmes personnes qui doivent se présenter devant le magistrat. Cette regle ne s'observe plus en France vis-à-vis des lieutenances qui ont été érigées en charges & vendues : mais encore aujourd'hui un évêque , quand il s'agit de la discipline ecclésiastique, n'est pas tenu de répondre devant l'official, ni les vicaires généraux , mais seulement à la personne de l'archevêque. Ces déférences sont dues à la di-

gnité du magiſtrat, & au rang de la
perſonne appellée devant lui.

Il eſt néceſſaire qu'entre des magiſtrats d'égale puiſſance, l'un ait la pré-
féance ſur l'autre, autrement le
temps ſe perdroit en diſputes ou en
politeſſes. Rome a ſouvent varié là-deſſus. Entre les conſuls, le premier dé-
ſigné fut, pendant un temps, le premier nommé dans les actes ; quelquefois ce fut le plus âgé. La prérogative de l'honneur fut donnée par
la loi *Pappia* au conſul marié, & lorſqu'ils l'étoient tous les deux, à celui
qui avoit le plus d'enfants. Il y a pluſieurs manieres de régler les rangs ;
elles ſont aſſez indifférentes ; le ſeul
point eſſentiel eſt qu'ils ſoient réglés.

Rien ne doit empêcher le magiſtrat inférieur de faire exécuter ſon
jugement par ſa propre autorité, lorſque perſonne n'en appelle. On ne
bleſſe point l'autorité du ſupérieur,
lorſqu'on exécute ce que les parties
intéreſſées reconnoiſſent juſtes. Il faut
excepter les jugements où il s'agit de
la vie ou de l'honneur, je l'ai déjà dit
ailleurs.

Non-ſeulement les magiſtrats ſe
doivent des égards d'une juriſdiction.

à l'autre, mais encore le lien univerfel qui doit unir tous les hommes,
veut qu'on les obferve entre les Républiques. Un marchand François fut
condamné à Venife dans une affaire
civile, & fe retira en France. Le Vé-
nitien qui avoit obtenu la condamnation, l'y fuivit avec des lettres de fa
République, que l'on appelle *Roga-
toires*. On ne voulut pas examiner fi le
François étoit bien ou mal condamné; on examina feulement s'il avoit
contracté à Vénife, & s'il s'étoit foumis à la jurifdiction de la feigneurie,
& on laiffa exécuter le jugement. On
n'en ufe pas de même dans les affaires criminelles, par une maxime fupérieure. Le feul fouverain doit décider
s'il veut livrer le coupable, ou que
fes Etats lui fervent d'afyle.

Il arrive rarement dans des crimes
importants qu'une République fe refufe aux prieres d'une autre. Les nations les plus impérieufes & les moins
policées ont donné des exemples de
ce qu'exige le bien public. Le fultan
Mahomet furnommé le Grand, ayant
appris que l'affaffin de Julien de Médicis s'étoit retiré à Conftantinople,
il le fit prendre & le renvoya à Flo-

rence. Tout doit fe réunir pour ôter
les fcélérats de deſſus la terre.

CHAPITRE XI.

Si les Offices doivent être perpétuels, & des raiſons qui s'y oppoſent.

LA choſe qui contribue le plus au
maintien des Républiques, eſt, fans
doute, la conduite & la capacité des
magiſtrats qui commandent fous l'autorité fouveraine. Rien n'eſt plus capable de faire une différence eſſen-
tielle d'une conſtitution à une autre,
que la maxime de les déplacer trop
fouvent, ou celle de les perpétuer
dans les mêmes emplois. Aucune queftion ne mérite mieux d'être diſcutée.
Je commencerai par rapporter les raifons des deux fentiments oppoſés.

Si la vue principale de toute République doit être de former des citoyens à la vertu, on doit mettre en
uſage tous les moyens qui peuvent
concourir à cet objet. Dans cette idée,
le légiſlateur doit offrir aux regards
de tous, les récompenſes du mérite,
& l'eſpérance de les obtenir. Cette

vue excite les sujets à y atteindre. Le prix le plus digne de la vertu est, sans contredit, l'honneur dégagé de tout intérêt; au contraire, l'intérêt séparé de tout honneur, n'appartient qu'aux ames mercénaires. Cependant il résulte du mêlange de ces deux extrêmes, un tout qui devient souvent nécessaire, parce qu'il n'est pas rare de trouver ensemble le mérite & les besoins. Si les honneurs, la considération & les émoluments qui peuvent y être légitimement attachés, sont enlevés au public pour être renfermés trop long-temps dans des maisons particulieres, on ne doit plus s'attendre que l'émulation porte à les mériter. Cet inconvénient de donner les charges pour la vie est sensible ; il sera encore plus contraire au bon ordre, qu'un même sujet possede plus d'une charge; c'est resserrer dans un cercle plus étroit ce que l'on devroit chercher à étendre.

Le but principal auquel doit tendre la société civile, est d'ôter les semences d'envie & de division entre les hommes. Les charges distribuées d'une maniere qui ôte l'espérance aux compétiteurs , excite la jalousie, la

mécontentement, & les murmures
contre le Gouvernement. Si une République possède plus de citoyens vér-
tueux qu'elle n'a de charges, il est
évident que plusieurs auront été privés d'une récompense qu'ils ont méritée. Les principes de l'équité naturelle & de l'égalité sont renversés.

Il est dans l'ordre des choses que la
perpétuité de la magistrature y intro-
duise la corruption. On en peut voir
un exemple dans le portrait que fait
Tite-Live de celle de Carthage. « Dans
» ce temps-là, dit cet auteur, l'ordre
» des magistrats dominoit à Carthage,
» principalement parce qu'ils étoient
» juges perpétuels. Les biens, la ré-
» putation & la vie étoient en leur
» puissance, celui qui avoit l'un d'eux
» pour ennemi les avoit tous. »

La raison de ce désordre est bien
naturelle. Une conformité de magistrature dans des tribunaux semblan-
bles, forme des liaisons; si elle est
perpétuelle, elle en donne plus de
temps, elle en impose une espece de
nécessité. Un même college se doit
trouver réuni par les liens de la fa-
miliarité ou des alliances : qui accu-
sera, qui condamnera le magistrat?

Ce feront les alliés de fes parents, fes amis, ou les leurs qui jugeront l'accufé & fon accufateur. L'efpérance de l'impunité eft la mere du crime. Les magiftrats fubalternes échapperont de même à la punition. Peu d'hommes ont le front de punir dans les autres les fautes pareilles à celles dont ils fe fentent eux-mêmes coupables, les crimes fe donnant volontiers la main.

Plutarque loue hautement la coutume des Romains qui excitoient les jeunes gens à accufer ceux qui avoient géré quelque magiftrature. Les défordres, les concuffions recevoient la punition qui leur étoit dûe, & ceux qui avoient accufé étoient éclairés de fi près, quand à leur tour ils devenoient magiftrats, qu'ils n'auroient ofé s'écarter du fentier de la probité, quelque penchant qui les y eût portés.

Si la magiftrature étoit annuelle, les juges & tous ceux qui ont en main l'autorité craindroient ce que les tribuns difoient à Manlius : « qu'on lui »feroit rendre compte de fes actions, »lorfqu'il feroit homme privé, puif- »qu'il ne vouloit pas le rendre étant »conful. »

La confervation du bien public re-

commandée par sa nature à tous les
citoyens, souffre aussi de cette perpétuité. Ceux qui n'y ont, & qui n'y
espèrent aucune part, n'en prennent
aucun soin. Ceux qui sont parvenus
pour toute leur vie aux honneurs qu'ils
ont ambitionnés, la négligent. Si un
homme vertueux vouloit représenter,
vouloit entreprendre pour l'utilité publique, il ne seroit ni écouté ni sou-
tenu, & c'est une espece de ridicule
d'apporter au bien public la même
économie dont on use pour le sien.
Encore ceux qui ne font que le négliger, sont-ils les moins coupables.

Ces raisons ont paru autrefois assez
puissantes pour donner lieu à des loix
qui en étoient les conséquences. On
lit dans les commentaires de César
que la ville d'Autun, une des plus considérables des Gaules, avoit une loi
inviolable qui défendoit la continuation des magistrats au-delà d'une année. Cette loi ne s'étoit pas arrêtée
aux personnes, elle avoit prévu l'inconvénient de perpétuer les charges
dans les familles ; elle ne permettoit
pas qu'un frere, qu'un proche parent
pût être magistrat, ni même sénateur, pendant la vie du premier qui

l'avoit été. On craignoit que la longue poffeffion, ne donnât trop d'autorité ; cette autorité trop de crédit parmi les autres magiftrats ; ce crédit, une efpérance de l'impunité ; & cette efpérance, de la hardieffe à faire le mal.

C'eft dans les mêmes vues d'éviter ce qui pourroit tendre à la corruption, que Charles V, & avant lui, Philippe le Bel avoient ordonné en France que perfonne ne fût juge dans le lieu de fa naiffance. Les états du Languedoc animés du même efprit, demanderent en 1556, que deux proches parents ne puffent être magiftrats dans un même tribunal, & les Etats généraux du royaume tenus à Orléans, quatre ans après, firent la même demande. Ceci ne regarde pas précifément la perpétuité ; mais on y voit une jufte crainte d'augmenter l'autorité. Si on la regarde comme pernicieufe au public, la perpétuité dans les charges la donne bien plus grande. Ces demandes des Etats donnerent lieu à des loix conformes pour tout le royaume. Si on confidere pour quelles raifons elles n'ont point fubfifté, on s'appercevra que c'eft parce que les charges font

à vie. En effet, il n'est pas juste que
le citoyen rempli de mérite devienne
inutile à la République, & ne puisse
aspirer à une récompense de son état,
parce qu'un de ses parents en aura obtenu une pareille. S'il ne la possédoit
que pour un temps, l'obstacle ne seroit pas de durée. Les ordonnances
données sur la requête des peuples &
fondées sur des considérations légitimes, subsisteroient.

Les maux qu'ont causé la longueur
des magistratures, & le desir de s'y
perpétuer, sont des leçons bien frap-
pantes pour faire éviter ces abus. La
continuation des décemvirs, dont j'ai
déja parlé, changea à Rome le gouvernement Démocratique en Oligarchie ; & la soif des honneurs, dont
brûla Marius, fut le premier mobile
qui le changea à la fin en monarchie.
Non content d'avoir exercé six con-
sulats, chose jusqu'alors inouie, il en
desira un septieme. Pour y parvenir,
il se fit nommer pour continuer la
guerre contre Mithridate, échue par
le sort à Sylla. Telle fut la source des
malheurs de la République & d'où
découlerent des fleuves de sang du
genre humain. Il seroit trop long de

détailler les noms de ceux que la prorogation des emplois a portés à la tyrannie.

Ainsi on compte dans les effets funestes de l'autorité perpétuée dans les mêmes personnes, l'émulation éteinte, & par conséquent, la vertu; les haines & les dissentions civiles; la corruption de la magistrature; l'impunité des malversations; l'oubli & la dissipation des biens publics; enfin, le renversement des Etats. S'il étoit nécessaire d'ajouter à des motifs si puissants de rendre les charges annuelles, des exemples & des autorités, on trouveroit l'un & l'autre dans toutes les anciennes Républiques, dans la plûpart des modernes, & chez tous les fameux législateurs, philosophes, & jurisconsultes.

CHAPITRE XII.

Des raisons pour rendre les Offices perpétuels.

LE sentiment contraire a ses partisans & ses raisons. On dit qu'il est plus conforme au bien public de laisser les magistrats pendant leur vie, que de les déplacer lorsqu'ils commencent à peine à connoître quelles sont leurs véritables fonctions ; que le commandement se trouvera toujours dans des mains peu capables & peu expérimentées, si celui qui le prend ne le connoît pas, & le quitte avant même de l'avoir bien connu : la vie de l'homme suffit à peine pour apprendre à commander.

Outre l'art de commander, chaque nature de charge a un objet particulier de commandement qui demande des connoissances particulieres ; un coup d'œil, un moment de réflexion de l'homme consommé dans l'exercice, voit plus de choses, trouve plus de ressources, que le nouveau magistrat, avec plus de capacité & moins d'expérience, ne feroit en plusieurs jours. Le génie ne suffit pas : être bon magistrat ou bel esprit, font deux choses bien différentes. Les plus sages marchent avec crainte, c'est le temps & l'habitude qui facilitent leurs démarches & qui les assure.

Si l'on suppose que celui qui ambitionne une charge, en apprend les fonctions; qu'il étudie ceux qui en

exercent de femblables ; qu'il en examine le fort & le foible ; qu'il a paſſé
par des états qui l'ont conduit par degrés à acquérir les lumieres les plus
convenables ; ſi l'on ſuppoſe, en un
mot, qu'il a les talents & l'expérience
que l'on doit deſirer, c'eſt un malheur pour la République qu'il exerce
peu de temps. Une année ne ſuffit pas
pour des changements utiles au public ; on ne peut achever dans un ſi
court eſpace l'entrepriſe la plus commune. Ce terme eſt quelquefois trop
court pour terminer les choſes ordinaires & de légere conſéquence ; les
meilleurs projets ſont avortés, les affaires demeurent indéciſes, les accu-
ſations abolies, les peines ſont remi-
ſes ou du moins différées ; les nouvelles vues de celui qui ſuccede, font
détruire ou abandonner des ouvrages
commencés. Changer ſouvent les magiſtrats, c'eſt enſemencer des terres,
& les ſemer de nouveau ſans attendre la maturité des fruits.

Si le pouvoir de commander donne
celui de fouler les peuples, ils ſouf-
friront encore plus du changement des
magiſtrats que de leur perpétuité. Tibere fut le premier qui prolongea la

durée des charges chez les Romains.
L'histoire qui rend compte des qualités odieuses de ce prince, apprend en
même temps que l'Empire n'en eut
point de plus habile dans l'art de gouverner. Ce changement fut la suite de
ses réflexions & des exemples qu'il
avoit sous les yeux. Il disoit qu'il va-
loit mieux laisser les sang-sues pleines
de sang, que d'en attacher d'affamées:
Non enim, disoit-il, *parcit populis re-*
gnum breve.

Sans l'obéissance, le bon ordre ne
peut régner, où elle n'est pas établie;
on ne peut trouver le bon Gouvernement. Si on considere la durée des
charges dans ce point de vue, on ne
peut admettre les changements continuels. L'obéissance ne sera pas la
même pour les ordres de celui qui
doit redevenir incessamment une personne privée. Le magistrat lui-même
ne voudra pas commander avec la sévérité convenable pour se faire obéir,
& souvent il ne voudra point du tout
commander. Il craindra de s'attirer des
ennemis dont il pourroit éprouver le
ressentiment, lorsque l'autorité lui
manquera pour s'en mettre à l'abri.
Si son état est perpétuel, il comman-
dera

dera avec dignité, il méprisera des inimitiés dont il n'appréhendera pas les atteintes. Un pouvoir qui doit durer autant que la vie, donne d'autres sentiments que le pouvoir passager. On doit attendre du premier la fermeté pour défendre les intérêts du peuple contre une force qui voudroit l'opprimer. On a vu des magistrats résister avec une constance respectueuse aux entreprises des mauvais princes, & les étonner par leur courage.

Les nouveaux projets, les nouveaux plans de gouverner, les nouvelles loix accompagnent pour l'ordinaire les nouveaux magistrats. Quelle que soit la sagesse d'un projet commencé, la gloire de le finir n'est pas bien grande. Il ne reste au magistrat, dont la fonction ne doit avoir qu'une courte durée, que l'ambition de perpétuer la mémoire de sa magistrature. Des établissements qui y auront pris leur origine, des monuments auxquels on donnera son nom, sont les seules manieres d'y parvenir. Le public en sera accablé. On a vu des magistrats pour un temps, commencer tout ce qu'ils ont cru possible, bon ou mauvais, pour

empêcher leurs successeurs d'entreprendre rien de nouveau, & les for-
cer, pour ainsi dire, de continuer des
desseins dont l'idée ne leur appar-
tiendroit pas. Leur erreur est bien
grande & bien préjudiciable aux peuples. L'esprit de l'homme ne tarira
jamais pour trouver des imperfections
dans les ouvrages commencés, & de
prétextes pour former de nouveaux
projets.

Ce n'étoit point l'amour de l'égalité, ni un désir sincere de soulager
les peuples, qui portoient les nouveaux tribuns à renouveller la proposition des loix agraires, & de l'a-
bolition des dettes. C'étoit l'envie d'é-
terniser leur nom & de réussir où leurs
prédécesseurs avoient échoué. Cette
manie leur faisoit braver les dangers
auxquels ils exposoient leur personne
& leur patrie. La coutume de donner aux loix le nom de ceux qui les
avoient proposées, en inonda la République, & fit abroger les anciennes
& les meilleures. Plus l'exercice de la
magistrature est court, plus on voit
le bien public souffrir de ces abus.

On ne manque, pour ce sentiment,
ni d'exemples, ni d'autorités; les mo-

narchies en fourniffent un grand nombre : & le célebre Platon a fait les
officiers perpétuels dans fa République.

CHAPITRE XIII.

Réflexions fur ces deux opinions.

DEUX écueils font fouvent échouer
ceux qui cherchent des regles pour
établir des Républiques , ou les raffu-
rer : l'un eft de s'arrêter aux inconvénients d'une loi , fans en pefer le bien;
l'autre eft de courir aux extrêmités
fans s'arrêter dans les milieux. Platon
a voulu que les magiftrats fuffent
perpétuels, c'eft une extrêmité ; Ariftote fon difciple, qui a apperçu des
inconvénients dans cette inftitution ,
n'a pas cherché à les diminuer ; il s'eft
précipité dans l'extrêmité oppofée ; il
a voulu que les magiftrats fuffent an-
nuels.

Mais aucun des deux n'a fait une
attention affez férieufe à la diftinction
des Républiques , d'où dépend l'avis
le plus probable fur cette queftion.
On ne fauroit nier que les Républiques

contraires fe doivent gouverner par des principes contraires. Les loix qui font propres à l'état populaire, détruiroient le defpotifme. L'un eft extrême dans la liberté, & l'autre l'eft dans la fervitude. Ce n'eft pas qu'il ne puiffe y avoir des regles communes à tous les Etats pour leur ftabilité; mais il eft néceffaire qu'on en établiffe qui foient entiérement diffemblables.

Dans l'état populaire, chaque citoyen participe à la fouveraineté; par une conféquence légitime, chacun y a un droit égal aux charges, aux honneurs, aux diftinctions. On ne peut les rendre perpétuelles, fans ôter à plufieurs l'efpérance d'y parvenir, & en même temps, fans les priver d'un droit qui leur appartient à jufte titre. Il eft donc de la juftice que les magiftrats foient changés, afin que chacun, felon fes talents, exerce le pouvoir de commander dont il eft co-propriétaire. L'égalité eft la bafe de la Démocratie; elle feroit détruite, fi l'autorité étoit permanente : elle doit circuler. Les mêmes raifons, ou femblables à-peu-près, autorifent le même ufage dans l'Ariftocratie : le nombre des fouverains y eft très-grand; il eft jufte

que le pouvoir roule entr'eux ; il seroit d'ailleurs dangereux dans l'un &
dans l'autre que de trop longues ma-
giltratures ne puffent conduire à la
fouveraineté.

La monarchie, je ne parlerai ni de
la feigneuriale ni de la tyrannique,
n'offre point de raifons pareilles. Nulle ombre de fouveraineté ne donne
un droit au fujet fur les charges, &
l'égalité n'eft pas le principe de cette
forte d'Etat : les charges y peuvent
être perpétuelles fans injuftice ; mais
il refte toujours à examiner s'il eft
utile au bien public qu'elles le foient.

Comme on doit diftinguer les Républiques, on doit auffi diftinguer les
charges. Il y a peu de danger dans
toutes fortes d'Etats, d'en rendre quelques-unes perpétuelles. Telles font
celles qui n'ont poiñt de commandement, qui ont des fupérieurs pour
veiller à leur conduite, pour écouter
les plaintes auxquelles les titulaires
donneroient lieu, & y mettre ordre,
& dans lefquelles cependant une certaine expérience rend plus habile &
plus utile au public. On pourroit abfolument ranger dans cette claffe les
charges de judicature fubalternes :

quoiqu'elles jouissent du droit de commander, elles sont si subordonnées, que la perpétuité n'y peut être nuisible. La difficulté ne peut rouler que sur les charges considérables, & qui méritent le nom de dignités.

Le monarque doit des magistrats à ses peuples ; mais il ne doit de charge à aucun de ses sujets. Le seul mérite y donne des prétentions de convenance, & l'intérêt du bon ordre & du bien public ne doit pas permettre que des prétentions fondées sur ce titre soient chimériques. Si l'on suppose des charges remplies sur ce principe, un honneur n'est pas une trop grande récompense de la vertu, quoiqu'il doive durer autant que la vie. C'est faire un tort véritable au public de changer un magistrat digne de l'être ; un second choix seroit sujet à l'incertitude. On ne doit pas craindre que l'émulation s'éteigne ; le désir de parvenir à commander apprendra toujours le chemin qui doit y conduire. La vertu ne périra que lorsque l'on verra donner les charges sans discernement. Ainsi, dans la monarchie, la perpétuité des offices n'est point une injustice ; elle n'est point nuisible à

la vertu ; elle ne doit caufer ni haines ni jaloufies, encore moins le ren-
verfement de l'Etat; ce font des craintes particulieres aux Républiques : il
eft vrai qu'il faut fuppofer que le mérite régle le choix : c'eft un fyftême
qui n'eft pas toujours fuivi.

Quoique ceci regarde les charges
de diftinction en général, il eft cependant convenable d'en faire encore
une féparation. Suivant cette maxime, qui doit être obfervée dans les
trois Républiques, que plus le pouvoir eft grand, plus il doit être limité pour le temps; les grandes charges, j'entends celles dont toute l'autorité réfide fur une feule tête, &
où elle eft grande, ne doivent être
données dans la monarchie, que comme des commiffions. La politique du
monarque & l'intérêt des peuples le
veulent également.

Ce feroit une chofe préjudiciable
aux citoyens, fi les charges où l'on
attache le droit de juger en dernier
reffort, étoient fujettes à des defti-
tutions & des remplacements continuels. C'eft là où l'étude & l'habitude de la vie la plus longue fuffifent
à peine pour fervir dignement le pu-

blic. Le plus grand de tous les malheurs pour les peuples, & par conséquent pour l'Etat, seroit que ces charges fussent uniques. Il est nécessaire que la justice distributive soit remise à des corps perpétuels. Tout doit être fixe où il s'agit d'appaiser les sujets de querelle entre les citoyens & dans les familles. Il faut un état certain, afin que les peuples soient assurés où ils doivent s'adresser pour reclamer la justice. La multiplicité des membres diminue le pouvoir de chacun ; un seul homme peut être corrompu, il est difficile d'en corrompre plusieurs. L'expérience fait encore connoître que des lumieres que des juges se communiquent, que des raisons débattues dans les opinions produisent un plus grand jour & des jugements meilleurs. On a toujours mis une grande différence, *Cùm universi judices constituunt*, ou lorsque *singuli sententiam ferunt*.

Cet usage des corps de justice, admirable dans toutes les natures de Républiques, sera d'une absolue nécessité dans les monarchies. Aucun Etat ne peut subsister s'il ne pose sur des fondements solides ; ces fondements ne peuvent être que les loix. Elles doivent établir une forme de Gouvernement conforme aux génies des peuples, & au local ou territoire de la République qui différencie son commerce & ses besoins. Toutes ces choses influent dans les loix fondamentales. Les monarchies ne peuvent être uniformes, & leurs différences doivent être constatées. La constitution du Gouvernement ne peut être maintenue, qu'autant que les loix particulieres qui l'établissent seront conservées dans un corps qui en sera le dépositaire. Son devoir sera de les représenter toutes les fois que, par oubli ou par quelqu'autre motif, le monarque ou les peuples les perdroient de vue. Si cette précaution est supprimée, ce n'est plus la même forme de Gouvernement ; c'est un despotisme, ce n'est plus une monarchie royale. Dans les Républiques populaires & Aristocratiques, les sénats, les conseils perpétuels conserveront la mémoire de ces loix. Il paroît convenable de charger de cet office les cours de justice dans la monarchie, & par conséquent qu'elles soient permanentes comme les loix mêmes. On

T v

pourroit abfolument ériger un college uniquement chargé de ce foin ; mais ce feroit multiplier les êtres fans né-ceffité.

La durée d'un corps perpétuel ne fuppofe pas que les membres qui le compofent y foient attachés pour tou-te leur vie. Il feroit mieux, en effet, de les changer dans les Républiques. La monarchie doit encore ici avoir fes regles à part. Si, comme je l'ai déja fuppofé, les places font données au mérite ; fi les chofes font bien, il eft inutile de les changer, & il y a un inconvénient fenfible à le faire. Un Roi environné de courtifans, ne fau-roit répondre de lui-même ; le magif-trat vertueux, pour récompenfe de fes fervices, fera forcé de céder fa place à celui qui aura eu l'ame affez baffe pour acheter de la protection. Ce fe-roit un malheur inévitable, fi les char-ges étoient en commiffion. Cette ré-flexion trouvera encore fa place.

En France, la perpétuité des offices n'a point fouffert de variation depuis le regne de Louis XI. Ce Roi, à fon avénement à la couronne, changea les principaux officiers qui avoient fervi fous le Roi fon pere. Ce grand nombre de personnes accréditées & si mécontentes, lui suscita des affaires si fâcheuses, qu'il s'en fallut peu qu'il ne succombât sous le poids. Il craignit pour son fils un sort semblable; cette crainte le détermina à déclarer par une loi toutes les charges perpétuelles. Il ordonna que ceux qui en seroient pourvus, ne pourroient être destitués; qu'elles ne pourroient être vacantes que par résignation, par *forfaiture*, ou par mort. Par un édit suivant, vérifié le 20 Septembre 1482, il voulut, en interprétant le premier, que la *forfaiture* ne pût être déclarée que par une procédure juridique. Ces ordonnances approuvées & inconcussément observées, semblent être à l'abri de toute atteinte.

Chaque forme de Gouvernement doit donc avoir ses différences. Dans la monarchie royale, il est convenable que les magistrats ne soient point destitués, lorsqu'ils n'auront pas mérité de l'être, parce que cet Etat se conduit par la justice & par les loix, autant que les loix peuvent s'étendre. Il y a un Gouvernement pour les esclaves; il en faut un autre pour les enfants. Dans les Républiques, les charges ne doivent pas être perpé-tuelles, parce que chaque citoyen a un droit de les exercer à son tour.

Il reſtera encore à éviter les extrê-mes & les maux qui réſultent de l'au-torité donnée pour trop long-temps, ou pour un intervalle trop abrégé. On ne peut ſe refuſer à convenir qu'ils ſont palpables des deux côtés : on doit rechercher les milieux. Dans les Etats républicains, il faut ſe rappro-cher de la perpétuité autant qu'il ſera poſſible, & dans la monarchie donner à la perpétuité même les allures du changement. On réuſſira dans les Ré-publiques par l'établiſſement des corps perpétuels. Il faut au milieu du mou-vement quelques points ſtables, com-me les pivots ſur leſquels roulent ſans ceſſe les gros fardeaux doivent être immobiles. Les membres de ces corps ne ſeront pas perpétuels, mais ils peuvent ne pas changer chaque année. Il eſt utile de fixer un plus long terme à la magiſtrature.

Si ces corps ne ſont pas renouvel-lés à la fois, ni même la majeure par-tie, le même eſprit s'y conſervera ; ils agiront ſur les mêmes principes, & obligeront le magiſtrat particulier, sur lequel ils auront une infpection, de fe conformer à leurs vues, & de suivre les projets entrepris. La République encore fe réfervera la faculté de proroger le terme fixé à chaque magiftrat. Les occafions, les circonftances peuvent rendre cette pratique utile ; elle eft quelquefois néceffaire.

Mais comment pouvoir éviter dans la monarchie la corruption, l'impunité, l'oubli ou la malverfation dans la chofe publique, vices qui paroiffent dériver de la longueur de l'autorité. J'ai déja remarqué que l'on peut & que l'on doit y laiffer plufieurs charges révocables : comme ce font les principales, fi on parvient par ce changement à les remplir de perfonnes qui en feront dignes, ce choix ne contribuera pas peu au bon ordre général.

Les charges qui demandent d'être perpétuelles, font celles pour lefquelles l'étude, les connoiffances & l'expérience font les plus néceffaires. Ceci regarde plus particuliéremen les charges de juftice. Leurs opérations s'étendent à des objets qui peuvent facilement être féparés, & qui le font le plus fouvent. La juftice, même la diftributive, regarde les affaires civiles & les criminelles, la police générale & particuliere. On y peut divifer les difcuffions que font naître le commerce, les aydes & finances, le domaine de la couronne. On pourroit difféquer à l'infini.

Je fuppofe d'abord un nombre de magiftrats du même ordre, fuffifant pour juger définitivement fur toutes ces matieres ; que l'on imagine enfuite ces officiers diftribués en autant de tribunaux que l'on aura voulu former de jurifdictions, & qu'on les faffe rouler fuc fivement de l'un à l'autre, fans une féquence déterminée ; fi l'on obferve, comme j'ai dit des Républiques, de ne point changer un tribunal à la fois ; que ceux qui auront fervi enfemble dans le même, foient repartis dans les autres féparément, & que jamais le même tribunal n'admette ceux entre lefquels il y aura de la parenté, on aura des officiers perpétuels dans un fens, & amovibles dans un autre.

On évitera encore l'inconvénient de l'autorité perpétuée, fi ceux qui feront à la tête de ces tribunaux, ceux qui y préfideront, n'occupent ces pla-

ces que pour un temps limité ; si, ti-
rés du nombre de leurs confreres , ils
reprennent au bout d'un certain temps
leurs fonctions simples & ordinaires.
Cette regle est, à mon avis, aussi essentielle qu'aucune autre.

Ces différentes occupations ne demandent point des connoissances uni-
verselles ; les matieres sont liées l'une
à l'autre , & l'expérience d'un de ces
tribunaux fourniroit des lumieres pour
le service des autres. Ce détail ne
contient que la jurisdiction qui étoit
autrefois attribuée aux parlements
dans la France ; mais on n'y a jamais
vu cette mutation continuelle , & ce
passage successif des dignités à l'exercice des charges communes qui réu-
niroit les avantages de la perpétuité
& du changement.

Si on veut réfléchir sur ce qui a
été relevé ci-devant des dangers de
la perpétuité des offices, on les trouvera extrêmement diminués par cet
arrangement. Je ne disconviendrai pas
qu'il en laisse subsister ; les hommes
ne connoissent point de loi qui en
soit exempte. Si on ajoutoit à ces précautions des préfets de province, des
inspecteurs, ou , si l'on veut, des com-

miſſaires, pour éclairer la conduite
des magiſtrats, & ſi l'on autoriſe une
maniere de donner des plaintes qui
ne fera pas connoître l'accuſateur, les
inconvénients ſeront bien radoucis ;
on aura peu de choſe à craindre de
la perpétuité de la magiſtrature.

CHAPITRE XIV.

De la vénalité des Charges.

ON a vu dans les commencements
que l'auteur des ſix livres de la République n'a point cherché à former
une République idéale, comme celle
de Platon, ou comme l'Utopie. Il a
entrepris de raſſembler ce qui doit paroître de plus conforme à la bonne politique dans la formation d'un nouvel
Etat de chaque eſpece, & n'a point
prétendu critiquer ceux dont la conſtitution eſt déja formée, ni donner des
leçons dans le deſſein de la faire changer. Ces diſcours ſont aſſez ſouvent
répétés pour qu'ils doivent trouver
place une fois dans cet abrégé, auquel
on travaille dans le même eſprit. Les
hommes peuvent être vertueux ; on ſeroit miſanthrope, ſi on ne reconnoiſ-

foit que plufieurs d'entr'eux ont des vertus & de la probité. Mais l'amour de la juftice ne doit pas être préfumé en général. Ainfi, lorfqu'on eft obligé d'établir des regles, on doit préfuppofer les hommes vicieux, ce n'eft pas que l'on penfe que tous le fónt; mais il fuffit que chacun le puiffe être, pour que l'on doive s'affurer contre la corruption de chacun.

Ce que l'on a vu jufqu'à préfent fur la perpétuité des charges, femble ne laiffer rien à dire contre leur vénalité. Si elles font vénales, elles font perpétuelles, & peut-être encore héréditaires. Ces deux circonftances ajoutent aux maux qui réfultent de la perpétuité. Si les talents, fi le mérite ne menent plus aux récompenfes, les citoyens ne fongeront plus à les cultiver. Si les richeffes feules conduifent aux honneurs, le feul fouci des hommes fera d'en amaffer. L'avarice, l'ufure, la mauvaife foi feront les moyens les plus prompts & les plus affurés de fe faire confidérer. Quelle peut être la pofition d'un Etat où les vices feront, pour ainfi dire, de principe, dès-lors qu'ils feront des degrés pour fe conduire à l'élévation?

On ne fauroit nier la juftefſe de ces réflexions; les précautions ne peuvent trop ſe multiplier dans une République que l'on voudroit former, & dans celles qui ſe font garanties du malheur de la venalité des charges. Mais lorſque des beſoins quelconques ont obligé une fois de recourir à cette reſſource, on n'y doit plus eſpérer de remedes.

Cependant, il eſt des vérités certaines dans la ſpéculation qui ſe trouvent douteuſes dans la pratique, ou, du moins, qui ſont inappliquables à de certaines circonſtances. Il faut pourvoir aux charges; on en connoît quatre manieres : le ſort, l'élection faite par pluſieurs, le choix qui dépend d'un ſeul, & la venalité. Le ſort & l'élection paroiſſent appartenir plus particuliérement aux Républiques; le choix & la venalité aux monarchies. Je demanderai que l'on diſtingue les grands royaumes des petits. Ces derniers peuvent être d'une étendue aſſez médiocre, pour que le prince connoiſſe par lui-même la claſſe des ſujets propres à remplir les charges de quelque importance; il eſt alors en état de faire de bons choix.

Mais il eſt ſi rare que de petites mo‑ narchies puiſſent ſubſiſter, qu'il eſt inutile de s'arrêter aux regles qui leur ſeroient convenables : c'eſt ſur celles de quelque étendue qu'il faut raiſonner. J'oſe dire que la vénalité des charges eſt alors préférable au choix : je ne crains point d'avancer ici un paradoxe.

Le monarque ne peut nommer que ſur le rapport de ſes miniſtres : le miniſtre connoît auſſi peu les ſujets que le monarque ; il préſente ceux qui lui ſont préſentés par ceux qui l'en‑ vironnent,&ceux-ci parlent ſouvent ſur d'autres recommandations plus éloi‑ gnées ; il eſt difficile que dans autant de mains, il ne s'en trouve que de pures. On n'a d'autres témoignages du mérite que ceux des perſonnes qui s'in‑ téreſſent & qui protegent. C'eſt ſur eux que la bonne foi du monarque eſt obligée de ſe décider. Ces témoi‑ gnages ſont-ils gratuits ? Eſt-ce la vé‑ rité qui les détermine ? Si c'eſt ce qui compoſe la cour du prince qui diſpo‑ ſe indirectement des charges, je ren‑ voye le lecteur au portrait des cour‑ tiſans, que l'on trouve dans l'Eſprit des loix *, & à ſes propres connoiſ‑

* Livr
3. 6. 5.

fances, pour qu'il juge de l'équité de cette diftribution.

Lorfque le miniftre plus circonf-pect voudra puifer des lumieres fur les qualités des fujets, chez ceux aux-quels la principale autorité royale eft confiée dans les provinces, il pa-roît d'abord qu'il pourra faire un meilleur choix ; mais fi celui qui s'en-orgueillit de repréfenter en quelque maniere le prince, a aufli fes courti-fans qui repréfentent ceux du mo-narque ; fi des gens avides poffédent fon oreille & fa faveur, les chofes demeureront dans le même état. Si, d'ailleurs, par une fatalité attachée aux poftes éminents, le principal ob-jet de ceux qui les rempliffent, eft de franchir les bornes légitimes de leur autorité, pour l'attirer à eux aufli abfolue qu'il leur eft poffible, ils re-garderont le mérite dans les magif-trats, comme un obftacle à cette am-bition, & le mérite fera une exclu-fion pour parvenir aux charges. Il n'eft pas poffible que les hommes aient toujours été affez vertueux pour qu'on n'en ait pas vu plus d'un exem-ple.

La vénalité publique n'a pas, à

beaucoup près, les mêmes inconvéniens. On ne doit pas croire qu'elle
éteigne entiérement la vertu. Ceux
que leur état invite à aspirer aux
charges, & auxquels leur fortune le
permet, peuvent chercher à s'en rendre dignes. L'amour propre, bien entendu, doit seul inspirer ce sentiment.
On est flatté d'être distingué entre ses
collegues ; où les hommes & les fonctions sont les mêmes, le mérite forme toute la distinction. Il est vrai que
l'aiguillon n'est pas aussi vif que lorsque les talents cultivés & bien em-
ployés peuvent élever plus haut ; mais
enfin ce sentiment ne laisse pas lan-
guir dans une entiere létargie.

Le choix entraîne la vénalité cou-
verte, c'est le comble des maux dans
ce genre. Lorsqu'on ne peut parvenir
aux dignités que par la faveur, il est
rare que le desir de l'obtenir ne conduise à des bassesses. Lorsque la protection passe par autant de mains, il
est rare qu'elle ne soit pas vénale. La
vertu ne sait point marcher par des
sentiers ignobles. Elle ne rougira pas
d'acquerir les honneurs, lorsque l'ac-
quisition en est autorisée par un usage ouvertement approuvé ; mais l'hon-

nête homme dédaignera la charge à laquelle il ne pourra parvenir que par des voies qu'il n'ofera pas avouer publiquement. Si le mérite fe retire, la magiftrature fera abandonnée à des ames viles; elle fera la preuve d'un défaut de fentiment. Le public ne tardera pas d'éprouver ce que difoit l'empereur Alexandre & Louis XII après lui; que des perfonnes de cette trempe *vendent en détail le plus chérement qu'ils le peuvent, ce qu'ils auront acheté en gros.*

La vénalité publique laiffe à la vertu quelqu'accès aux charges. La vénalité clandeftine l'en écarte & l'en exclut. Les mêmes réflexions conduifent à donner la préférence aux charges perpétuelles. Si le choix entraîne autant de défordres, c'eft encore un mal d'en multiplier les occafions. La perpétuité des offices les rend plus rares, elle conviendra mieux à la monarchie que le changement.

Lorfque j'ai dit que dans un royaume étendu le monarque ni fes miniftres ne pouvoient faire de choix fur leurs propres connoiffances; que la faveur & la protection du miniftre & des grands étoient le plus fouvent achetées, même à leur infu ; que ces derniers éloignoient le mérite de la magiftrature plutôt que de l'y placer ; que l'honnête homme ne voudroit pas devoir l'honneur d'une charge à des intrigues fourdes, & que par une conféquence néceffaire, elles feroient dévolues à des gens capables de les acquérir par toutes fortes de moyens, je n'ai point confulté l'expérience. Ces réflexions font prifes dans les lumieres naturelles, & dans la connoiffance du germe de corruption placé dans le cœur humain. Sa pente le porte vers le vice, il la fuivra toujours ; fi on ne l'arrête par des entraves. Ces entraves feront les bonnes loix qu'il faut prendre de même dans la connoiffance des hommes.

Il eft un juge integre qui difcerne parfaitement le mérite, qui l'aime & qui lui rend juftice : c'eft le public. Ce feroit au peuple que devroit appartenir le choix de fes magiftrats ; plufieurs Républiques jouiffent de cet avantage. Il conviendroit encore mieux à la monarchie avec laquelle il n'eft point incompatible. Le droit de commander, quel qu'il foit, eft important dans les Républiques. Les grands emplois auxquels le peuple nomme comme aux moindres, font d'une conséquence affez grande pour mériter des brigues qui vont jufqu'à le corrompre & le gâter. Dans la monarchie, toute autorité eft obfcurcie par l'autorité royale; encore plus les feconds pouvoirs qui font les feuls dont je parle ici. L'objet eft trop peu confidérable pour diminuer l'éclat de l'autorité fouveraine & pour faire craindre des brigues qui puiffent tendre à la corruption.

Les charges devroient être encore alors perpétuelles pour deux raifons. Il ne faut pas tenir le peuple toujours en mouvement; & fi la magiftrature avoit un temps limité, les intrigues & les cabales pour remplacer le magiftrat au bout de fon terme, commenceroient le jour qu'il feroit élu. J'ai dit que les brigues ne feroient point dangereufes. Leur inconvénient confifte uniquement en ce qu'un choix de cabale n'eft pas libre, & qu'il eft rarement un bon choix. Une élection faite dans les premiers moments de la mort du magiftrat, laifferoit peu de loifir à la cabale pour la faire prévaloir. Dans un Gouvernement déja formé,

mé, le souverain pourroit par bonté
condescendre à cet usage ; on en pourroit faire une loi dans une constitution
nouvelle qu'on établiroit. Elle seroit
un des bons moyens pour rappeller
la monarchie à la vertu. Mais cette loi
seule ne suffiroit pas pour donner les
charges au mérite. Il faudroit encore,
par des régles séveres, interdire toute
influence à ceux qui exercent l'autorité royale dans les provinces. Il est
comme décidé qu'ils chercheroient à
se rendre maîtres des élections par tous
les moyens possibles. Si la liberté du
peuple étoit gênée, la loi deviendroit
inutile; le choix dépendroit de la protection privée ; la vénalité publique
vaudroit encore mieux.

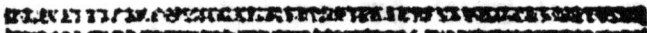

CHAPITRE XV.

S'il est bon que les Officiers soient d'accord.

RIEN ne prouve mieux que tout
est problématique chez les hommes,
que la question que l'on a faite de savoir s'il est utile que les magistrats
de la République soient d'accord en-

tr'eux, ou s'il convient mieux qu'ils
vivent en méfintelligence. Si l'on peut
donner des raifons excellentes pour
faire fouhaiter leur accord, & de très-
bonnes pour faire defirer leur défu-
nion, il faut convenir de la foibleffe
de notre efprit, de fon incertitude,
& de la facilité avec laquelle le vrai
fe cache à nos yeux, en nous préfen-
tant fon fantôme.

Les anciens ont comparé la République à l'économie du corps humain :
fi un bras arrête le mouvement de
l'autre ; fi un des pieds recule lorfque
l'autre veut fe porter en avant ; fi les
doigts crevent les yeux, la machine
entiere offrira le fpectacle le plus pi-
toyable. C'eft l'image d'un Etat dont
les magiftrats feroient défunis. Il fera
bien-tôt défuni lui même ; chacun des
citoyens fuivra chacun des magiftrats;
les factions déchireront la République ; les diffentions, les guerres inteftines ont pris le plus fouvent leur
naiffance dans l'inimitié de ceux qui
y jouent les rôles principaux.

Mais, fans envifager des malheurs
auffi extrêmes, les citoyens pourront-
ils efpérer quelque juftice des magiftrats divifés ? L'antipatie, l'aigreur

dicteront les avis de l'un dans le seul dessein de contrarier l'autre ; les fortunes des citoyens seront le jouet, les victimes des querelles qui leur sont étrangeres. Agésilas, roi de Lacédémone, prince illustre d'ailleurs, cassoit les jugements de Lysander, & jugeoit le contraire pour abaisser son crédit & son autorité ; il n'en cachoit pas le motif.

Si deux généraux jaloux l'un de l'autre, & par conséquent ennemis, conduisent une armée, elle ne fera que des faux pas : s'ils sont à la tête de deux armées qui doivent s'entre-aider, les succès seront médiocres, peut-être funestes. Si les Officiers principaux subordonnés au général en sont désunis, on verra les meilleurs projets échouer, & même les revers les plus fâcheux où l'on auroit obtenu des victoires.

On dit d'un autre côté que l'inimitié des magistrats a été souvent le salut de la République. La vertu n'éclate jamais autant que lorsqu'elle est contredite, & l'émulation devient plus vive, lorsque l'on a pour collegue un rival que l'on n'aime pas. Tullus Hostilius disoit à Suffetius, dictateur de l'Albanie : *Les partialités que tu nous reproches sont utiles au public ; nous disputons à qui le servira le mieux.*

Je me repréfente un fénat compofé en partie de magiftrats intégres, & en partie de magiftrats fufpects; s'ils vivent en intelligence, la complaifance fermera les yeux à des fautes qu'elle croira légeres, elles auront des conféquences fâcheufes que l'on n'aura point apperçues : s'il regne entr'eux quelque divifion, on ofera éclairer & reprendre la conduite qui s'écartera de l'étroit de la regle.

La fituation la plus générale des hommes eft un état incertain entre le vice & la vertu. Si on fuppofe un corps de magiftrats dans cette pofition, ceux qui fe décideront les premiers auront bien-tôt entraîné ceux qui chancelent, & ce fera vers le mal; c'eft de ce côté que la pente incline; leur union facilitera cette chûte; la feule méfintelligence auroit pu les fauver.

On doit compter dans les avantages de la divifion, la crainte mutuelle qu'elle infpire : fi celui qui fe voit éclairé & qui appréhende de l'être ne devient pas bon, du moins il eft moins mauvais; fi le coeur n'en eft pas meil-

leur, les actions font plus retenues.
L'inimitié qui furvient entre des cœurs
pervertis, a fouvent fervi le public.
Combien a-t elle fait découvrir d'indignes manœuvres?

Mais lorfque la corruption fe gliffe
& que l'intelligence regne parmi les
perfonnes chargées des emplois relatifs les uns aux autres, ils ofent malverfer prefque à découvert.

Le fameux Caton le cenfeur fe
conduifoit fuivant ces principes dans
fa maifon, & à l'égard de la République. Il jettoit des femences de divifions parmi fes affranchis & fes efclaves, pour être inftruit de leur conduite. Il portoit, autant qu'il lui étoit
poffible, un magiftrat à accufer l'autre.
Il fut lui-même cinquante fois accufateur, & quarante fois il fut accufé.
Jamais la République ne fut plus floriffante. Licurgue vouloit qu'on nommât deux ennemis pour ambaffadeurs,
pour être plus affuré qu'aucun d'eux
n'oferoit defiervir la République. Lorfque le conful Appius s'oppofoit de
toutes fes forces, que le nombre des
tribuns fût doublé, Cincinnatus donna
le confeil le plus fage : » Laiffez-les
» multiplier, dit-il ; plus le nombre

»fera grand , moins ils feront d'ac-
»cord». Leur méfintelligence fut dans
la fuite le falut du fénat.

Pour donner là-deffus quelque regle,
s'il étoit poffible d'en donner de certaines , il faut diftinguer l'efpece de
magiftrats , leur rang , leur caractere ,
& la qualité de la République.

Dans les emplois militaires , la méfintelligence ne peut etre que nuifible.
A l'égard des magiftrats politiques ,
fi ceux qui occupent les grandes places , fur-tout dans l'Ariftocratie & la
Démocratie, font animés par l'amour
de la patrie , on ne peut defirer parmi
eux que le grain de jaloufie qui rend
l'émulation plus vive, leur liaifon d'ailleurs fera falutaire. Si au contraire le
zele du bien public n'eft pas leur premiere inclination , leur intelligence
eft d'autant plus à craindre qu'ils s'é-
loignent davantage des vues de leurs
premiers devoirs. L'exemple des de-
cemvirs fe préfente toujours, leur
union étroite fit toute leur force contre la République.

S'ils font mi-parti entre la vertu &
le vice, on ne peut pas héfiter, leur
défaccord eft defirable, cette maxime eft pour tous les états. La can-

teur ne connoît guere la méfiance, un peu de difcorde ouvre l'ame aux foupçons, celui qui fe fent éclairé eft plus fage, celui dont les intentions font droites évite des pieges que lui cacheroit l'amitié.

Les grandes charges font amovibles dans la Monarchie comme dans les Républiques ; mais dans celle-là, ceux qui les exercent ont un fupérieur, & c'eft fous fes yeux qu'ils travaillent : c'eft ici, en partie, des qualités du Souverain que dépend le bien ou le mal de leur union ou du fentiment contraire. La France a tiré de grandes utilités fous Louis XIV. de l'inimitié qui féparoit MM. de Louvois & Colbert ; il faut donc fuppofer un Roi qui foit craint de fes miniftres & qui regne lui-même. Céfar favoit tirer parti de l'animofité qui divifoit fes lieutenants, il leur faifoit emploier leur colere contre l'ennemi.

Mais fi ceux qui travaillent fous le prince, font ceux qui gouvernent l'état, leur diffention a des inconvénients, lorfque l'inimitié l'emporte fur l'amour de la République ; elle n'eft pas cependant auffi fatale que leur intelligence le fera, s'ils s'accordent à opprimer le peuple.

Il en eſt à peu-près de même des magiſtrats du ſecond ordre ; s'ils ont de la probité, unis ou déſunis, le public ſera ſervi ; leur union ne produira qu'un plus grand bien, leur déſunion ne ſera qu'un mal léger. Mais s'ils ſont prévaricateurs & qu'ils s'accordent, le mal ſera extrême dans les Républiques, parce qu'ils ſont à peu-près indépendants; dans la Monarchie, parce qu'ils ſont d'ordinaire perpétuels.

Ce qu'on peut recueillir de moins vague de ces réflexions, c'eſt que l'union eſt deſirable, lorſque les magiſtrats ſont ce qu'ils doivent être, & nuiſible lorſqu'ils ſont ce que nous ſommes en général, ou même lorſqu'ils balancent, partagés entre ces deux genres. On peut dire encore, que leurs querelles particulieres ne peuvent conduire au même danger que leur accord.

Notre premier coup d'œil nous porte à adopter le ſentiment qui préſuppoſe de la droiture parmi les hommes; c'eſt une ſuite des bons principes qu'on nous a donnés dans l'éducation, & que nous avons conſervés dans l'âge de l'innocence : c'eſt encore une ſuite de la bonne opinion

que chacun veut avoir de soi; mais
si nous réfléchissons sur nous-mêmes,
si nous joignons à cette réflexion l'expérience de ce que nous voyons tous
les jours, nous connoîtrons que c'est
embrasser une idée avec légéreté.

Il convient que les magistrats soient
unis entr'eux ; c'est une vérité de
théorie que l'on ne sauroit contredire. Il convient le plus souvent que
les magistrats ne vivent pas d'accord ;
c'est une vérité de pratique trop éprou-
vée. Si vous vous faites une regle, en
supposant les hommes pervertis, vous
ne pouvez jamais vous tromper, parce
que, s'ils sont vertueux, cette regle
ne sauroit nuire : si votre regle les
suppose bons, vous pouvez être leur
dupe.

Mais il n'est point controversé,
qu'il soit utile qu'il regne quelque
contrariété d'humeurs & de caracteres
parmi les magistrats. C'étoit une politique constante du sénat Romain;
lorsqu'il connoissoit qu'un sénateur vif
& entreprenant alloit obtenir du peuple le consulat, il lui opposoit un consul froid & phlegmatique. C'est se
rapprocher du sentiment de la désunion. La vérité gagne dans le contraste

des humeurs ; elle se découvre mieux lorsqu'elle est débattue par des avis opposés. Si l'on veut suivre la comparaison du corps humain, on verra qu'il ne se conserve que par les contraires ; le froid & le chaud, le sec & l'humide, l'amertume du fiel & la fadeur du phlegme. Ces choses se contrarient, mais elles se mêlent sans se combattre ; il en résulte un heureux tempéramment.

Fin du premier Volume.

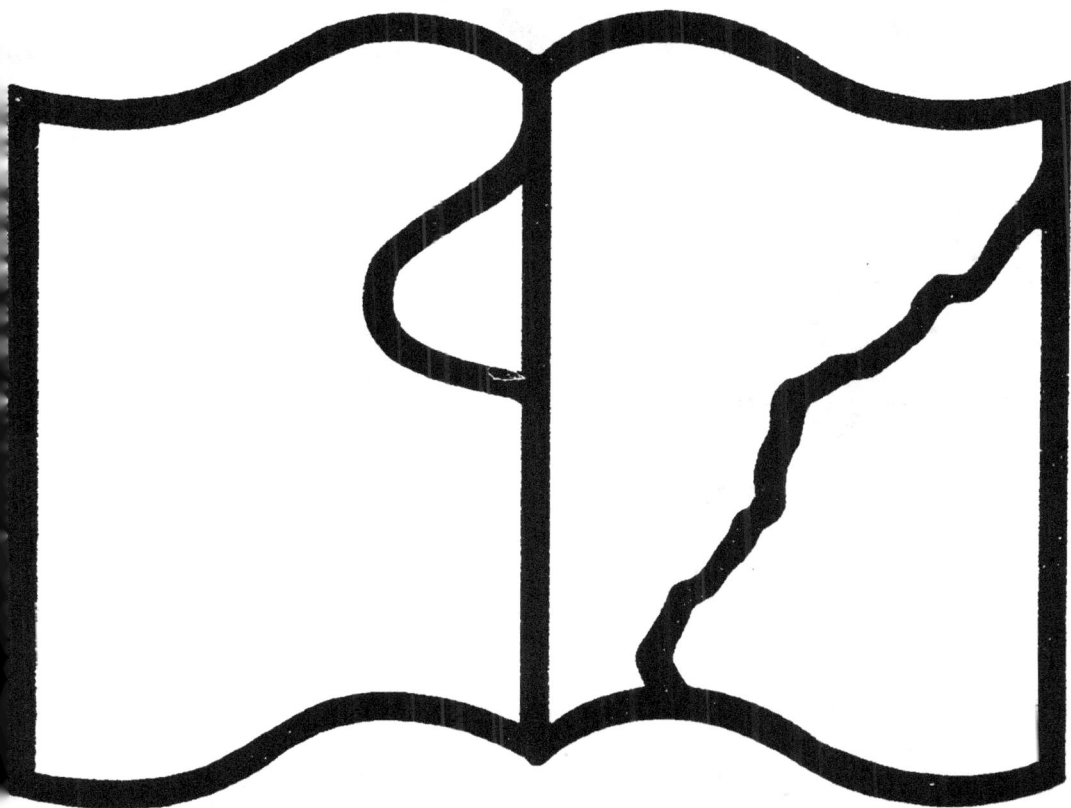

Texte détérioré — reliure défectueuse

NF Z 43-120-11

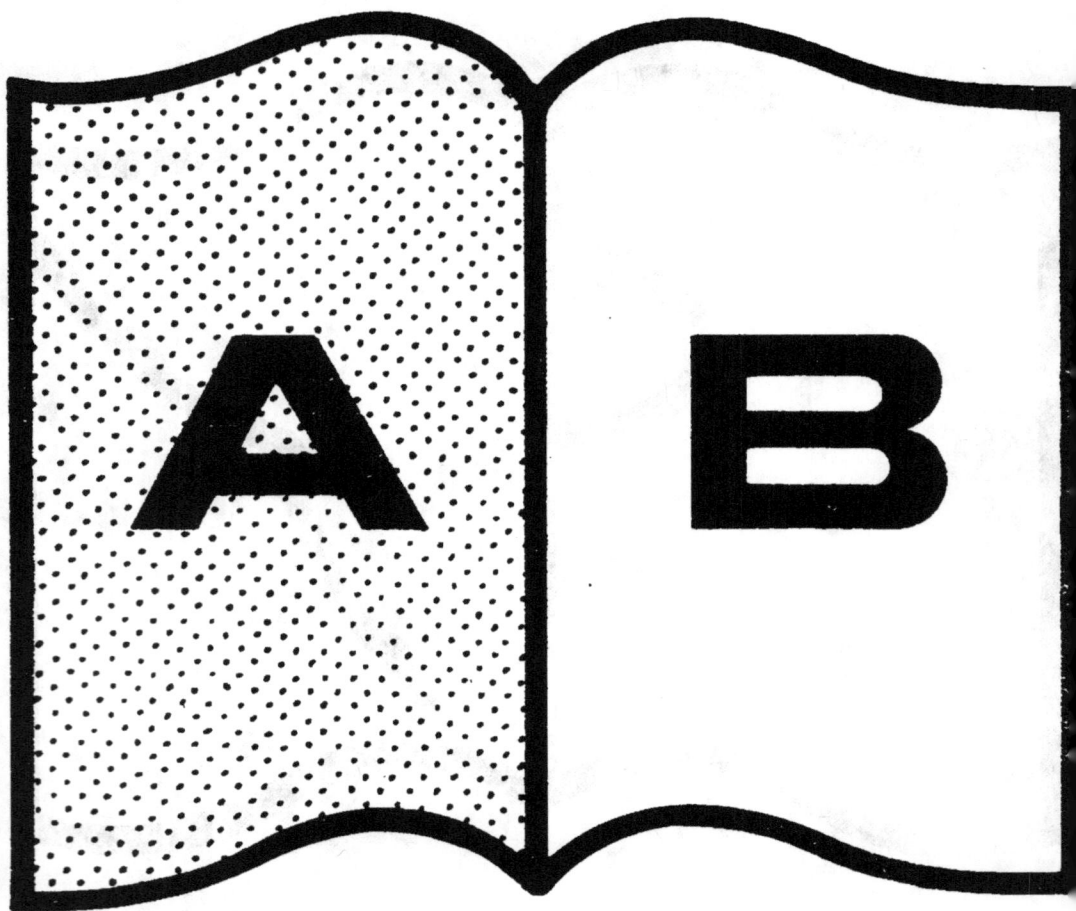

Contraste insuffisant

NF Z 43-120-14

www.ingramcontent.com/pod-product-compliance
Lightning Source LLC
Chambersburg PA
CBHW050551270326
41926CB00012B/2004